高等院校小学教育专业

小学综合实践活动

设计与实施（第二版）

赵书超 / 主编
郑爽 张素明 张运法 / 副主编

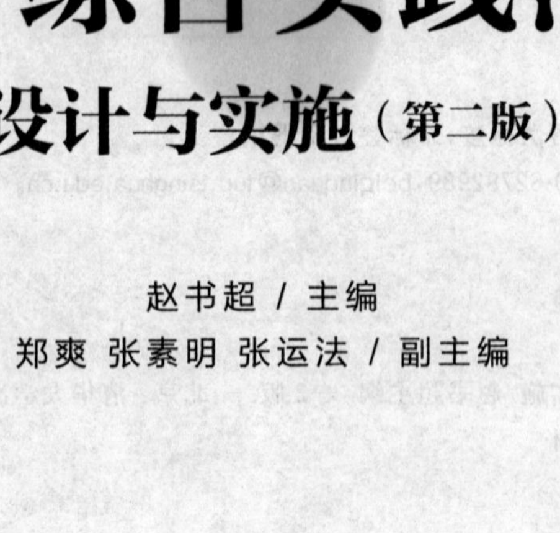

清华大学出版社
北京

内 容 简 介

本书围绕《义务教育课程方案和课程标准(2022年版)》《中小学综合实践活动课程指导纲要》,在第一版内容的基础上进行调整,除对理论篇、实践篇的相关内容进行了补充与重建外,还调整增加了组织篇。全书共四篇,主要内容包括理论篇、组织篇、实践篇和管理篇,讲述了综合实践活动概述、本质、理论、目标、内容、过程、指导和资源,最后介绍了综合实践活动的管理、教师情况和活动评价,突出了综合实践活动课程实施的核心因素与可操作性。

本书可作为高等师范院校和高职院校小学教育专业的教材,也可作为中小学开展综合实践活动的参考指导书。

图书在版编目(CIP)数据

小学综合实践活动设计与实施/赵书超主编. —2版. —北京:清华大学出版社,2023.6(2024.9重印)
高等院校小学教育专业教材
ISBN 978-7-302-63564-2

Ⅰ.①小… Ⅱ.①赵… Ⅲ.①小学-活动课程-课程设计-高等学校-教材 Ⅳ.①G622.3

中国国家版本馆CIP数据核字(2023)第088493号

责任编辑:张 弛
封面设计:刘 键
责任校对:刘 静
责任印制:杨 艳

出版发行:清华大学出版社
网 址:https://www.tup.com.cn,https://www.wqxuetang.com
地 址:北京清华大学学研大厦A座 **邮 编**:100084
社 总 机:010-83470000 **邮 购**:010-62786544
投稿与读者服务:010-62776969,c-service@tup.tsinghua.edu.cn
质量反馈:010-62772015,zhiliang@tup.tsinghua.edu.cn
课件下载:https://www.tup.com.cn,010-83470410
印 装 者:北京嘉实印刷有限公司
经 销:全国新华书店
开 本:185mm×260mm **印 张**:14.5 **字 数**:367千字
版 次:2013年11月第1版 2023年6月第2版 **印 次**:2024年9月第2次印刷
定 价:48.00元

产品编号:080879-01

第二版前言

本书初版十年后的今天，小学综合实践活动实施与研究有了突飞猛进的发展，许多小学尝试校本化课程开发，有的学校还出版了校本教材。当然，在课程实施与实践探索过程中，也存在一些问题，诸如活动方式不明确、教师指导不规范、师资及其培训欠缺规范化、课程评价缺乏针对性，等等。2017 年 9 月教育部颁布了《中小学综合实践活动课程指导纲要》(以下简称《指导纲要》)，对课程实施的目标、理念、资源开发、师资要求等诸多问题，进行了重新阐述与明确；重建了综合实践活动方式，并对各学段、各年级依照活动方式类型进行了主题活动推荐。《指导纲要》的颁布，标志着我国"综合实践活动"课程实施，开始进入深度探究阶段。2022 年，《义务教育课程方案和课程标准(2022 年版)》发布，提出综合实践活动侧重跨学科研究时学习和社会实践。党的二十大做出教育优先发展的战略部署，要求 2035 年建成教育强国。在此背景下，本书决定进行修订。

本次修订版教材，沿用了第一版的体例，但是内容做了较大调整。除对理论篇、实践篇的相关内容进行了补充与课程思政教育重建外，还调整增加了组织篇。全书板块由三部分变为四部分，包括理论篇、组织篇、实践篇与管理篇。理论篇增加了"本质"一章，并将全书理论内容整合在"理论"一章。组织篇由"目标""内容"两章构成，"目标"一章的修订突出了全球视野，"内容"一章按《指导纲要》重写。实践篇由"过程""指导""资源"三章构成，"过程""指导"两章，均为新增章节，以突出课程实施的核心因素与操作性。管理篇各章名称没变，但在框架与内容上都有新的突破，以推动实践问题的有效解决。

第二版教材力图做到在框架与内容方面更加丰富与完善，在理论与实践的衔接方面更加顺畅与紧密；同时，为了方便学生学习和相关人员阅读，对字数进行了压缩，以便凝练文字。为了防止教材内容丰富性的流失，本次教材修订增加了拓展教学资源，读者可以通过扫描文中二维码进行读取。拓展资源的内容包括文本资源、视频资源、教学课件等。

拓展资源的增加，使得教材修订工作更为繁杂。其中，教材的各章节修订工作分工是：第一章(张素明)；第二章、第五章(赵书超)；第三章(吴鹏飞、赵书超)；第四章(苗培周)；第六章(李晓红、赵书超)；第七章(王亚伟、赵书超)；第八章(王春潮)；第九章(冯超)；第十章(郑爽)；第十一章(张运法、赵书超)。全书编撰及相关编辑工作的分工是：赵书超负责全书的整体规划、内容调整与修改；郑爽负责各章课件的制作；张素明负责纸质教材的校订；张运法负责各章文本资源的整理与编辑；郭柯馨负责视频资源的制作与编辑。

第二版教材在编写中参考了大量的论文、著作及网络资源。在视频资源编辑时，韩立云、刘慧辉、张力三位老师提供了综合实践活动课例及视频；石家庄学院小学教育专业的部分学生提供了他们在学习此课程时的活动视频,学生姓名不再一一列出;还参引了清华同方光盘电子出版社、北京大陆桥文化发展有限公司出版的视频片段。在此,向所有著作权人表示感谢!

由于编著者水平有限,错误和不当之处在所难免,敬请各位读者与同仁不吝赐教,给予批评、指正。

赵书超

2023年2月

教学课件

第一版前言

将综合实践活动课程列入基础教育课程体系，这在新课程改革中，既是一个亮点，又是一个难点。

所谓亮点，是指综合实践活动成为学生生活与学校课程之间的一座桥梁。大而言之，成为素质教育实施、创新人才培养的“实训场”；小而言之，为师生“自主开发课程、开创自己的教育生活”提供了条件。

所谓难点，是指一门课程如何设计与实施。目前仍然处于探索阶段，众说纷纭，莫衷一是。尤其是，我国当前教师教育理论及其实践严重滞后于基础教育课程改革实践，综合实践活动教师培养没有成熟、有效的教育教学模式，缺少大家普遍认可的适当教材。这对综合实践活动教师培养来说是一个亟须解决的问题。因此，笔者编写了本书。

本书主要面向的是小学教育专业的本科生、专科生，以及在职学习的小学教师和相关教育管理者。全书内容包括理论篇、实践篇、管理篇，以我国新课程改革的教育理念为指导，系统阐述了综合实践活动的相关理论与实践变革。基于上述考虑，本书力图做到以下两点。

反映最新研究成果，立足理论探索与创新

自2001年《基础教育课程改革纲要(试行)》颁布以来，综合实践活动实施、管理等方面的著作、论文层出不穷，但这些研究成果中，理论的系统性、完整性有待提高，其整体框架也需要进一步创新。基于此，本书就该课程设计与实施理论方面的诸多问题进行了初步探索。

回应课改实践需求，强化策略分析与示范

本书定位于为小学一线教师或准教师提供综合实践活动课程在理论、实践与管理方面进行探讨的基本平台，所以，小学综合实践活动课程改革所遇到的问题必然是本书的关注点。并且，为了满足他们的工作需要，在教材编写体例处理上采用理论阐述及策略分析与案例点评相结合的方法，并在每章结束后将该章内容进行归纳与练习，配以与该章相关的资源链接，更加通俗易懂，便于具体运用。

本书的编写分工是：赵书超负责全书提纲的编写，负责统稿中全书结构及内容的协调；郑爽负责书稿的文字、体例、格式等方面的协调与检校。各章的具体分工是：第一章、第二章由赵书超编写；第三章由李运昌、赵书超编写；第四章由赵书超编写；第五章由陈新巧、赵书超编写；第六章、第七章由冯超编写；第八章、第九章由赵书超、郑爽编写。

由于编者的水平所限，本书难免存在不当之处，恳请各位读者给予批评指正。

编　者

2013年4月

目 录

理论篇

组织篇

实 践 篇

管 理 篇

理 论 篇

本篇包括综合实践活动概述、综合实践活动本质、综合实践活动理论三章。第一章对“综合实践活动”进行了简介，并阐述了该课程产生的背景和发展历史；第二章分析该课程的实质、基本过程及其在基础教育课程体系中的地位与特色；第三章对综合实践活动课程的理论基础、设计原理和实施策略进行了简要介绍。本篇三章的学习，将为学习者进一步学习组织篇、实践篇和管理篇的相关内容，提供独特的学术视角和基本理论。

第一章　综合实践活动概述

学习目标

- 把握综合实践活动的内涵与特点
- 理解综合实践活动的理念和价值
- 了解综合实践活动的产生与发展

问题情境

和孩子一起成长

刚接触"综合实践活动"这门课程还是在三年前，这是一门全新的课程，接手时，我感到无力和彷徨，这门课程是什么样的？该如何去从事教学活动呢？学生到底要从中学到什么？我该如何把握课堂的教学秩序，该如何引导学生进行这门课程的学习呢？一系列的问题在我脑海中盘旋。拿到资源包后，我特别仔细地对其中的内容进行了解。感觉综合实践活动课像"科学"课程，又包括一些"思想与品德"课程的内容，也有一些分不清学科的内容，这简直是百科全书的儿童版嘛，自诩还是有点学问的我想当然地以为，这门课就是要给孩子们介绍更多的知识。开始时，我的设想是按照课本给的资料来上课，但课本给的资料毕竟是有限的，为了教好这堂课，我四处寻找资料，希望能给孩子们更多的知识，当然也有想在课上让孩子们崇拜我的想法。结果课堂上要不就是我的"一言堂"，只看到孩子们发呆的眼神，要不就是给孩子们生搬硬套已有的课外知识，这还算好的，有的孩子干脆不吭声地做作业、小声讲起话来，整个课毫无意义可言。这些小淘气，平常可不是这样的呀，问题究竟出在哪里？我压抑住自己的情绪，回到办公室再一次拿起了相关的指导书。看着看着，我不禁哑然失笑，什么？超越教材？注重实践？让学生自己来进行课题研究？而且要是他们研究自己感兴趣的内容？不学知识怎么行呀？他们会吗？才几岁呀！接下来的几节课，我还是坚持我的想法，只是在纪律奖励方面有所加强，结果还是失败了。

难道是我错了？……[①]

上述案例向我们提出了一系列的问题：综合实践活动是一种什么样的课程？该类课程的

① 案例选入本书时略有改动。田慧生. 综合实践活动课程实践中的问题与策略[M].北京：教育科学出版社，2007：167-168.

历史发展历程怎样?等等。本章将针对这些问题逐一展开讨论。

理论述要

第一节　综合实践活动简介

什么是综合实践活动课?它有哪些特点?为什么要设置综合实践活动课程?这些问题直接影响综合实践活动课程的设计与实施。

一、综合实践活动的内涵

综合实践活动被列入基础教育课程体系,是新课程改革的一个亮点。2017 年,教育部印发的《中小学综合实践活动课程指导纲要》(以下简称《指导纲要》),规定小学从一年级开始实施综合实践活动课程。

所谓综合实践活动是从学生的真实生活和发展需要出发,从生活情境中发现问题,转化为活动主题,通过探究、服务、制作、体验等方式,培养学生综合素质的跨学科实践性课程。

具体而言,综合实践活动立足于学生的直接经验,以学生学习生活和社会生活中的问题为线索来开发课程内容,强调学生自主学习、直接体验、勇于探究。该课程的基本目标在于,发展学生基本的社会交往素养、问题解决能力、实践操作能力、科学探究能力和勇于创新的精神。

二、综合实践活动的特点

综合实践活动课程既适应了我国全面推进素质教育的客观要求,又积极回应了世界课程改革的发展趋势。它具有如下特点。

(一) 实践性

综合实践活动以实践为平台。作为一种独立的课程形态,综合实践活动强调课程的实践性,它让学生发现问题、动手动脑解决问题,以问题解决为线索开展实践活动,倡导学生自主探究,从做中学,强调学生的亲历、体验、感悟和理解,着眼于发展学生的综合实践能力、创新精神和探究能力。

(二) 开放性

综合实践活动面向每位学生的个性发展,尊重每一个学生发展的特殊需要,课程目标具有开放性;综合实践活动面向学生的整个生活世界,课程内容具有开放性;综合实践活动强调富有个性的学习过程,关注学生获得丰富多彩的体验和独特的创造性表现,活动方式与过程、评价与成果均具有开放性。

(三) 综合性

综合实践活动以内容综合为表征。它不同于语文、数学等分科课程,也不同于品德与生活(社会)、科学等学科类综合课程。它从系统论出发,课程目标与课程内容超越学科界限,以学生的学习生活与社会生活为基础,向自然和社会延伸,体现了对知识、技能的综合运用,追求学生综合素质的发展。

（四）自主性

综合实践活动尊重学生的兴趣、爱好，注重发挥学生的自主性。学生自己选择学习的目标、内容、方式及指导教师，自己决定活动结果呈现的形式，指导教师只对其活动困难给予帮助和进行必要的指导，不包揽、不代替学生工作。

（五）生成性

综合实践活动是由师生双方基于问题的探究活动。问题解决的多种可能性，决定了活动是伴随探究而生成的，而非事先计划的复制。随着实践活动的不断展开，学生的认识和体验不断深化，创造性的火花不断迸发，新的活动目标和活动主题将不断生成，综合实践活动的课程形态随之不断完善。

三、综合实践活动的课程理念

《指导纲要》从课程目标、课程开发、课程实施和课程评价四个方面，分别提出了综合实践活动课程的四条基本理念。

（一）课程目标以培养学生综合素质为导向

作为素质教育的切入点和落脚点，综合实践活动力图借助学生参与社会实践和问题解决来培养其综合素质，特别是社会责任感、创新精神和实践能力。

综合实践活动和学科课程平行存在，自成体系，在基础教育课程体系中同等重要，各自发挥不同的功能。与学科课程重点发展学生学科素养不同，综合实践活动目标定位于学生综合素质的培养，因此更加强调“综合运用各学科知识，认识、分析和解决现实问题”。该课程实施的跨学科性和实践性的特点，有利于学生综合素质的发展，同时也能满足学生个性发展的需求，特别是可以帮助学生学会解决问题、勇于责任担当、敢于创新发展。

（二）课程开发面向学生的个体生活和社会生活

综合实践活动的方案设计和资源开发，必须从学生生活与成长的需要出发，尊重学生的兴趣和爱好，来源于学生的学习生活和社会生活；既要着眼于学生当下问题的解决，更要兼顾学生的长远发展，帮助学生成长并适应未来发展需求。

活动内容开发强调“面向学生完整的生活世界”。将现实生活中的问题，凝练成活动主题；围绕活动主题，开发活动内容。提倡跨学科选择和运用知识，引导学生关爱自己、热爱生活、善待自然、关心社会，“建立学习与生活的有机联系”。综合实践活动的课程开发面向学生生活，才能真正激发学生兴趣，学生才能在熟悉而又问题重重的情境中，感受探究的意义，感受实践活动的意义。

（三）课程实施注重学生主动实践和开放生成

综合实践活动的实施模式，依据问题解决的程序和过程。让学生亲历实践，自主选题、主动探究、互助合作、亲身体验。自主思考、自我决策和问题解决的程序，活动内容、程序和方法根据活动需要而灵活调整，保证了活动顺畅进行。

综合实践活动主张让学生在问题解决中获得方法（实践知识），结果与过程并重；让学生体验科学研究以激发他们的兴趣,变接受学习为自主、合作、探究等多样化学习。目的是让学生走进现实生活,走近社会;主动探究,勇于实践;围绕个人感兴趣的领域,展开广泛的实践探索。只要有利于学生综合素质发展、学生个性特长形成,所有资源均可利用、所有内容均可引进。

(四) 课程评价主张多元评价和综合考察

综合实践活动的评价以学生综合素质的提升为旨归,尊重学生解决问题策略的多样性,鼓励学生自我评价、合作交流与经验分享,突出评价的发展功能。

综合实践活动课程实施与评价是一体化的过程。课程评价坚持发展导向,通过对学生成长过程的观察、记录、分析,为促进学生成长提供依据,评价重点是学生的学习与创造、问题解决能力、媒介与技术应用能力、合作交流能力、关爱意识与能力等核心素养,而非局限于知识体系的理解与掌握。评价提倡即时性,以便学生随时反省与及时改进;评价倡导描述性和激励性,以便学生准确理解和积极改进;评价主张多元主体,教师、学生、同伴和家长等都可参与,以保证评价的全面、客观;特别关注学生自我评价,这更有利于学生反思与改进。

四、综合实践活动的价值追求

作为一门新型的课程形态,综合实践活动体现了一些新的价值取向。

(一) 立足直接经验

传统的学科课程立足于文化符号系统所表征的课程形态来获取间接经验。间接经验的获取往往是借助文化符号系统或观察他人行动来思考、想象事物关系而获得知识,这一过程本身就意味着损耗,甚至误读大量的活动信息,致使受动者的感受和体验是粗浅的,难以达成影响人的生活和身心发展的任务。所以,间接经验作为育人资源存在着严重的缺陷。

综合实践活动强调以学生经验整合课程资源,摈弃了抽象文化知识积累的认知方式,还原了人类认识事物最有效的方式—直接经验—依靠人的亲历、亲为来获取经验。这种经验的内容最后沉淀下来的不仅仅是知识,还包括丰富的情感、行动等具体形象认识,经验本身是丰满而自足的。也就是说,直接经验重新恢复了人的兴趣、直觉、情感、体验等在探寻世界中的合法身份和目的性价值,求知活动充满了生命的激情和心灵的感悟。这种经验在人的总体经验中占据核心地位,它也必然会深刻影响着学生当下及将来的生活。

案例 1.1

迷茫中的惊喜

如何使学生活动成为有意义的探究过程,使学生通过体验生活、关注社会、团队合作来认识自我、完善自我、提升自我呢? 我和黄老师都感到非常茫然。对学生所选课题——蔬菜与饮食的认识之浅更使我们心中没底。当时心中只有一个想法: 自己全身心地投入,把自己作为孩子的同伴,共同步入蔬菜的王国。

而学生浓厚的探究兴趣就如同一缕缕阳光,照亮了我们的探究征途。他们每天都有着令人惊喜的行动或发现:“老师,今天我们播下了青菜的种子,顾连耀说要用脚踏一下才能长出来,可我不信,所以一人种一半田!”瞧他们多有主见呀! “老师,今天我们去采访了对面的农贸市场,了解了许多蔬菜的种类和产地!”“老师,昨天我在家里向妈妈请教,用香菇烧了两个菜!”“老师,我上网查到胡萝卜被誉为‘皮肤食品’,经常食用能使皮肤白嫩有光泽,我已经对妈妈说过了，别老是敷面膜，多吃点胡萝卜就行了！”

各个小组的活动都开展得不错：种类小组、营养小组通过到农贸市场采访卖菜的摊主、买菜的顾客，以及学校的老师，自己的家庭成员、邻居、同学等积累了大量的一手资料；烹饪小组的同学在收集资料之余，还尝试着自己洗菜、做菜，获得了家长的好评；生长小组的干劲最足了，他们在学校的空地里自己犁田，开垦了一块土地，播下了蔬菜的种子，定时浇水、观察并记录。同时，我们的美容小组也没有闲着，他们也通过上网、小调查等方式积累了一定的材料。

孩子们还用画笔画下了自己关于蔬菜的畅想曲；制作了一些相关的表格，记录了许多自己独特的体验及感受；兴致盎然地把自己的探究所得设计成了电子小报、手抄报等。①

【案例点评】

学生主动的参与、探究、体验、记录、总结，多方面拓展了学生经验。这种“兴趣盎然”源自“生命的激情和心灵的感悟”，是基于学生直接经验上的课程开发与实施所展示出来的活动效果！没有学生的亲历、亲为，不可能有学生如此热情、如此多的探究方式，如此形式不同的成果展示。②

当然，综合实践活动强调直接经验，并不意味着间接经验的退避，也不把直接经验与间接经验相对立，而是以直接经验为主线，努力寻求间接经验的个体意义，使之共同建构个体生命的完整性。直接经验总是具体的、历史的，立足于学生的直接经验还意味着综合实践活动课程不可能也不应该有统一的教材，它应当向学生个体完整的生活经验开放。

（二）回归生活世界

所谓生活世界，是相对于科学世界而言的，是指我们日常生活的现实世界。对于传统学科课程，生活世界是被拒斥的。无论语文、历史、外语，还是物理、化学、数学，每门课程都以本学科知识逻辑为线索进行教材编写，教师教学也按照同样的顺序和逻辑进行讲授，课程本身构成一个封闭的体系——由学科逻辑整合而成的科学世界——学生的生活世界无权也无机会挤进这个世界。

实际上，生活世界是科学世界的基础、目的和价值的源泉。然而，传统的课堂教学生活，往往是拒斥学生的生活甚至教师的生活的。

案例 1.2

教学中的问题出在哪

1993—1996 年，联合国儿童基金会与我国教育部基础教育司共同做了一项调查，这项调查对我国初等教育教学质量做了检测。所有二年级的小学生（五年制）都做这样一道题：小明的体重约 20 ________（克、千克）。所有三年级的小学生都做这样一道题：课桌的面积是 50 ________（平方厘米、平方分米、平方米）。所有五年级的小学生都做这样一道题：昨天 18:30 乘火车去北京，途中行驶了 15 个小时，问：何时抵北京？

调查结果显示：二年级小学生的回答正确率为 50.14%，约占 1/2；三年级小学生的回答正确率为 37.68%，约占 1/3；五年级小学生的回答正确率为 25.52%，约占 1/4。这样的调查结

① 节选自《在活动中共同成长》，选入本书时稍有改动，题目为编者拟定。参见：张华，安桂清，等. 综合实践活动课程开发与案例研究[M]. 北京：高等教育出版社，2008：15-16.

② “案例点评”部分，除非特别注明，一般为编者撰写，后文不再一一注明。

果,令人很奇怪,题目并不难,比如第一道题目,一个人的体重总不会为20克吧?即使用排除法也能选中啊。而让我们的学生做这样的题目:3千克=(　　)克时,95%都能答对。什么原因呢?调查者经过分析认为,造成这种现象的深层原因是在教学"量与测量"的内容时,教学的重点放在了单位换算上,而不是单位的实际意义。①

【案例点评】

案例中教学评估所得出的结论不限于样本意义,可以说基本上反映了中国数学教学的真实状况,即数学教学重点"不是单位的实际意义",这就是学科教学拒斥学生的生活世界的具体表现!当然,其原因除了学科课程本身的封闭性之外,还包括我国应试教育——教育教学以学生分等排队的选拔性考试为目标的文化。所以,偏离生活世界的学科教学是走向"歧途"的、悲哀的、令人哭笑不得的!

综合实践活动力图克服传统课程与学生生活的剥离,突破学科疆域的束缚,回归儿童生活和经验,这就意味着学生的生活世界将会成为综合实践活动的背景、手段和意义所在。生活世界作为一个复杂整体,意味着个体与自然、个体与他人和社会、个体与自我不断发生关系,并且各种关系纠葛关联进而构成一个完整自我。在接近日常生活的情境中,学生亲近与探索自然、体验与融入社会、认识与完善自我,致力于提升人的内在生活品质,充实个体的生存意义。

(三)倡导自主探究

自主探究是与综合实践活动相适应的基本学习方式。采用这种学习方式意在改变单一知识"授受"学习方式和简单技艺训练的活动方式,使学生借助调查、访问、考察、测量、实验、劳动、查阅资料等多样化的活动方式进行学习。

南宋陆游《冬夜读书示子聿》诗云:"纸上得来终觉浅,绝知此事要躬行。"也有人说:"我听过,会忘记;我看过,会记得;我做过,才懂得。"可见自主探究的重要性。

案例1.3

"小小塑料瓶"活动反思

"小小塑料瓶"主题活动,不仅给了学生一个学习、探究和锻炼的机会,教师也从中受益匪浅。

这次活动历时较长,活动内容较多,但全班没有一个学生表现出厌倦的情绪,没有把它当作一种沉重的任务,而是把它当作一项愉快的活动。在查资料的过程中,他们表现出很强的求知欲;在调查采访时他们又是那么的认真、不辞辛苦;在设计方案时他们展现了无穷的想象力。教师被学生们的热情感动了,同时也被这门课程的魅力深深地吸引。②

【案例点评】

有了活动的决策权,在活动中体验到自我价值实现的学生,时时迸发出"精彩的观念"。正像达克沃斯所说的:"人们能够以这样的方式让儿童熟悉一些现象:吸引他们的兴趣,让他们提出并回答问题,让他们意识到自己的观念是重要的——他们因此有兴趣、有能力、有自信靠

---

① 靳玉勒,宋乃庆,徐仲林.新教材将会给教师带来些什么——谈新教材新功能[M].北京:北京大学出版社,2002:51.

② 节选自《小小塑料瓶》,选入本书时,重新拟订了题目。参见:刘道溶.中小学综合实践活动教学活动设计[M].北京:北京大学出版社,2005:146.

自己继续前进。”[①]让课程变成学生的生活，触发了学生的学习激情和灵感，这就是综合实践活动的魅力！

在自主探究过程中，有体验才会有领悟，才会有智慧显现；有智慧才会知人认事，才会产生敬意和德行。所以，学生的自主探究活动能够“化信息为知识，化知识为智慧，化智慧为德行”。借助自主探究的实践活动，来实现全面育人，这是综合实践活动的更高追求。

第二节　综合实践活动的产生与发展

作为基础教育课程体系中的一个新领域，综合实践活动何以产生？目前这一课程类型在国际范围内又有怎样的发展趋势？这是本节将要讨论的问题。

一、综合实践活动的本土溯源

我国综合实践活动课程相关课程思想与教育实践源远流长。其历史大致分为启蒙、探索、萌动、产生、发展五个阶段。

（一）启蒙阶段：活动教育思想

活动课程不仅是一种课程形态，也代表一种教育理论主张：教育以学生自主探究为主，关注学生生活世界、与实践相结合等。

这些思想古而有之，萌芽于先秦，延续到清末。孔子说：“不愤不启，不悱不发，举一隅不以三隅反，则不复也。”[②]他倡导“启、发”，目的是可以给学生搭建一个“自主探究”的平台。他的《诗》教是面向生活的。“《诗》，可以兴，可以观，可以群，可以怨；迩之事父，远之事君；多识于鸟兽草木之名。”[③]后者属于动植物知识；学诗，不仅仅是进行文学欣赏，还是生活常识的教育。

《学记》则明确论及课外活动：“大学之教也，时教必有正业，退息必有居学。……故君子之于学也，藏焉修焉，息焉游焉。”正课修身，居学游心，一张一弛，相得益彰。这两类课程恰似今天的学科课程与活动课程。

墨子倡导实践，注重职业技术教育。他说：“士虽有学，而行为本焉。”[④]他做过小孔成像实验，“景：光之人煦若射，下者之人也高，高者之人也下。”[⑤]他擅长木工，“墨子为木鸢三年而成，蜚一日而败。弟子曰：‘先生之巧至能使木鸢飞。’墨子曰：‘不如为车輗之巧也，用咫之长，不费一朝之事，而引三十石之任，致远力多，久于岁数。今我为鸢三年成，蜚一日而败。’”[⑥]尽管他爱好科学研究和发明创造，但是更加注重实用的生产技术的教育。

宋代胡瑗的分斋教学开启了官学教育中实学教育的新篇章，强调将生产生活实践引进教育活动；明代的监生历事制度则开启了教育实习制度。

---

① 爱莉诺·达克沃斯. 精彩观念的诞生——达克沃斯教学论文集[M]. 张华，等译. 北京：高等教育出版社，2005：11.

② 《论语·述而》。

③ 《论语·阳货》。

④ 《墨子·修身》。

⑤ 《墨子·经说下》。

⑥ 《韩非子·外储说左上》。

上述内容都是启蒙时期的活动教育的思想和实践。

(二)探索阶段:课外活动

清末到20世纪80年代,课外活动出现。

近代中国,教学大纲等文件中,将课外活动称作"集体活动""团体活动",尽管课外活动丰富多彩,但是处于辅助地位。1912年9月,中华民国教育部颁布《壬子学制》后,1913年8月又陆续公布了《小学校令》《中学校令》《小学校教则及课程表》等法令规程。同时,颁发了各级各类学校的课程标准和课程表。《小学校教则及课程表》规定:初等小学开设修身、国文、算术、手工、图画、唱歌、体操7门课程,女子加缝纫课。高等小学增加本国历史、地理、理科,共计10科,除女子开设缝纫课外,男子加农业课(根据地方情形,或缺或改为商业)。[①] 可见,当时小学教育就十分重视学生的实践活动及动手能力的培养。

1922年再颁《学校系统改革案》(《壬戌学制》)。1923年6月刊布了《中小学课程标准纲要》。课程纲要规定:小学取消修身课本,增加公民、卫生课,将手工改为公用艺术,图画改为形象艺术。[②] 课程设置更加富有时代气息,但原来开设的手工、美术等活动类课程趋向学科化。

新中国成立后,中小学课程实行分科设置,课外活动指正式课程之外的各种有意义的教育教学活动。1955年9月,教育部颁布《关于小学课外活动的规定》,明确了课外活动的内容、时间和实施细则。20世纪80年代前后,人们对课外活动在理论界展开了讨论。有人提出把课外活动称作"第二课堂",有人提出把课外活动称为"第二渠道",还有人坚持使用课外活动这个概念。1981年教育部颁布《全日制小学教育计划(修订草案)》,第一次将课外活动列入教学计划。1984年,《全日制城市小学教学计划(草案)》明确将课外活动改称活动。

(三)萌动阶段:活动课程

20世纪90年代至20世纪末,活动课程出现。1992年8月6日,国家教委颁布《九年义务教育全日制小学、初级中学课程计划(试行)》,首次采用"活动课程"这一名称,明确提出"课程包括学科和活动两部分,活动在实施全面发展教育中同学科相辅相成,各地应有计划、有步骤地组织实施。"当年11月16日颁布《关于组织实施"九年义务教育全日制小学、初级中学课程方案(试行)"的意见》,将活动课程纳入学校的课时安排。1995年颁布《九年义务教育活动课程指导纲要(征求意见稿)》,对活动课程界定如下:活动课程是指学科课程之外,由学校有目的、有计划、有组织地通过多种活动项目和活动方式,综合地利用所学知识,开展以学生为主体,以实践性、自主性、创造性以及非学科性为主要特征的多种活动内容的课程。

1996年,国家教委基础教育司颁布《关于组织开展"九年义务教育活动课程"实施工作的通知》,再次督促活动课程的落实。《活动课程指导纲要》将活动课程规定为四项内容:社会实践活动、科学技术活动、文学艺术活动和体育卫生活动。通过多年实践,人们不断反思:这四类活动,基本都有学科课程支撑,可以作为课外活动安排,无须占用活动课程时间。

(四)产生阶段:综合实践活动课程

21世纪开始,综合实践活动课程提出,并纳入基础教育课程体系。

---

① 孙培青. 中国教育史[M]. 3版. 上海:华东师范大学出版社,2009:366.

② 孙培青. 中国教育史[M]. 3版. 上海:华东师范大学出版社,2009:402.

经济全球化和信息技术、互联网的快速发展，给教育带来了前所未有的发展机遇和挑战，人才培养模式转变成为当务之急。我国基础教育事业发展面临历史新起点，更加关注学生的全面发展。2001 年，国务院颁布《关于基础教育改革与发展的决定》，启动第八次基础教育课程改革。

2001 年 6 月，教育部印发《基础教育课程改革纲要（试行）》，规定：从小学至高中设置综合实践活动并作为必修课程。综合实践活动的内容主要包括信息技术教育、研究性学习、社区服务与社会实践、劳动与技术教育。强调学生通过实践，增强探究和创新意识，学习科学研究的方法，发展综合运用知识的能力。教育部 2001 年颁布了《普通高中"研究性学习"实施指南（试行）》，规定高中阶段研究性学习课程开设和实施的基本要求。

综合实践活动的开设，还促进了教师的专业成长、优化了教学方式，给学校也带来了多方面的变化。然而，义务教育阶段一直没有出台国家层面的关于综合实践活动课程的政策性文件，使得综合实践活动课程的实施面临不少问题，如对课程概念、性质理解存在偏差，课程开设不规范、不充分，缺乏课程资源，教师素质难以适应课程的要求，评价尚不能有效促进课程发展。

（五）发展阶段：颁布指导纲要

2017 年 9 月，教育部颁布《指导纲要》，首次以核心素养诠释课程目标，系统地阐述了课程内容与实施方式，规范课程实施要求，推荐了活动主题，破解了一系列课程实施的难题。

1. 明确规定了课程性质

《指导纲要》丰富和完善了 2001 年《基础教育课程改革纲要（试行）》，规定综合实践活动是以培养学生综合素质为导向的跨学科实践性课程，明确它是与学科课程并列设置、面向小学一年级到高中三年级学生的必修课程。

2. 首次正式表述了课程目标

《指导纲要》以培养学生综合素质为导向，首次确定课程目标包括价值体认、责任担当、问题解决、创意物化四个方面。描述从小学、初中到高中课程目标呈现螺旋上升、递进式发展要求，实现了学段间的衔接，破解了通常认为的综合实践活动"能力、意识、情感"目标隐晦、不易表述的难题。

3. 系统阐述了课程内容与实施方式

《指导纲要》阐述了活动的基本方式：考察探究、社会服务、设计制作、职业体验等，分析提炼了每种活动方式的关键要素（实施步骤）。提倡实施时可以侧重某种方式，也可以以整合方式实施，使不同活动要素彼此渗透、融会贯通。

4. 规范课程实施要求，破解了实施过程中的系列难题

《指导纲要》明确了学校作为课程规划与实施的主体责任，就实施中的系列难题，如课时安排、人员机构、组织方式、指导教师职责、保障制度等做出了明确规定。要求小学 1～2 年级，平均每周不少于 1 课时；小学 3～6 年级和初中，平均每周不少于 2 课时；高中执行课程方案相关要求，完成规定学分。对于学校课程实践中可能遇到的问题，《指导纲要》也都进行了前瞻性的部署。

5. 推荐了活动主题，给中小学校提供了操作指南

《指导纲要》附件中推荐了 152 个活动主题，并对每个活动主题如何开展做了简要说明。这给中小学校提供了非常实用的操作指南。

2017 年《指导纲要》的颁布,标志着综合实践活动迈入了规范发展阶段。

二、综合实践活动的国外演变

与中国情况不同,国外综合实践活动思想与实践的出现晚得多。古希腊斯巴达开创的国家军事教育,严格说来,都是职业教育,并非用于培养普通公民的综合素质。所以,国外真正活动课程思想与实践出现在 19 世纪下半叶。

(一) 活动课程理论酝酿阶段:帕克的思想

19 世纪末至 20 世纪初,美国进步主义教育逐步形成和发展起来。这场运动中,帕克、杜威、克伯屈等提出了活动课程,并积极地进行教育实验。这一思想的源头,可以追溯到帕克在的研究与实验。

帕克(Francis W. Parker,1837—1902)是进步主义教育运动的倡导者之一,阐释了以儿童为中心统合课程的主张。1872—1875 年,帕克游历欧洲并在柏林研究教育学,受到裴斯泰洛齐、福禄贝尔、赫尔巴特等人的思想影响。回国后,他领导昆西市的学校改革,并取得了成功。1883 年改任芝加哥的库克县师范学校校长。此间,与杜威建立友谊并向杜威传授他的新教育的宗旨。

帕克的贡献有四个方面:第一,他坚持认为,学校制订计划时,必须以孩子为中心。第二,孩子的发展必须处于一种人们协力且经常不断地“建立民主”的温暖、集体气氛中。第三,学校的课程应该尽量源自实践活动,如计划地理学的远足、对自然的观察等。第四,提倡通过艺术、文学和体育运动来进行表现。

帕克的课程组织思想,从着眼点、课程实施文化、实施形式等方面,诠释了课程的性质、特点与改革方向,为活动课程理论和实践诞生奠定了基础。

(二) 活动课程形成阶段:杜威学校与夏山学校

活动课程作为实践的典范出现,我们不能不提到两所学校,即创建于 1896 年的美国的杜威学校和创建于 1921 年的英国的夏山学校。

1. 杜威学校

杜威(John Dewey,1859—1952)是 20 世纪人类历史上少数几个最有影响力的教育家之一,他立足现代社会讨论教育问题。

1896 年,杜威创办大学初等学校,作为检验其哲学和教育理论的实验室。自此,他的哲学、教育学、心理学、社会学思想就融合为一个整体。大学初等学校简称“杜威学校”,1902 年更名为“芝加哥大学实验学校”。他主张,实验学校要给儿童提供一个在合乎需要的环境里进行学习的机会,同时给教职员提供一个实验新的教育观念的场所。

总体来看,芝加哥大学实验学校的课程,基本属于活动性、经验性的主动作业,即活动课程。杜威要求学生从做中学、从经验中学。他说:“我认为学校必须呈现现在的生活,即对于儿童来说是真实而生气勃勃的生活。像他在家庭里、在邻里间、在运动场上所经历的生活那样。”[①]这样的教育使学生学习解决生活中出现的各种问题，能够应付探究性学习中模拟过的突发事件。

案例 1.4

8岁的“救火队员”

有一次，一个学习过这个课程的8岁儿童和他13岁的姐姐及4岁的弟弟在家里玩耍。他姐姐在另一所学校读书。忽然，弟弟的衣服着火了。姐姐一面跑一面尖声呼喊大人帮助；而这个8岁的儿童迅速地用毯子裹好弟弟，把他放在地板上，很快地闷熄火焰，避免了严重的灼伤事故。当大人们匆忙赶来的时候，他已经在和弟弟玩耍。大家都惊奇异常地赞扬他，只见他平静地说：“这有什么呀？去年我们就和老师一起用泥土、毯子、水等东西灭过火，并探讨过一旦衣服着火了该怎么办。”[②]

【案例点评】

从做中学、从经验中学，是高水平的学习。就像杜威所说的：“学校中为了训练而设的感官训练的学科，总不能跟从每天亲切有味的普通的职业活动中得来的那种生动的、丰富的感官生活相比拟。”然而，“我们必须把木工、金工、纺织、缝纫、烹调看作是生活和学习的方法，而不是各种特殊的科目。”[③]也就是说，这些主动作业，并非为了将来的职业而做准备，而是为了学生当下创新精神和实践能力的发展。

2. 夏山学校

夏山学校(Summerhill School)是一所国际私立寄宿制学校，1921年创办于位于英格兰东萨佛郡的里斯顿村(Leiston，Suffolk)。誉满全球的夏山学校的创始人——亚历山大·萨索兰·尼尔(Alexander Sutherland Neill，1883—1973)，是20世纪最伟大的教育家之一。他从爱丁堡大学毕业后，曾做过实习教师、助理教师、刊物编辑、主编等。1921年他创办了夏山学校，并成为该学校的首任校长。他被西方教育界看作“自由主义教育”的代表。1973年，尼尔去世，夫人和女儿坚守其教育信念，相继担任校长。

夏山学校的在校生一般为40～70人，分三个班，小班5～7岁，中班8～10岁，大班11～16岁。师生比为1∶8。学生在学校可以上课，也可以不上，可以自由地选择课程。夏山学校的各项活动与时间安排如下。

- 8:15—9:00，吃饭及整理内务。
- 9:30—12:30，(小班)或1:00(大班)，上课(考试科目都有)。
- 12:30或1:00，午饭。
- 下午，自由活动。
- 4:00，下午茶。
- 5:00后，小班可能在听故事，中班可能在美术室，大班可能在做陶器。
- 晚上，星期一、星期四看电影，星期二听校长讲心理学，星期三是舞蹈之夜，星期五机动安排，如排话剧等，星期六是“学校大会”(学生自治与民主管理)。

---

① 约翰·杜威. 学校与社会·明日之学校[M]. 赵祥麟，任钟印，吴志宏，译. 北京：人民教育出版社，2005：6.

② 选入本书时做了删节，题目为编者所加。张华，安桂清，等. 综合实践活动课程开发与案例研究[M]. 北京：高等教育出版社，2008：3.

③ 约翰·杜威. 学校与社会·明日之学校[M]. 赵祥麟，任钟印，吴志宏，译. 北京：人民教育出版社，2005：28-29.

- 劳动技术课没有时间表。

总之,在夏山学校,活动课程是主要的课程类型,即使有学科课程,也一定是基于学生兴趣的、自觉自愿的问题探究。

案例 1.5

学生的天堂

你不能用一只被锁住的狗去研究狗的心理,也不能在人性受到长期的限制和生命在枷锁的束缚的情形下,去研究人类心理学。因此,夏山学校给予学生充分的自由,当然是安全基础上的自由(如可以爬树,不可以爬房顶,在有救生员时方可游泳)。我们应该学会等待和观察一个没有进步或进步很小的孩子,相信他总有成功的一天。汤姆 5 岁到夏山,17 岁离开,没上过一节课,他把所有的时间都消磨在劳技间里,他自己学会了看书和算术,后来在照相馆找到了一份工作,老板认为他的工作是最出色的。

在夏山学校,师生不仅在自治会里享有同样的"参政"权利,而且在日常生活中也保持平等的伙伴关系,谁也别想欺负谁,谁也不必害怕谁,互相友爱,彼此尊重。一次,一位叫赫尼(Hetneyd)的小男孩拿尼尔的名字说顺口溜:"Neill,Neill,Orange Peel."(尼尔,尼尔,橘子皮儿。)尼尔并不生气,反而说:"看你又说错了,应该说 Neill,Neill,Banana Peel。"(尼尔,尼尔,香蕉皮儿。)后来尼尔自传的书名就用"Neill,Neill,Orange Peel",尼尔知道伙伴之间开这样的玩笑很正常。但有一次,一位男孩踢他的办公室门,是容忍还是训斥?尼尔选择了后者,因为对这样粗鲁无礼的行为,一个伙伴当然有权而且也会毫不犹豫地予以训斥。在尼尔那里,师生关系就是如此简单、自然。①

【案例点评】

学生的学习、生活完全是自治的、自由的,当然,也是轻松和谐的、真诚自然的。夏山的做法在一般人看来,简直不可思议。但是,却真实地存在着,这简直是教育的一种奇迹。在这里的孩子,彻底丢弃了学校的压力,完全是一种自由的主动成长,他们按照自己的意愿,自在地生活着,自主地探究着。无可否认,这里是儿童真正的家——儿童生活的天堂。

三、综合实践活动课程的国际发展现状

目前,综合实践活动课程开设已经成为一种世界潮流。英国综合实践活动类的国家课程,主要集中在社会研究和设计学习等方面。美国主要有自然与社会研究、设计学习、社会参与性学习。日本将此类课程称作"综合学习时间"。法国在课程标准中,也设计了"综合学习"的课程。

(一) 西方综合实践类课程发展现状

西方国家类似我国"综合实践活动"的课程,主要可以概括为两类,即"设计本位学习""服务学习",下面将分别加以介绍。

1. 设计本位学习

设计本位学习(project-based learning,PBL)作为一种课程与教学取向,起源于 16 世纪罗

---

① 案例题目为编者所加。参见:王炳照. 中外教育管理史[M]. 长沙:湖南师范大学出版社,2000:322-323. 吴明海. 英国夏山学校教育人类学考察[J]. 民族教育研究,2001(2).

马和巴黎的建筑学校或艺术学院,18 世纪中叶后作为一种教学方式被确认,19 世纪中叶至 20 世纪初成为手工训练学校普遍采用的教学方法。20 世纪初至 60 年代,在美国进步主义教育运动影响下,"设计理念"(project idea)和"设计教学法"(project method)被重新界定,它开始作为培养学生自由个性、民主素养的理念与方法。20 世纪 70 年代以来,"设计"理念与方法在欧美和东亚,特别是在北欧、中欧、美国、日本被广泛倡导。

设计本位学习,即基于"设计"理念和方法理解并组织学习的课程取向。"设计"(project,也译为"课题"或"项目"),是对源自现实世界的、值得儿童关注并付出努力的课题进行深度研究。通常以整班共同完成,或班内再分成小组,分别承担不同子课题。设计本位学习的基本内涵是: ①"设计"即研究,学生学习是儿童的真实研究; ②"设计"即生活,研究对象来源于现实世界或真实生活; ③"设计"即儿童,儿童"做设计"就是儿童研究的过程; ④"设计"即课程,"设计本位学习"成为学校核心课程和核心教学策略。

"解放而不放纵,有指导亦有自由"是教师指导"设计本位学习"的基本原则。查德据此提出了三个阶段和五个策略。三个阶段分别是: 课题计划与启动、课题实施、课题反思与结论。五个策略是: ①讨论,即协作商谈并发展思想的过程; ②现场工作,到问题情境中观察、访谈、实验、操作、记录等工作; ③研究,根据现场取得的一手资料、所查阅的二手资料,分析问题、论证假设、生成思想的过程; ④表现,用多种方式,如戏剧表演、绘画、建造、文字、图表、音像手段,进行先前知识、经验、问题、研究发现等内容的呈现与解释; ⑤展示,课题探究结果的呈现,包括总结与反思。

尽管"设计本位学习"已有 400 年历史,但是作为一种被公认的课程设计理念,不过百年时间,是美国进步教育思潮和欧洲新教育思潮的产物。其中,杜威学校的教育实验和克伯屈的"设计教学法"理论起到重要的推动作用。

2. 服务学习

服务学习(service-learning)是学生在教师指导下通过从事社区服务而学习知识和技能、发展多方面能力、养成公民责任感和健全个性的课程与教学取向。它的设计思路正像这个术语本身所表明的,将"社区服务"和"学术学习"整合起来,进而使学校增强培养学生社会责任感的育人机制。

服务学习的概念,主要源于杜威、克伯屈(William Heard Kilpatrick)和汉纳(Paul Hanna)的思想。主要著作包括杜威的《学校与社会》(1899)、《民主主义与教育》(1938)、《经验与教育》(1938),克伯屈的《设计教学法》(1918),汉纳的《青年服务社区》(1936)。服务学习的基本特征包括四个方面: ①明确而真实的学习目标,学生学习改善与人格发展; ②适应真实的社区需要,将其作为寻找学习意义的过程; ③儿童决定,从发现需要,到服务与研究计划,再到执行计划和最后反思、评价,一系列环节都由学生自主决定; ④分析性反思,反思是服务学习的关键要素,是将经验产生的过程与背景、经验本身,在分析的基础上加以反思与总结。

服务学习可以是学校服务学习,如辅导同伴、帮助幼年儿童学习与生活、清扫校园并进行垃圾分类、美化校园与教室等;可以是社区服务学习,如为福利院或养老院的孤寡老人提供帮助、为特殊学校的残疾儿童提供帮助、为医院或博物馆等公共场所提供帮助、各种环境保护活动、交通安全与秩序维护活动等。

服务学习在美国教育发展史上大致分为三个阶段。第一个阶段是 19 世纪末至 20 世纪四五十年代,在进步主义与改造主义教育思潮推动下,服务学习与设计本位学习或动手学习融合在一起,学习目的指向民主社会所需要的服务精神和探究精神。第二个阶段是20世纪60年代末至70年代,随着人本主义教育思潮的兴起,服务学习旨在引导学生理智与情感的均衡发展,培养丰满人性,关注社会不利阶层。第三个阶段是20世纪80年代至今,属于服务学习制度化时期。服务学习迅猛发展,1985年只有9%的高中开展服务学习,到1999年增长到接近50%,2000—2001学年,超过1300万学生投入服务活动和服务学习。在当今美国,没有任何教育改革能像服务学习那样,在教育实践中被如此广泛采用。服务学习已经遍及美国每一个州,许多州确立了服务学习目标,将其作为必修课。

(二)日本的综合学习时间

1. 综合学习概述

"综合学习"是法国、日本等国开设的一类课程。该课程重视学生的兴趣和爱好,培养学生主动开展问题解决和探究的学习态度,引导学生采取"综合体验性学习"和"课题研究性学习"等方式,使学生通过理解、体验、感悟和探究,形成社会实践能力和社会责任感。

2. 日本"综合学习时间"的设置背景

1975年,日本中央教育审议会发表"课程改革报告",提出了课程改革的基准:①培养身心协调发展、具有丰富情感的人;②安排充实而又愉快的学校生活;③既要重视作为国民所必备的基本知识与技能,又要适应学生个性和能力,实行因人而异的教育。20世纪80年代后日本教育开始围绕两个问题进行改革:一是解决教育中的现实问题,二是应答时代和社会对教育提出的新要求。[①] "综合学习时间"就是基于上述两个目标的重要课程改革对策。

3. "综合学习时间"的课时、目标、领域与活动方式

1998年6月,日本文部大臣的咨询机关——教育课程审议会,在公布新的《中小学课程审议案草案》中提出"综合学习时间"。该方案于2002年实施。1999年3月颁布的"中小学课程标准(草案)",明确规定:小学三年级以上每个年级平均每周开设两课时的"综合学习时间"。所占课时数为每周3课时,课时占总课时的10%强。2008年,文部省总结了十年的经验和教训,对综合学习时间总体课时比例做了调整,确立了指导体系,制定了课程标准。

实施综合性学习是日本教育培养学生"生存力"的一项重要措施,要达成以下几个目标:第一,培养丰富的人性和社会性,使其自觉地成为在国际社会生存的日本人;第二,培养自学和自我思考的能力;第三,在宽松的教育活动中,谋求基础学力的牢固掌握,充分体现个性教育;第四,推进各校创造性地开展有特色的教育,以期形成特色学校。[②]

"综合学习时间"只规定主要领域和课时,不规定具体的内容和教材。学习领域主要包括国际理解教育、信息教育、环境教育和福利·健康教育四方面的课题。活动形式:一是自然体验和义务服务的社会体验,二是观察、实验、参观、调查、发表与讨论、制作与生产活动等的体验性学习、问题解决学习等形式。在养成学生"生存力"的同时,使学校运作模式从传授知识向培养智慧转变。

---

①② 黄伟. 综合实践活动课程:我国新世纪的课程创新和历险——与日本"综合学习时间"之比较及反思[J]. 河北师范大学学报(教科版),2005(2):19-24.

4.“综合学习时间”的课程指导

（1）学习活动指导。《指导纲要》总则中，提供了以下学习活动的一些示例。

① 国际理解、信息、环境、福利、健康等跨学科的、综合性课题。

② 基于儿童的兴趣、需求的课题。

③ 适合地区、学校特色的课题。

（2）学习方式指导。关于学习方式，综合学习时间重视解决问题的学习，目的在于培养学生自己发现问题、解决问题的能力和素质，以及搜集信息、归纳总结的方法，掌握汇报、发表、讨论等学习方法，因此主张：

① 积极开展自然体验、志愿者活动等社会体验，观察、实验、实习、调查与研究、制作与生活活动等体验性学习和解决问题式学习。

② 采用小组学习和个人意见等多样学习形式。即使在寻找课题的阶段，也有各种形式。例如，有按教师所指示的总题目，学生选择子课题的形式；有对各位教师所提供的题目感兴趣的学生，各自集中起来进行学习的形式；有学生自己寻找题目进行学习的形式；等等。

③ 得到社区人员协助与教师一起形成一体化指导体制。建议从班主任个人实践向教师团队实践转变。教师相互启发，集体指导，是很有必要的。

（3）课时指导。规定了教学时数，小学三、四年级每学年 105 学时，五、六年级 110 学时。关于课时安排，建议根据活动开展情况，弹性地运用教学时数。

（4）学校与社区关系指导。学校与社区的互动、交流机制，需要学校向社区开放，谋求学校与社区之间的信赖关系。

（5）评价指导。日本教育界对美国教师首创的卷宗评价法（portfolio assessment）比较推崇，开展了广泛实验。舒尔对卷宗评价法作了如下定义：“卷宗就是有关学生学习情况的、有目的地汇集起来的东西，它表现了学生在较长期时间内在课程的一个或多个领域中所做出的全部努力、进步、学业成就。”[①]卷宗评价是指根据学生在活动、学习过程中的意见发表或讨论、所撰写的报告书或作品等可见的学习状况和成果等，以学生的优点、对学习的欲望和态度、进步情况为依据所做出的评价。这种评价重视学习过程评价和学生自己评价。

本章概要

综合实践活动作为 1～12 年级全新的必修课程，立足学生的直接经验，回归学生的生活世界，关注学生的自主探究。它具有整体性、实践性、开放性、自主性、生成性的特点。活动组织要求基于学生日常生活经验，尊重学生兴趣和特长，适合学校与所在社区特色。

从历史的角度看，综合实践活动在国内与国外都有悠久的过去。我国综合实践活动课程相关的思想与教育实践在历史上源远流长，大致划分为启蒙、探索、萌动、产生、发展五个阶段。从国际上看，综合实践活动发展经历了三个阶段：萌芽（帕克的思想）阶段、形成（包括杜威学校与夏山学校）阶段和新发展（如设计本位学习、服务学习和综合学习）阶段。

---

① 黄伟. 综合实践活动课程：我国新世纪的课程创新和历险——与日本“综合学习时间”之比较及反思[J]. 河北师范大学学报(教科版)，2005(2)：19-24.

拓展资源

拓展知识　　　　视频资源

思考与实践

一、理论思考

1. 什么是综合实践活动？其价值取向是什么？
2. 综合实践活动的特点有哪些？为什么？
3. 综合实践活动在我国的发展经过了怎样的历程？
4. 综合实践活动在国外的发展经过了怎样的历程？
5. 综合实践活动在基础教育课程体系中处于什么地位？
6. 试分析杜威学校或夏山学校在综合实践活动形成与发展中的作用。
7. 试预测综合实践活动在我国及世界今后发展的状况。

二、实践探索

述评综合实践活动课程列入基础教育课程体系的重要意义。

第二章　综合实践活动本质

学习目标

- 领会综合实践活动的实质
- 了解综合实践活动的过程
- 掌握综合实践活动的特色

问题情境

这门课程该如何上呢

两年前，我开始真正接触综合实践活动课程。我记得自己上的第一节综合实践活动课的主题是“鸡蛋知多少”。我为学生准备了大量的有关鸡蛋的材料，其中包括文字和图片，想让学生从中发现和提出有关鸡蛋的问题，以便后面对问题进行整理和筛选。但很快我发现我错了，学生对我提供的这些材料不感兴趣，很少有学生针对我提供的材料提出问题，而是提出了很多他们自己感兴趣的问题。为了实施自己预先设计的方案，我依旧“按部就班”，让学生观察图片、阅读文字资料……尽管自己执意牵着学生按照我的思路前行，但事与愿违，学生选择的研究问题依然是他们自己提出的问题。

当时我觉得很困惑，这门课程该如何上呢？……

（北京市朝阳区劲松第四小学　杜燕）[①]

上述案例描述了一位刚接触综合实践活动课程教师的教学经历。其中，表现了这位教师对综合实践活动课程的一系列误读、误解和误行为。它隐含了一系列问题，诸如：综合实践活动课程究竟是什么样的课程？课程的本质是什么？教师的作用是什么？师生之间究竟是什么关系？等等。

---

① 选入本书时有修改。参见：田慧生，等. 综合实践活动有效实施与评价策略[M]. 北京：教育科学出版社，2016：103-104.

理论述要

第一节　综合实践活动的实质

教育部印发的《指导纲要》明确规定,小学从一年级开始实施综合实践活动课程。那么,综合实践活动究竟是一门什么样的课程？其本质如何？这些问题直接影响综合实践活动课程的设计与实施。

一、综合实践活动的课程性质

2017 年 9 月教育部颁布的《指导纲要》,明确了综合实践活动课程的性质,主要表现在以下几个方面。

(一) 综合实践活动是必修课程

综合实践活动是中小学的必修课程,其实施范围涵盖小学的全学段,即从之前的 3～6 年级变更为 1～6 年级,这是《指导纲要》的明确规定。这样,从小学到高中,各年级学生都必须要学习该门课程。综合实践活动课程"与学科课程并列设置,是基础教育课程体系的重要组成部分。"其重要性与语文、数学等学科课程同等重要。所以,综合实践活动必须在小学阶段课程实施中加以落实。

《指导纲要》还规定了各学段的学习课时。小学 1～2 年级,平均每周不少于 1 课时;小学 3～6 年级和初中,平均每周不少于 2 课时;高中执行课程方案相关要求,完成规定学分。为了落实必修课程的要求,根据主题活动的需要,灵活安排课时,既可以集中使用,也可以分散使用,但必须保证开足课时总数。

(二) 综合实践活动是国家课程

从课程性质看,综合实践活动不是校本课程,而是国家课程。综合实践活动课程性质、地位、实施过程、评价方法等,由国家统一制定,在《指导纲要》中均有说明。课程可以集中体现学校特色、满足学生个性差异的发展。学校、教师和学生在课程实施中具有自主权。需要处理好课内与课外的关系,合理安排时间并拓展学生的活动空间与学习场域。其前提是,必须依照教育部颁布的《指导纲要》。

当然,这是一门独特的国家课程,没有教科书,更无具体细致的知识体系。课程内容,需要师生共同开发或教师指导学生开发。在设计与开发课程内容时,教师与学生可以参照《指导纲要》及推荐的活动主题,但这些内容仅仅具有引导作用。所以本课程的管理为三级管理。具体来说,国家规定《指导纲要》,地方教育管理部门根据本地情况加以具体指导,学校根据社区资源、本校实际和学生特点和需求,进行校本开发和实施。

(三) 综合实践活动是实践课程

《指导纲要》指出:"本课程鼓励学生从自身成长需要出发,选择活动主题,主动参与并亲身经历实践过程，体验并践行价值信念。”综合实践活动让学生的知识学习与生活意义追寻找到最佳契合点，促进学生从个体生活、社会生活以及与大自然的接触中获得丰富的实践经验，实现了课程内容与学生生活特别是现代社会和科技发展完美结合，使学生在真实的问题情境中，能够综合运用知识解决问题，体验并掌握认识问题、分析问题与解决问题的过程和方法。

作为实践性课程，综合实践活动以活动为平台，让学生在探究、服务、制作、体验中学习分析和解决现实问题的思路和方法，改变了学科课程过分注重知识传授的倾向。这样的学习，打破了学校与社会之间的藩篱，沟通了知识学习与生活问题，为学科知识的学习与运用找到了生活意义；这样的学习，可能涉及学科知识，但并非学科知识的系统学习，也不同于某一门学科中的实践、实验环节。

（四）综合实践活动是活动课程

综合实践活动以活动为载体，旨在培养学生的综合素质。课程实施的空间，不限于课堂，大自然、社区社会，甚至生产生活的场景，可能是更好的场所；学习方式不是听讲、练习，而是考察、调研、测量、实验等；不仅注重活动结果，更加重视活动过程，重视学生的成长和变化。因此，鼓励学生掌握发现问题、提出问题、研究问题、解决问题的过程和方法，培养学生分析问题的思维方式和解决问题的办法和能力。它强调从学生的真实生活和发展需要出发选定活动主题，鼓励学生根据实际需要，对活动过程进行调整和改进，以实现解决问题的活动目的。

作为课程，它不同于课外活动。有明确的课程目标，活动经过专门设计，活动内容与方式经过严谨的组织，活动过程和结果也要评价。总之，它具备一门课程的所有要素。作为活动课程，这门课程还具有开放性、生成性的特点。

二、综合实践活动的构成要素

综合实践活动作为全新的课程类型，其构成要素有哪些？我们认为，综合实践活动包含四个基本构成要素：问题解决、学生探究、教师指导、课程资源。

（一）问题解决

按照学科教学的方式，指导综合实践活动，会格格不入，因为学科教学模式是“知识—传授”，是一种认识活动，即学习前人的经验。而综合实践活动的模式是“问题—解决”。这个“问题”是源于现实生活的真问题，因此，学生活动实际上就是实践活动。它们是截然不同的两种活动，也是根本不同的两类课程。

作为实践活动，“问题—解决”遵循生活原则：一是求真，在真实情境、真实问题、真实感受中进行真实探究与真实创造；二是向善，在实践中学会倾听、学会理解、学会合作、学会帮助、学会欣赏。而“知识—传授”遵循科学原则：遵从逻辑、实证、精确、高效、客观、理性等去人情化的原则范畴。[①] 这是“问题—解决”与“知识—传授”的根本区别，也是综合实践活动的基本特征。

（二）学生探究

围绕“问题—解决”的线索组织活动，必然是探究活动。至于探究方式，一般采用小组合作探究，如果有条件和愿望，也允许个人进行活动与探究，甚至允许并鼓励各班之间、不同年级之

① 赵书超. 综合实践活动课程：理念与价值[J]. 全球教育展望，2011(9)：19-24.

间,甚至不同学校、不同地域之间小学生的组合。考虑到小学生的年龄特征,为保证综合实践活动安全、有效地开展,加强对小学生团队合作精神的启蒙和培养,目的是激荡合作探究中的实践创新。

在真实问题情境中让学生投入进去,开展探索,无论个体抑或是合作,都倡导激发学生内在的精神力量;追求真理,且将真理视为植根于个人体验或经验,具有共享性与精神性。① 在学生探究过程中,预示着人的精神生命的延展,充盈了人的智慧的创生;反对将其异化成由外而内的知识或技术训练、抑制人的精神生命的力量。这是"探究"与"传承"的不同,也是综合实践活动的重要特征。

案例 2.1

什么叫作"自己的想法"

几年前,世界范围内曾流传这样一则笑话。一天,在一所国际学校,老师说:"同学们,今天咱们讨论这样一个问题:请大家就其他国家的粮食短缺问题谈谈自己的想法。"结果同学们无言以对。当老师进一步追问的时候,美国学生说:"什么叫作'其他国家'?"欧洲学生说:"什么叫作'短缺'?"非洲学生说:"什么叫作'粮食'?"而中国学生,则怯生生地望着老师说:"什么叫作'自己的想法'?"②

【案例点评】

无论这则"笑话"真实性如何,它所概括的不同国家孩子的基本观念和状态,似乎可以达成共识。正因为如此,我们更为中国学生——没有"自己的想法"——感到屈辱和悲哀!如果这个判断正确,那么,以往中国教育则不是在培养人,其大有异化人、摧毁人之嫌!说明中国教育迷失了最根本的使命,中国教师则疏失了自己最根本的责任,而中国课堂也已经到了不得不改革的地步。

(三)教师指导

教师指导基于与学生共同探究。在自我反思与同伴互助中提升自己,教师指导就变成一项实实在在的研究:研究学生的思想;与学生共同做研究。③ 所以,综合实践活动指导,倡导研究性教学,通过发展人的观念来解放人的精神生命,把师生合作创作知识视为教学过程的本质,它追求真理一如追求自由。反对传递性教学,将人的发展视为由外而内的外烁过程,把知识视为外在于人的存在,将教学演绎为训练,因而成为一种抑制人的精神生命的力量。

教师指导意味着学生是课程实施的主体,需要教师的现场"退隐"。大多数活动由学生自主实践、独立开展,如果需要则采取师生合作或学生与家长合作的方式。当然,在学生碰到困难、产生疑问、遇到挫折时,教师必须给予适当援助、积极的鼓励。此外,教师还对班级课程活动方案进行整体设计、规划、组织并推进实践活动的有序开展。这就意味着教师的角色是多重的,即教师是课程开发者、活动指导者、课程实施探索者、指导行动反思者、教育理论研究者。

① 张华.研究性教学论[M].上海:华大师范大学出版社,2010:60.
② 张华.研究性教学论[M].上海:华东师范大学出版社,2010:54.
③ 张华.研究性教学论[M].上海:华北师范大学出版社,2010:160.

案例 2.2

教师比弟子更能受教

著名现象学家、存在哲学家海德格尔曾说："的确，教比学更难，人们知道这一点，却很少思考这一点。为什么教比学难呢？并不是因为教师应具有更多的知识积累，并得做到有问必答。教比学难是因为，教意味着让人去学。真正的老师让人学习的东西只是学习。所以，这种老师往往给人造成这样一种印象，学生在他那里什么也没有学到，因为人们把获取知识才看作'学习'。真正的教师以身作则，向学生们表明他应学的东西远比学生多，这就是让人去学。教师比弟子更能受教。"①

【案例点评】

海德格尔这段话揭示了教师职业的真实内涵：教非教导，教即学，教即多学。他强调的是：身教重于言教，身教深刻于言教。不仅如此，实际上，这段话还反映了一种民主、平等的师生观——教师与学生一样是学习者，是一位先行的同学。这种师生观在现代中国课堂里显得弥足珍贵，在综合实践活动实施过程中更加不可缺少。

（四）课程资源

落实"学生探究"，需要重估知识价值，重建课程观。建构主义理论认为，不存在客观性知识，真理只是人们对知识的神圣化，人的知识是自主建构的。因此，课程资源具有探究性，且由封闭走向开放、由静态走向动态、由预设走向生成。课程资源开发，进入师生的权限范围，且具有动态性和生成性。

学校要因地制宜、因时制宜，充分开发利用各种教育资源；活动场所可以是教室、学校，或校外的家庭、企事业单位、农场、园林、社区机构、科研单位、部队等所有的场所，只要安全、不影响其他人的正常工作，都可以作为学生活动的空间。活动时间给予灵活性，在保证总课时数用足的前提下允许不同小组或个体有不同的学习进度，保证小学生活动的连续性、长期性。同时要注意开发利用周末、节假日等课外时间，保证综合实践活动的充分开展。

三、综合实践活动的本质分析

综合实践活动的构成要素包括学生活动、问题解决、教师指导和课程资源。四者之间组成一个什么样的结构呢？

（一）综合实践活动的结构分析

从活动结构看，综合实践活动的四个构成要素交织、互动，构成一个有机整体，如图 2.1 所示。综合实践活动表现为"学生活动"，学生是活动的主体，他们是活动的开发者、参与者、决策者；"问题—解决"是"学生活动"开展的内在逻辑，学生活动基于现实生产生活的问题解决的线索而设计与实施；课程资源是学生活动的物质基础；教师指导是学生活动顺利、有序开展的教育保障。

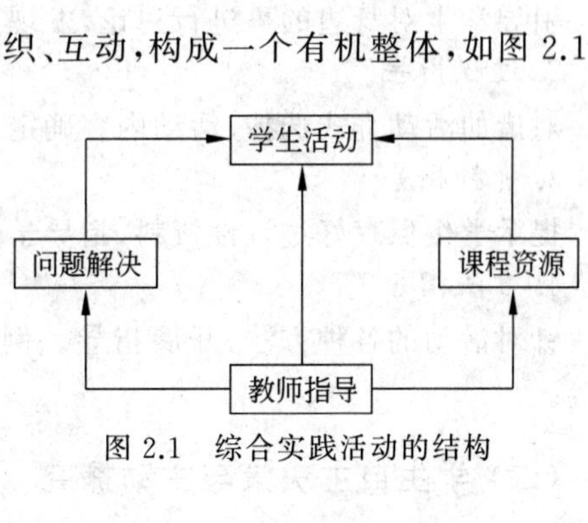

图 2.1　综合实践活动的结构

① 张华. 研究性教学论[M]. 上海：华东师范大学出版社，2010：160-161.

(二)综合实践活动的质的规定

分析综合实践活动过程及其要素间的关系,可以解析其质的规定性如下。

1. 综合实践活动的实质是实践

综合实践活动虽然是课程活动,其性质与学科课程不同,实质是一种实践活动。具体而言,让学生“做中学”,以“问题—解决”为活动线索,以学生探究为活动形式。学生围绕“问题—解决”这条主线开展探究活动;在探究过程中遇到困难的时候,需要得到教师的指导。总之,学生探究和教师指导,包括课程资源开发活动,都是在实践中展开的。因此,实践性是其首要规定性。

2. 综合实践活动的职能是成人

“成人”着眼于“整体人”的发展,主张培养学生综合素质。借助实践活动的学习形态,推动学生素质的全面增强,特别是在价值体认、责任担当、问题解决与创意物化方面稳步提升。即在如何做人、如何做具有实践能力和创新精神的人方面大力倡导。这样,就与学科课程的功能不同,不是“以学科为本”,而是“以人为本”,将理解人、关怀人、重视人、成就人作为第一要务。

第二节 综合实践活动的过程分析

分析了综合实践活动的实质后,进一步明晰活动过程及师生的地位、作用与相互关系。只有这样,才能对综合实践活动的本质有更深刻的理解。

一、师生活动

在实践活动中,教师与学生各自怎样开展活动?下面就此问题进行讨论。

(一)教师参与活动并开展指导

在实践活动中,教师扮演着一个特殊的角色。既是活动的参与者,又是活动的指导者。教师从选题、确定活动方案,到开展活动,再到活动总结交流,始终参与并进行指导;教师还可以根据需要,邀请校外人员对活动进行指导。指导力度随学生年龄和活动难易程度不同而不同。一般而言,随着年龄增长和难度降低,指导力度减小。指导内容一般包括以下几个方面。

1. 选题指导

引导学生对身边的事进行讨论,发现感兴趣的问题,确定主题。

2. 过程指导

对诸如活动方式选择、活动内容确定、活动计划安排等重要环节的指导。

3. 资料指导

提示学生保存好过程性资料,指导学生收集好资料,做好活动数据记录等。

4. 方法指导

针对活动的各种方法,开展指导。例如,调查问卷表的设计、访谈提纲制作、视频录制方法等。

(二)学生自主决策与主动探究

学生是综合实践活动的主体。学生在实践活动中,自主决策并主动探究,在这个过程中,需要注意以下几个方面[①]。

1. 问题意识的形成

问题意识包括对活动的敏感性、对活动意义的认识、对活动结果的总结与反思等。在综合实践活动中，学生要善于发现问题，善于在问题解决过程中培养自己的兴趣和解决问题的能力。

2. 活动课题的选择

在教师指导下，学生能够选择自己感兴趣的问题，通过与同伴讨论，选择一个合理、可行的活动主题。

3. 活动组织方式的多样化

通过班内分组、年级分组、不同年级分组，甚至外校学生结组的多种方式开展活动。

4. 活动探究的持久深入

综合实践活动不是一次可以完成的，需要有一个活动计划安排，按照计划采用不同的方式如探究、服务、制作、体验进行多次探索，持续地将活动开展下去。

二、学生的学习方式

作为综合实践活动的主体，学生在学习方式上，发生了一些根本性的转变。

（一）从被动学习到自主学习

学习由跟随教师“教”而亦步亦趋，变为一种自觉、自愿、自我做主和自我负责的行动。学生由“要我学”变为“我要学”，并以行动展示“我能学、我会学”，彰显了学生的主体性——“我在学”。主张让学生自己发现问题、提出问题、思考问题、质疑问题、解决问题，有利于提高学生发现和解决问题的能力，同时让学生学会自我调控和自我建构。

（二）从个体学习到合作学习

学习过程由个体独自完成，变为由合作体共同完成。即学生可以围绕共同的学习任务，结伴、结组，既明确责任分工，又互助合作，展示了学习的社会性——“互助学”。强调学生的共同发展，注重学习中的互动性，包括师生互动与生生互动，有利于提高学生的交往能力、合作能力和表达能力，增强学生的社会适应性。

（三）从接受学习到探究学习

学习方式由教师“传授”和学生“接受”，变为基于“问题解决”的师生一起探究。以问题解决为目的的学习方式，强调在学习过程中发现问题、探究问题并解决问题，突出了学习的实践性——“做中学”。倡导学习的探究性和体验性，注重学习与探究过程和每位学生的主观体验，有利于培养学生的创新精神、实践能力和科学素养，增强学生的使命感和社会责任感。

（四）从认知学习到体验学习

体验式学习的具体内涵因时代的需求而变化，但强调对直接经验与学习过程的反思是其不变的特征。从心理学角度看，体验式学习的优势在于它更多地涉及情节记忆、情绪记忆、默

---

① 李孔文. 小学综合实践活动课程论[M]. 合肥：中国科学技术大学出版社，2009：230-231.

会知识、实用智力以及学习过程中的自我决定性。[①] 学习方式的视角由认知变为体验，意味着评价重心开始从知识转向人格。

案例 2.3

可以用“我”这个词吗

我曾经布置写一组分析性短文，这些短文涉及我们准备阅读的课文中的主题。然后，我又布置写一组并行的自传体短文，也和主题有关。这样，我的学生就可以看到课文中的概念和他们自己的生活之间的联系。

第一节课后，一个学生对我说：“在您要我们写的那些自传体短文中，可以用‘我’这个词吗？”

我不知道该笑还是该哭，但是我知道我的回答对这个刚刚使自己成为笑柄的青年人可能会产生重要的影响。我告诉他，他不仅可以用“我”这个词，我还希望他自由地并经常地用。然后，我问他是什么促使他提出这个问题的。

“我是历史专业的学生，”他说，“我在作业里每用一次‘我’字，他们就扣掉半分。”

那种反对主观性的学术偏见不仅迫使我们的学生写得蹩脚（用“它被认为”来代替“我认为”），它还改变了学生关于自己和世界的思考。只是以一种简单的扣分方式，我们便诱使学生相信将观点当成事实的文章是很差的文章。与此同时，我们诱使他们和他们自己的内心世界相脱离。[②]

【案例点评】

在教育现代化过程中，课程作为一种社会文化控制的手段，不容掺入任何个人观点与情绪因素，教师与学生被远拒于课程之外，且被异化为知识“授-受”的工具，不仅制约了学生与教师的课程参与深度，遏制了他们的人性、心灵自由与创造性的发展，同时也疏离了课程与人——学生与教师——本身。需要指出的是，综合实践活动一扫学科课程“无视我”的陈腐之气，特别强调个人体验在学习中的作用。这一变革，对以“成人”为目标的教育来说，意义重大！

三、学生主体地位的表现

保证学生在活动中的自主权，是其主体性的集中体现，也是综合实践活动课程的精髓。学生主体地位表现在以下几个方面。

（一）学生是综合实践活动的选题来源

在综合实践活动选题时，需要考虑的首要因素，是学生。他们的知识水平、身心特点、兴趣爱好、个性特长、生活背景与经验等，都是选题的依据。特别是，学生本身就是活动主题选择的主人，他们对活动主题的选择具有“一票否决权”，也就是说，如果学生不认可，任何主题都无法成为学生的活动主题。

正如杜威所说“已经归了类的各门科目，是许多年的科学的产物，而不是儿童经验的产物。”“对这些课程的‘学习’已经变成令人厌烦的同义语，一堂课等于一种苦役。”[③]综合实践活

① 庞维国. 论体验式学习[J]. 全球教育展望，2011(6).

② 阿伦·C.奥恩斯坦，琳达·S.贝阿尔-霍伦斯坦，爱德华·F.帕荣克. 当代课程问题[M]. 余强，译. 杭州：浙江教育出版社，2004：106.

③ 赵祥麟，王承绪. 杜威教育论著选[M]. 上海：华东师范大学出版社，1981：77.

动课程的设置，目的就是在学科课程之外，构建一种“成人”（全面培养人）的课程，前提必须是学生喜闻乐见，这样，才能调动学生的积极性，并借助活动促进其发展。

（二）学生是综合实践活动的实施主体

无论是活动方案的制订，还是活动方案的实施，或是活动的总结交流，学生都是理所应当的主体。在综合实践活动的每一个环节，都需要学生亲力亲为；在面对各种问题时，需要学生自己寻找对策；针对多重选择，还是需要学生自己做出决定。总之，学生具有最大的行动权、决策权，当然他们也需要对活动负责。

学生在活动过程中，具有足够的权利和自由，自主决策、亲历亲为、自给自足，可以自主地实践、探究、思考、对话、协商并达成共识。在这个过程中，教师作为平等的对话者，可以发表自己的意见。其意见的价值，是仅供参考而已。教师不能越俎代庖，代替学生做出决策，更不可代替学生行动。

（三）学生是综合实践活动的评价要素

学生是影响综合实践活动评价的主要因素。他们的参与积极性与态度，直接影响活动的深入程度与效果；他们的活动方式决定了活动进程与成果；他们的精神状态、创新精神发挥，决定了活动的质量与水平。

学生是活动的评价主体。他们不仅主动参与主题选择、亲身参与活动实施，而且自然承担活动评价工作。对选题、准备、行动、成果乃至交流、展示各个环节的操作最有体验，也最有发言权。参与评价不仅是他们的权力，也是他们的责任。

案例 2.4

我变得胆大了

以前，我是个胆小的女孩，说一句话都会脸红。可今天，我竟然能够在全校老师和同学面前，站在升旗台上落落大方地发言。是什么让我变得这样自信、勇敢？那还得从四年级开始说起……

四年级时，我们全班同学在孙老师的带领下，开展了综合实践活动——探索神奇的无患子。活动非常有趣，我们对校园里的无患子开展了一系列的探究活动，我们还制作出了无患子洗手液呢！有一天，孙老师告诉我们县里要举办一次“小学生综合实践活动成果比赛”，要现场展示 15 分钟。大家从班里推荐了四位同学，我就是其中之一。我十分激动，可是又有点不自信：我能行吗？我可从来没有在很多同学、老师的面前展示过啊！但是，这样的机会非常难得，于是，我下定决心，一定要好好珍惜这次机会。我认真地和老师、小组里的同学讨论成果展示稿，又认认真真地背诵，努力练习。那天，就要展示了，我看见台下有那么多老师、同学，有些紧张，心里好像有只小鹿在乱窜，怦怦跳。但我又想：这是一次锻炼胆量的好机会，我一定要好好珍惜机会。慢慢地，我不像刚才那样紧张了，终于轮到我们了，我微笑着落落大方地走上台。成果展示结束后，我们还进行了答辩，当其他同学不敢回答时，我竟然能够大胆地回答。比赛结束后，我们得到了孙老师的表扬，孙老师还对我说：“舒心，你的表现棒极了！”我十分高兴，心里像吃了蜜一样甜。

四年级下学期，我们开展了“探水之源，节水之流”综合实践活动，我又在全校同学面前进行了成果展示。这一次，有了经验的我不大紧张了，我的表现再次得到了孙老师的表扬。综合实践活动使我从那个胆小的孩子变成了一个大方、自信的女孩，成为同学们的榜样。同学们，让我们积极参与综合实践活动吧！

（浙江省海盐县向阳小学　舒心，指导老师：孙美花）[①]

【案例点评】

案例中女生的自述，令人感慨万千！一个羞怯内向、一说话就脸红的女孩，经过综合实践活动课程的磨炼，变成能在大庭广众之下演讲的、落落大方与人交流的优秀学生。她的变化何其大！这种变化对于学科课程，可能无足轻重；但对于综合实践活动课程来说，则是至关重要的！因为这门课程关注的，不仅是知识获得了多少，更关心学生综合素质的提高。

四、师生关系

在实践活动中，师生关系更为复杂，主要表现为组织关系与人际关系[②]。

（一）组织关系

在实践活动中，师生关系首先是一种组织关系。即围绕综合实践活动的有效、顺利开展而结成的“活动小组”。教师对于小组活动负有指导职责，学生遇到问题可以向指导教师请教。这种组织关系具有以下特点。

1. 合作性

在实践活动中，学生是活动的主体，选题、方案设计、活动实施、成果展示都由学生完成，他们的需要、兴趣、价值观必须得到尊重。在活动中遇到问题、困难时，学生可以请教师给予指导。教师是学生活动的顾问，师生之间是一种合作关系。

2. 开放性

指导教师不限于校内教师。一般而言，教师、家长、教育专家、社会人士都可以成为指导教师。可以根据项目需要和教师特长，由学生小组选择指导教师。所以，在实践活动中，师生关系具有开放性。

3. 灵活性

指导教师可以由学校派遣也可以由学生约请。活动时间长短，由师生活动小组按照活动需要确定。学生选择的指导教师可以是长期的，也可以是临时的。指导方式是多种多样的，不限于课堂指导这一种方式。在活动项目发生变化时，学生可以根据需要随时请教或者增加指导教师。所以，师生关系具有灵活性。

4. 共生性

综合实践活动的生成性，决定了实践活动没有固定模式参考。从活动方案制订，到活动开展、活动总结交流等，皆需师生共同协商、讨论，师生共同经历、体验实践活动并实现课程创新。在活动过程中，师生之间，一荣俱荣，一损俱损。师生关系是一体的、共生的。

（二）人际关系

在师生协商、对话过程中，除了组织关系之外，还存在人际关系。其特点如下。

1. 人格平等

学生在人格上与教师平等，在活动中学生具有选择权。教师对学生活动负有指导的义

---

① 田慧生，等. 综合实践活动有效实施与评价策略[M]. 北京：教育科学出版社，2016：292-293.

② 李孔文. 小学综合实践活动课程论[M]. 合肥：中国科学技术大学出版社，2009：229-230.

务和责任，但是由于活动的实践性、生成性、自主性，学生在实践活动中具有绝对的话语权，这就意味着师生在人格上是平等的。所以，教师指导的方式，是为学生当好参谋，提供意见和建议。

2. *互动交流*

活动开展需要师生之间进行合作、交流。从选题，到制订活动方案、开展活动、问题解决、成果交流诸多环节，都会遇到各种各样的问题。对于这些问题的解决，指导教师的意见十分重要。并且，在实践活动中的有些问题，指导教师也未必有把握解决，这就需要师生共同协商，形成“学习共同体”。

第三节　综合实践活动的地位与特色

综合实践活动课程的设置使我国基础教育课程体系，走向学科课程与综合实践活动课程并举的复合结构框架。

一、综合实践活动在小学课程体系中的地位

小学课程体系，由两类课程构成，即学科课程与综合实践活动课程，如图 2.2 所示。因此，小学生在校期间即同时接受两类课程的教育：一类通过学科课程学习前人积累的知识经验，尽快达到人类知识的前沿；另一类通过活动课程，从实践中学习，尝试综合利用已有知识解决实际问题，学习科学研究的方法，实现从结论学习向过程学习的转变。两类课程互补、相生，共同构成一个促进学生的基础素质与独特个性的可持续发展的完备的课程整体。

- 新课程的结构
  - 学科课程
    - 单学科
    - 综合学科
  - 综合实践活动课程
    - 指定领域
    - 非指定领域

图 2.2　新课程的一种解释框架①

二、综合实践活动与学科课程的关系

综合实践活动课程与学科课程，分属两类不同的课程，下面将两类课程进行对比分析，寻找两者之间的区别与联系。

（一）两类课程的区别

两类课程的教育基点、课程组织的逻辑以及对学生发展的意义均不相同。学科课程基于学科体系编制课程，旨在发挥学科知识对人的发展价值，侧重解决人的心理经验与学科逻辑（科学世界）的关系。而综合实践活动课程基于实践问题开发课程，旨在发挥生活世界对人的

① 张华. 总序[A]//张华，等. 综合实践活动课程研究[M]. 上海：上海科技教育出版社，2009.

发展价值,着重解决人的心理经验与实践逻辑(生活世界)的关系。

学科课程在系统、高效地传承知识方面具有优越性,却不利于因材施教,容易压抑学生的个性和创造性;综合实践活动课程擅长因材施教、发挥学生主动性、培养学生创新精神和实践能力,却不便于高效系统地传承知识。

(二) 两类课程的联系

在新课程中,综合实践活动课程与学科课程之间既有区别又互相联系。

首先,两者都崇尚探究,强调学习方式的转变。学科的本质就是探究,通过探究,也只有在探究中,学科课程才能促进人的发展。如果只把学科知识传递作为课程的唯一目标,人的心灵(包括教师与学生)由于被异化为"知识传承的工具"而日渐"荒漠化"—失去激情、完美人性追求和创造性。同样,探究也是揭示生活意义的途径,它能够帮助我们抵制生活中的愚昧、迷信和专制,进而创造理智的、民主的、和谐的日常生活。

其次,两者可以建立内在的联系。综合实践活动是面向生活世界、帮助学生更好生活而设计的课程,生活是综合实践活动课程的出发点,也是这门课程的归宿。学科同样源于生活并指向提升生活的意义,反过来,生活诞生学科并为学科所改变。两类课程有着共同的生活根基,可以通过以下方式实现沟通、互动和相互促进。一是从学科课程中自然引出"单学科探究活动";二是设计"跨学科探究活动";三是基于现实生活问题设计综合实践活动。这样,由学科课程开始,通过"单学科探究活动""跨学科探究活动"到综合实践活动课程结束,形成了一个"课程连续体"。[①]

三、综合实践活动的课程特色

新课程改革,特别是综合实践活动课程的出现,给中国当代教育带来许多思想和实践的转变。有人说,这是一次中国教育的"新启蒙"。那么,综合实践活动课程对于中国当代教育的变革具有怎样的意义呢?

(一) 关注学生生存方式,使教育回归到"成人"的本质

哲学家尼采说过,大自然仅仅完成了人的一半就让其上路了,将人类另一半的完成留给了人类自己。于是康德说:"人只有经过教育,才能成为人。"[②]所以,教育是"完成人"——使人成为人——的第二阶段,以实现人本性拓展和升华、本质力量的扩充与生成。这既是教育的本质,也是教育的职责。

综合实践活动与学科课程相比,在"完成人"中所起的作用更加突出。学科课程以科学知识所属领域为界限来组织课程内容,强调知识间的逻辑是课程组织的最高原则;知识准确、有效地获得是课程实施的价值追求,学科知识是课程组织的核心;教学过程崇尚学科体系的严密性与学术性。而综合实践活动课程则相反,以学生的自我探索、体验和表现作为价值志趣;活动组织的核心,不是学科知识而是人;学生被当作"万物之灵"的生命来看待;课程目标不在于培养专业人才,而是学生作为"整体的人"的发展。

---

① 张华. 导言[A]//张华,等. 综合实践活动课程研究[M]. 上海:上海科技教育出版社,2009.

② 康德. 判断力评判[M]. 宗白华,韦卓民,译. 北京:商务印书馆,1976:28.

两者的根本区别是，学科课程着眼于知识或学科发展，教育目标与任务在于把学生培养“成才”；综合实践活动着眼于人的发展，教育目标与任务在于使学生“成人”，这需要以“解放人”为价值前提。毫不夸张地说，在综合实践活动中，教育回归了其本质——育人，而“育人”必须借助“创造性自我探索、体验和表现”的学生自主的实践活动。课程逻辑方面的差异，导致两类课程在课程形态方面的分化与大相径庭。学科课程形态主要表现为“传授—接受”模式下的知识学习；综合实践活动课程形态主要体现为“问题—解决”模式下的实践探究。

基于实践的逻辑，综合实践活动课程实施必须遵循生活原则。一要求真：在真实情境、真实问题、真实感受中进行真实探究与真实创造。二是向善：在求真的实践中学会倾听、学会理解、学会合作、学会帮助、学会欣赏。后者的实施遵循科学原则：遵从逻辑、实证、精确、高效、客观、理性等去人情化的原则范畴。这样，综合实践活动就具有了很强的“延展性”和发展空间。一方面，它与学科课程从两个维度共同构成互补共生、更加完善的基础教育课程体系；另一方面，它又借助实践活动将课程要素中的科学、社会与人等诸方面整合在一起，实现了文化传承与教书育人两大教育功能的统一。

（二）以生活世界为主要资源，开创了新型课程的独特价值

学科课程立足于科学世界，要实现“成才”的教育任务、要达成“知识授受”的课程目标，课程资源必然来自“科学世界”。而综合实践活动则要完成“成人”的教育任务、要实现“整体的人”的发展的课程目标，课程资源自然是“生活世界”。也就是说，让学生回归生活世界。这是综合实践活动课程的立足点。只有让学生融入生活，“成人”的教育才有坚实的基础和真实的背景。在原汁原味的现实生活中，学生可以学会生存、感悟生活、实现人生理想、追思生命意义。

美国著名教育家杜威多次强调：学校必须呈现现在的生活，即对于儿童来说是真实且生气勃勃的生活。儿童在真实的生活中活动，在持续的活动中生长。回归儿童生活，不仅是教育何以可能的关键，同时是儿童真正“进入”学科课程的“门径”，而且是综合实践活动课程设置的逻辑原点。因此，回归生活世界是一切教育活动得以成功的基础。

综合实践活动课程正是基于儿童生长所必要的“土壤”—儿童生活—来设计的。只有回归生活世界，儿童才能将自己的经验与教学内容联系起来，这是他们了解世界—尤其是科学世界—的先决条件。因此，教育部颁布的《综合实践活动指导纲要》指出：“综合实践活动的开发与实施要克服当前基础教育课程脱离学生自身生活和社会生活的倾向，面向学生完整的生活领域。”只有牢牢抓住生活世界，才能设计和开发出真正的综合实践活动课程。

（三）转变学生的学习方式，培养学生的创新精神和实践能力

实践是教育活动的基石。然而，以往教育排斥实践的做法，不仅消磨了学生的兴趣，也取消了学生创新的必要性和可能性。正如杜威所说明的：“一个拿不动他想要拿动的石头的孩子，可能既不会继续无效地努力去达成不可能的事，也不会放弃他的目的，可能使他思考某种搬动石头的其他方法：他可能用杠子去撬动它。‘需要是发明之母’。”[①]不错，任何创新都是基于实践问题的解决的。

把创新作为一种能力去培养，教育需要回归到实践。实践活动是创新思想萌生、创新能力展现的基本情境。在实践中，身体与头脑的协同作用更有助于创造性行为的产生。因此，要真诚反省与还原教育的本质，要救赎教育的创新精神，必须使教育回归生活现场。而基于生活世

① 约翰·杜威. 学校与社会·明日之学校[M]. 赵祥麟，任钟印，吴志宏，译. 北京：人民教育出版社，2005：188.

界的综合实践活动课程,则清晰说明了它与学科课程在教学文化方面的根本性的区别。首先,作为实践活动,必须是围绕现实中的真实问题展开的;其次,作为实践活动,学生是问题解决的主体,教师只是学生的顾问和助手;最后,作为实践活动,成功和失败都是正常的,学生的经验和教训都可以成为教师倾听与欣赏的内容。

综合实践活动课程的产生,是时代精神的感召与时代精神的呼唤。宽松的气氛、自由的心灵,作为一种教学文化,并不局限于综合实践活动一类课程,它是当代所有课程类型(包括学科课程)的文化追求。坚持这样的文化,我们的教育才能孕育出创新思想、创新能力和创新精神。

(四)面向学生"完整的人",提升学生的生命价值和道德人性

综合实践活动不仅重视实践,而且关注实践中的人及其感受和体验。"乐于探究"这一对课程参与者的心理状态的描述,既表达了对课程设计与开发者的基本要求,又真实地阐发了课程价值与理想追求。也就是说,幸福与快乐是综合实践活动的基本构成(要素)和应有之意(内涵)。

综合实践活动几乎将教师已经熟悉且习惯的一切颠覆:探究的问题需来自学生、来自学生的生活,而非教科书;探究的场所主要是自然、社会或生活的真实现场,而非教室。就像卢梭所说的"完全不要给他(学生)命令,绝对不要。也不要让他想到,你企图对他行使什么权威。"①在这里,教师的作用"不在于教他各种学问,而在于培养他有爱好学问的兴趣,而且在这种兴趣充分增长起来的时候,教他研究学问的方法"。② 在这种转换中,要求教师关注学生"完整的人"生命意义的现实存在,以学生个体幸福为课程的价值追求。

人之区别于万物,是因为人有一个玄幽神秘的灵魂。高尚或是卑贱,不取决于人的外表和他的占有物,而取决于他对生命意义的感悟与坚守。在此背景下,教育教学活动能够渗入对生命意义的追问,显得愈加弥足珍贵。教育作为启迪后人的事业,在生命意义追寻的进程中必须要有所作为!

本章概要

综合实践活动是必修课程、国家课程、实践课程、活动课程。其构成要素包括问题解决、学生探究、教师指导和课程资源。其中,问题解决是学生探究活动组织的线索,教师指导和课程资源是学生探究的辅助条件。从综合实践活动的本质看,其实质是实践,其职能是成人。

综合实践活动的过程包括三阶段六环节。学生是活动的主体,在实践活动中主体地位表现为:是选题来源,是实施主体,是评价要素。在实践活动中,教师活动表现为参与活动并进行指导;学生活动表现为自主决策与主动探究。综合实践活动中的师生关系包括:一是组织关系,特点是合作性、开放性、灵活性、共生性;二是人际关系,表现为人格平等、互动交流。

综合实践活动在小学课程体系中具有重要地位。其课程特色是:关注学生的生存方式,使教育回归"成人"的本质;以生活世界为主要资源,开创了新型课程的独特价值;转变学生的学习方式,培养学生的创新精神和实践能力;面向学生完整的人,提升学生的整体生命和道德人性。

---

① 刘万海. 德性教学论[M]. 上海:华东师范大学出版社,2009:200.

② 左腾正夫. 教学原理[M]. 钟启泉,译. 北京:教育科学出版社,2001:11.

拓展资源

拓展知识　　　　视频资源

思考与实践

一、理论思考

1. 综合实践活动的构成要素有哪些？
2. 综合实践活动的质的规定性是什么？
3. 综合实践活动中学生主体地位表现在哪些方面？
4. 分析综合实践活动中的师生关系。
5. 综合实践活动的课程特色是什么？为什么？

二、实践探索

1. 述评综合实践活动课程列入基础教育课程体系的重要意义。
2. 选择一所小学，对该校综合实践活动课程的实施情况进行分析。

第三章　综合实践活动理论

学习目标

- 了解综合实践活动的基本理论
- 把握综合实践活动的设计原理
- 领会综合实践活动的实施方法

问题情境

如何才能上好综合实践活动课

本学期我班开展了“校园浪费现象调查”综合实践活动。在这个活动中，使用调查问卷是很好的收集资料的方法，于是，我按照“认识调查问卷——结合子课题尝试制作调查问卷——评价”的流程组织了教学活动，从学生参与情况和最终制作的调查问卷来看，我觉得还不错。然而，到课后交流的时候，同事们提出的意见却很尖锐：整堂课看起来学生活跃，但仔细观察就会发现，活跃的就是那几个学生；更有老师提出，我的评价流于形式，总是说这个不错，那个真好，就是没有学生自己说……

听了老师们直言不讳的批评，我在尴尬之余不禁深思：为什么不能带动全体学生参与？设计调查问卷的重难点是问题的设计与排列，我应该如何指导学生？又如何真正让学生参与评价？①

“如何才能上好综合实践活动课?”这是许多指导教师的共同困惑。这个问题看似是课程实施与教师指导策略问题，实则牵涉综合实践活动的基本理念和理论基础。因此，本章内容就围绕综合实践活动的基本理论、设计原理和实施要求三个问题加以讨论。

理论述要

第一节　综合实践活动理论基础

好的实践，自有好的理论做指导。或者说，任何教育行动，都需要合理的理论来解释。综合实践活动作为新课程中的新的课程类型也不例外。

---

①　题目为编者所加，选入本书时略有修改。摘自田慧生，等. 综合实践活动有效实施与评价策略[M]. 北京：教育科学出版社，2016：101.

一、经验自然主义教育理论

自然主义(naturalism)指以自然原因或原理解释一切现象的价值观体系,可以上溯到17世纪的夸美纽斯(J. A. Comenius)、洛克(J. Locke)。18世纪的卢梭(J. J. Rousseau),18—19世纪的裴斯泰洛齐(J. Pestalozzi)、福禄贝尔(F. Froebel),一般被称作浪漫自然主义流派。这个流派的思想将自然主义与浪漫主义(romanticism)结合起来。19—20世纪的杜威(J. Dewey)的教育哲学,被称作经验自然主义的典型代表。

(一)杜威的哲学观

在杜威看来,经验的意义有两个:一是经验的事物,二是经验的过程。作为过程,经验包括两类活动:反思与实验。① 他主张用科学与技术的方法处理经验,并提出认识的"连续性"(continuum)原则,希望"把更多的统一性和组织性引进来"②,诸如:主观与客观的连续性、有机体与环境的统一性、目的与手段的内在统一、方法与教材的必要统一、个性与联合的必要的统一,等等。③ 这是一种对二元论进行修正的实用主义认识论,试图将相互对立的两方面联系起来、衔接起来、整合起来。

(二)杜威的教育观

杜威认为,教育的实质"是经验的继续改造"④。在教育活动中,个体与社会不能割裂,而联结两者的中介就是"经验"。经验的连续性,不仅表现在儿童生活与成人生活之间的连续性上,而且表现在学校生活、家庭生活、社会生活、自然生活之间的完整性和统一性上。他说:"我认为学校科目相互联系的真正中心不是科学,不是文学,不是历史,不是地理,而是儿童本身的社会活动。"⑤只有在活动中,才会完成人的"经验的不断改造",因此"教育即生活"。生活的本质是生长,使人的身心不断成熟与完善,即"教育即生长"⑥。

(三)杜威的课程观

杜威是主张课程与教学相统一的先驱。他认为,方法一定是某一教材的方法,教材的价值不在于提供更多知识,而是借助其处理知识的方法,来改组或重建儿童的经验(知识)。因此,教材与方法、课程与教学,是完美统一的。关于课程开发,杜威坚持三个课程因素即儿童、学科知识、社会间的相互作用、动态统一。杜威将课程概括为两个维度:"儿童立场的课程"与"教师立场的课程"。⑦ 前者强调"儿童生活的连续性",将儿童看作人生具有独立价值的时期,其意义独特;后者提供"社会生活的连续性",强调社会发展对人的要求。两者不可脱节,因此杜威提出了将两者联系起来的"主动作业"。

(四)杜威的教学观

"主动作业",从教学论角度看,是一种探究式学习。它通过"儿童乐于从事"的活动,来实

---

① 张华. 经验课程论[M]. 上海:上海教育出版社,2001:62-63.
② 杜威. 杜威文选[M]. 涂纪亮,编译. 北京:社会科学文献出版社,2006:64-65.
③ 张华. 经验课程论[M]. 上海:上海教育出版社,2001:64.
④ 杜威. 我的教育信条[A]//学校与社会·明日之学校[M]. 赵祥麟,等译. 北京:人民教育出版社,2005:11.
⑤ 杜威. 我的教育信条[A]//学校与社会·明日之学校[M]. 赵祥麟,等译. 北京:人民教育出版社,2005:9.
⑥ 张华. 经验课程论[M]. 上海:上海教育出版社,2001:82.
⑦ 张华. 经验课程论[M]. 上海:上海教育出版社,2001:98.

现儿童对所关心事物或问题的探索和反思,以形成"反省的经验"。杜威说:"思维乃是一个探究的过程、一个观察事物的过程和一个调查研究的过程。"[①]每个人的探究都是独创性的,即使他或她所寻求的结果已被别人所知,其对人的心智和人格成熟都至关重要。

杜威学校把学生的日常活动,统称为作业。无论何种作业,因其基于学生经验,所以是"主动"的;因其源于生活,所以是"社会的"。一般分为三类。

(1) 手工作业:包括车间、烹饪、缝纫等。

(2) 理智作业:包括历史、地理、科学、会话等。

(3) 艺术表达作业:包括造型、绘画、音乐等。

他们强调,三类作业在时间上平衡,[②]这样,通过主动作业而引发儿童身心的全面的、自觉的成长;而且,从课程论角度看,这样的课程,不仅是社会"公共的知识"和学校"预设的计划",而且是儿童"学习经验的历程"。

案例 3.1

杜威学校的研究性教学

6 岁儿童的研究性学习活动被称为"为家庭服务的社会性作业"。本阶段依然以家庭生活为核心组织探究活动,但儿童的社会兴趣显然比 4—5 岁的儿童大为扩展。探究的内容由食物到各种动植物,以及动植物生长的环境和气候,由烹饪到种植、养殖,再到建筑,在测量中学习数学,在编周刊和游戏中学习阅读。

……

有一次,6 岁的儿童在教室里建造了一个示范农场后,竟然又在校园里种了一些冬小麦,经历了从播下种子到做成面包的整个进程,当然是他们自己烘烤面包。

还有一次,儿童们研究农民生活,开始研究农场的动物。儿童们观察到,当母牛吃草时,吃得很快,并不咀嚼。然后他们观察躺在牛棚里正在咀嚼的几头母牛,嚼得很慢。"究竟为什么呀?"孩子们开始研究、讨论。[③]

【案例点评】

在杜威学校的老师看来,学生的经验在教育中才是第一位的。"经验是一条滚滚向前的溪流,通过注入有用的知识,这溪流不断地从各个方面得到扩大。"知识的注入,最为切实的方法只有一个,那就是:让学生自主地、自由地探究。

二、建构主义学习理论

建构主义学习理论是学习领域在行为主义发展到认知主义之后的进一步发展。建构主义者认为,"实在(reality)无非人们的心中之物,是学习者自己构造了实在或至少是按照他的经验解释实在。"[④]这一理论迅速发展且倍受关注是近来的事,但它的哲学根源可以追溯到古代的苏格拉底、柏拉图与康德。它近代的先驱,有杜威、皮亚杰、布鲁纳和维果斯基等。建构主义学习理论的主要观点有如下几种。

---

① 杜威. 民主主义与教育[M]. 王承绪,译. 北京:人民教育出版社,2001:162.

② 张华. 研究性教学论[M]. 上海:华东师范大学出版社,2010:236.

③ 案例题目为编者所加。张华. 杜威研究性学习的思想与实践(中)[J]. 当代教育科学,2005(23).

④ 祝智庭. 现代教育技术——走向信息化教育[M]. 北京:教育科学出版社,2002:23.

（一）知识是学习者自行建构的

知识的获得不是通过教师传授，而是学习者在学习情境中与具体情境交互作用中自行建构的。在此过程中，人对知识的理解，依赖于个人经验。每个人的经验不同，对知识的建构结果也不同。在建构主义者看来，知识只是人们对世界认识的成果，这种成果的形成具有个人化的主观主义色彩。这样，知识就被剥去"真理"的外衣，归于解决问题的材料的性质和地位。而个体经验则是目前学习的平台，在学习过程中至关重要，它是知识生成的前提与基础。

（二）学习是在问题情境中自主展开的

建构主义认为，学习不是把知识装入学生头脑，而是学生与问题情境"对话"的过程，其本质是学习者的自我建构。这种"对话"只不过是学习者的自我建构的背景，即学习需要学习者置身于现实问题情境，完成思考、分析、解决问题的具体行动。每个人的经验是独特的，对问题的理解及提出的解决策略也不同。每位学习者的学习，只能是在其独特的内在精神世界中，独自展开、自主完成；学习，对于学习者来说，是一个独特的、个性化的建构过程。学生在具体情境中的个性化的问题探究活动，可以保证其实践能力与独特而健全人格的养成。

（三）教学是学习者学习的有效平台

在建构主义者看来，情境、协作、会话和意义建构是学习系统中的四大要素。在教学过程中，教师应当向学习者提供需要解决的"问题的原形"，强调具体情境、个人独特经验对于自我建构的作用。这样，学习观有三个转变：关注视点从外部灌输到内部生成，学习形式从抽象化学习到情境化学习，学习者样式从个体作业到社群协作。教师是学习的帮助者，教学是学习者学会学习的"脚手架"。

建构主义学习理论给我们以深刻的警醒与启迪：知识是学习者建构的，带有主观色彩和个体性，而非客观"真理"；因此学习过程（以解决问题为基本模式）远比学习结果（以获得知识为主要目标）更重要；课堂教学不过是帮助学生学习（最终学会学习）的手段，而非学生的职场（或苦役）。

案例 3.2

"鱼牛"

德国的一则关于鱼和青蛙的童话可以帮助我们更好地理解这个问题。故事说的是在一个池塘里住着鱼和青蛙，它们俩是好朋友。它们听说外面的世界很精彩，都想出去看看。鱼因为自己不能离开水而生活，只好让青蛙自己走了。这天，青蛙回来了，鱼迫不及待地向它询问外面的情况。青蛙告诉鱼，外面有很多新奇有趣的东西。"比如说牛吧，"青蛙说，"这真是一种奇怪的动物，它的身体很大，头上长着两个弯弯的犄角，以吃青草为生，身上有着黑白相间的斑块，长着四条粗壮的腿，还有一个红色的大乳房。"鱼惊叫道："哇，好怪呀！"同时脑海里即刻勾画出它心目中的"牛"的形象：一个大大的鱼身子，头上长着两个犄角，嘴里吃着草……①

【案例点评】

鱼脑中的"牛的形象"（被称作"鱼牛"）在客观上是错误的，但是这则寓言却形象地说明了建构主义学习原理：理解依赖于个人经验，知识是个体与外部环境交互作用的结果。因此，对

① 题目为编者所加。祝智庭. 现代教育技术——走向信息化教育[M]. 北京：教育科学出版社，2002：23-24.

知识对错的判断只能是相对的,任何知识都是个体建构的,学习本身就是一个知识建构过程。

三、研究性教学理论

研究性教学理论萌生于19世纪末20世纪初杜威的研究性学习思想,到20世纪下半叶之后,被中外许多重要教育学家所追捧。代表人物主要有美国教育学家埃莉诺·达克沃斯(Duckworth Eleanor Ruth)、美国"田野教育家"帕特丽夏·卡利尼(Patricia Carini),以及加拿大现象学教育流派的开创者马克斯·范梅南(Max ven Manen)。这一理论正作为我国课程改革的教学理论基础之一,其基本观点主要表现在以下几个方面。

(一) 关于知识、儿童与教育

研究性教学倡导"解放理性",表现在知识观、儿童观和教育观等方面。

1. 知识与课程

知识不是传授对象,而是特定情境中问题解决的结果和新问题解决的工具。按照达克沃斯的说法,"人们必须建构自己的知识,并以对他们自己有意义的方式来吸收经验。"[①]"开发教科书的全部目的在于教师和儿童开始产生并遵循他们自己的观念"[②]。因此,课程开发的依据是儿童,便于他们产生精彩的观念、形成美好的道德体验。

2. 儿童观

儿童是一个具有独特个性与内在丰富精神世界的人。感受到父母爱——如"深切的庇护、安全和信任感"——"这种指向内心的亲密的情感气氛促成了孩子的外在兴趣、好奇心、探险性和独立意识。特别是因为体验到了亲密和关心的好处,他便能由此寻找他自己的成长个性。"[③]在这种心境中,儿童的学习必然伴随学习者新思想、新体验的诞生。

3. 对教育的理解

教育永远不可能完全预测和控制[④],它不是科学也不是技术,而是一种体验。"体验可以开启我们的理解力,恢复一种具体化的认知感(a sense of embodied knowing)。"[⑤]无论面对学科还是生活,学习本质都是探究。在探究中,学生可以不断生成精彩的观念和美好体验,这就是教学的目的。[⑥] 教师需要做的,就是借助探究与反思,形成教育智慧,来帮助他们实现这一目的。

(二) 教学的本质与形态

研究性教学论基于"解放理性",从"探究"的视角重新解读教学,探讨了教学的一些新本质,并重新阐释了教学的基本形态。

1. 教学即研究

既然知识是由每个人自己建构的,那么教学如何进行?采用研究的方式进行。达克沃斯

---

① 埃莉诺·达克沃斯. 精彩概念的诞生——达克沃斯教学论文集[M]. 张华,等译. 北京:高等教育出版社,2005:164.

② 埃莉诺·达克沃斯. 精彩概念的诞生——达克沃斯教学论文集[M]. 张华,等译. 北京:高等教育出版社,2005:11-12.

③ 马克斯·范梅南. 教学机智——教育智慧的意蕴[M]. 李树英,译. 北京:教育科学出版社,2001:48.

④ 马克斯·范梅南. 教学机智——教育智慧的意蕴[M]. 李树英,译. 北京:教育科学出版社,2001:21.

⑤ 马克斯·范梅南. 教学机智——教育智慧的意蕴[M]. 李树英,译. 北京:教育科学出版社,2001:13.

⑥ 张华. 研究性教学论[M]. 上海:华东师范大学出版社,2010:35.

一般采取三个步骤：①“与一两个儿童或青少年进行的演示”；②“让学生自己在课外的某个时候与一两个人尝试一项类似的探究活动”；③“作为一个群体来学习某个特定主题”。这样做的目的，一是将学生导入研究现场，二是请他们阐释自己创造性的问题解决的方法。

2. 教学即倾听

倾听可以形成“非判断性理解”，进而达成共同研究的学习状态与氛围。因为“非判断性的理解与一种接受性的、开放性的、同情性的、真诚的、帮助性的聆听有关。”[①]为了保证“研究”的教学性质，乃至推动与指导学生研究，教师必须“低下身子”倾听学生，并且引导学生相互倾听。

3. 教学即描述

“描述”即揭示，“评论”即反思。描述性评论，不仅为了儿童的创造，而且为了教师的“自我”揭蔽——恢复教师的创造个性。[②] 运用“描述性评论”的目的是，让学生主动参与世界，自然地与他人交往，率真地去创造事物，自觉自愿地去学习。当教师的教学行动演变成学生行为的描述时，意味着教师对学生的态度应是关注、思考，乃至赞赏。

（三）教学的策略与方法

研究性教学策略与方法与众不同，主要表现在以下几个方面。

1. 聆听和观察

研究性教学的展开，需要教师时刻意识到学生的感受，这就需要聆听和观察，以便“寻找那些能使儿童与真实的教师一起参与到真实的课堂中去的活动、功课、切入点……发现吸引儿童兴趣的方法，考虑不同儿童兴趣和能力的差异……课程研究的要点是课堂实验。”[③]聆听和观察是开展课堂实验的前提，借助于聆听与观察，达成丰富的、不同形式的理解，诸如非判断性理解、发展性理解、分析性理解、教育性理解、形成性理解。[④]

2. 对话

研究性教学与对话教学是新课程倡导的两种教学理论。前者强调课程与教材只是学生探究的“材料”；后者指出教学双方具有同等的话语权。将研究与对话结合起来，教学观会产生教育理论的“革命”：借助不同的对话方式，诸如主题探究、问答、会话、辩论、对话性讲授、交往性沉默等[⑤]，构建并发挥学习共同体力量，在研究中起到集思广益的作用；又借助研究的学术化思考，增强对话深度和学术水准。对话教学论与研究性教学论是相互促进的。

3. 行动反思

浮躁的社会风气制造了个体反思的文化障碍，科层化教育体制衍生了教育者反思的制度障碍。然而，研究性教学出现困惑、失败和意见冲突时，不仅需要对话协商，而且需要反思。范梅南将反思划分为：行动前反思、行动中反思、智慧性行动（又称“全身心的关注”mindfulness）、对行动的反思。[⑥] 反思成为改进行动的关键。

4. 保持事物的复杂性

研究性教学需要合适的材料、问题与活动，需要事物的本然状态，即事物的复杂性。“我们

---

① 马克斯·范梅南. 教学机智——教育智慧的意蕴[M]. 李树英，译. 北京：教育科学出版社，2001：115-116.

② 张华. 研究性教学论[M]. 上海：华东师范大学出版社，2010：268-269.

③ 埃莉诺·达克沃斯. 精彩概念的诞生——达克沃斯教学论文集[M]. 张华，等译. 北京：高等教育出版社，2005：6-7.

④ 马克斯·范梅南. 教学机智——教育智慧的意蕴[M]. 李树英，译. 北京：教育科学出版社，2001：115-128.

⑤ 张华. 研究性教学论[M]. 上海：华东师范大学出版社，2010：109-117.

⑥ 马克斯·范梅南. 教学机智——教育智慧的意蕴[M]. 李树英，译. 北京：教育科学出版社，2001：134-156.

必须给出切入点,从不同角度呈现学科内容,从不同的学习者那里引发不同的反应,为探究开启条条大路,触发矛盾冲突,引起惊奇;我们必须鼓励学习者超越自己,帮助他们意识到尚有其他观点有待发现",教师应当鼓励学生"在看似简单甚至很基本的材料中发现意料之外的复杂性"①。保持事物的复杂性成为研究性教学的基本条件。

5. 智慧性行动

研究性教学需要教师介入,推动学生的思考、合作、对话,以维持研究过程持续或深入。这需要智慧性行动,基础是智慧性意识。"这种意识容易挥发,瞬间即逝。""智慧性行动(thoughtful action)与反思性行动(reflective action)的区别在于前者以智慧的方式对它的行为进行关注,而不是从情境中撤出来反思各种办法和行动后果。"②因此,智慧性行动蕴含着对行动的反思,但这种反思是融于行动中的,它是一种"全身心投入"的行动。

案例 3.3

教学设计的临时改变

我走进十二年级的教室,一心想着准备好的这首诗的教案。如果我是一位没有经验或天真的教师的话,就会以为我可以"教莱克的诗"……

但是,当我走进教室时,我直觉地观察到这些学生刚从哪里回来。我知道有些学生在周末做兼职打工,还有一些孩子周六和周日玩得很愉快或很不开心,有些孩子晚上睡得很晚,不一定期望下一个星期的学习生活。尽管如此,这些孩子都还是乘巴士或以其他方式来到了学校,并在早晨8点在座位上坐好了。此刻,他们并不关心莱克或什么诗。

因此,当我走进教室,我对这群孩子的活力和气氛有些敏感(尽管我没有真正地发觉到自己的这种意识),我碰巧注意到了达里尔。他的叫叫嚷嚷和笑声好像有点适合全班的情绪。他看到了我的眼光,我朝他微笑了一下。

他把这理解成让他对失去了半决赛的那个冰球队作个点评。冰球我实在不感兴趣,但我还是同情地点了点头,还说了个关于冰球的笑话。一些孩子也即兴发表看法,其他的孩子也参与进来了,全班同学都凑了过来。这是一个极为表面的闲聊。但是,在我们正式做事之前,我们需要以某种方式把大家连接起来。

……我本来计划一开始先在黑板上写出一个问题,让同学们反思回答,然后开始对莱克的诗的主题智慧进行小组谈论。可是,我发现现在还不适合。于是,我用唤起注意的方式开始,"我想给大家读一首由雷纳·玛丽娅·莱克(Rainer Maria Rilke)写的诗,题目叫《豹》"。(我在说话时,已经感觉到学生们的情绪还不适合这类东西。于是,我不由自主地说了句听起来像道歉似的话)"我知道今天早晨诗歌可能不是你们最想听的……"(有几个孩子不以为然地看着我,玛莎眼珠向上翻,好像在说,"你可以再说一遍!"……这时,我感到我应该相信自己。我不想显得像道歉似的,于是我带着更多的热情说)"有时候,很难做我们想要做的事。《豹》这首诗讲述了一个故事,就说明了这一点。"

……

我在向学生讲述这个故事的时候,我不断地注意到谁在听我讲,谁在躁动不安,或心不在

---

① 埃莉诺·达克沃斯. 精彩概念的诞生——达克沃斯教学论文集[M]. 张华,等译. 北京:高等教育出版社,2005:148.

② 马克斯·范梅南. 教学机智——教育智慧的意蕴[M]. 李树英,译. 北京:教育科学出版社,2001:145-146.

焉。这是一种与单个的学生和一群学生接触的教师的知觉。但是，随着故事的深入，全班同学似乎都在仔细听……①

【案例点评】

这是研究性教学在学科教学中的应用。案例作者的研究主要表现为对学生心理、情感、态度的研究，对整体课堂气氛的研究，以及变革教学计划的不断探索和尝试。这已经是难能可贵了！但是，他的核心目标还是要把学生引导到"莱克的诗"上。综合实践活动连教学主题的确定，也要顾及学生的需要，也需要让学生"做主"，并且学习方式自然会演变为"学生自主探究"了，就像开场时达里尔自觉对冰球比赛所做的"点评"。

第二节　综合实践活动设计原理

综合实践活动设计是综合实践活动课程实施的开始，设计有其独有特点，需要我们深刻理解和把握综合实践活动的设计原理。

一、活动设计的概念

活动设计是指针对某一活动所做的计划与安排。具体地说，就是将活动目标、活动内容及活动形式与方法，按照一定原则组织成一个结构合理、运作有效的程式。综合实践活动设计即是这样一种对综合实践活动的计划和特意安排。

活动方案的设计，对于综合实践活动实施具有举足轻重的作用。没有设计、设计错误，或者设计存在偏差，其影响巨大。一是妨碍活动的顺利开展；二是产生巨大的教育偏差；三是引发负面社会影响或安全问题。因此，综合实践活动的实施，一定要进行活动设计。

二、活动设计的特点

与学科教学设计相比，综合实践活动设计具有如下几个特点。

（一）有限预设性

有限预设性是指综合实践活动的设计，教师不能也无法提前准确地预设、规划综合实践活动。综合实践活动从始至终都是学生自主自为的活动，问题的提出、项目的选定、方法的选择以及展示的方法等，都由学生自己决定。在这一过程中，指导教师的工作就是对其可行性给予指导。此外，综合实践活动过程本身是生成性的、无法预料的，这就决定了综合实践活动教师，在每一次具体活动项目开展之前，不可能像学科教学那样进行细化的设计。

（二）动态生成性

动态生成性是指关于综合实践活动的设计，伴随活动的开展、演进，教师与学生逐渐涌现设计思路和生成活动方案。综合实践活动指导教师课前不一定写出厚厚的详细教案，但真正

---

① 题目为编者所加。马克斯·范梅南．教学机智——教育智慧的意蕴[M]．李树英，译．北京：教育科学出版社，2001：146-147.

走到学生面前时,却总是惴惴不安,这是课前缺少充分的课程预案而无所依托所造成的。要改变这一现状,一方面,加强教育理论学习,提高自身素养;另一方面,在实践中锻炼出自己的课程智慧与教育智慧。

(三) 临场智慧性

临场智慧性是指活动方案的设计,伴随活动而不断生成的过程,其合理、有效性与教师现场智慧表现密切相关。如果教师不能敏锐洞察活动发展的走向,则无法完成下一阶段的设计,没有烂熟于心的问题解决方法,则无法及时选择解决问题的路径,更无从实现对学生的指导。上述难题的解决需要教师更有远见,更有卓识,更有随机应变的能力,这就是临场智慧。它是教师遭遇突发事件和困难时教育智慧的临场涌动和迸发。教师临场智慧的提升,一方面需要敢于实践;另一方面需要不断提升自身教育理论素养,把准吃透课程理念和基本原则与策略。

三、活动设计的影响因素

设计的影响因素主要有课程目标、学生因素、教师因素、学校与社区资源等。

(一) 课程目标

综合实践活动的课程目标是学生通过课程实施而达到的发展状态。它是选择、创造和组织学习经验的指南,是开发评价工具的标准,自然也是影响活动设计的重要因素。任何活动的设计,都必须以课程目标为依据。《指导纲要》明确了学生成长的具体目标,即借助活动获得自然、社会、自我的整体认知及丰富的实践经验,特别是正确价值观、勇于担当的责任感、创新精神和实践能力。

(二) 学生因素

学生是综合实践活动的参与主体,同时也是活动设计的重要参与者。活动的方案实际上是在教师指导下,由全班学生或学生小组协商决定的。学生积极主动地投入,是活动设计得以顺利进行的第一保证。影响活动设计的学生因素,主要包括学生的身心特点、学生的已有经验和学生的兴趣爱好等内容。

(三) 教师因素

教师是综合实践活动设计的具体指导者与宏观规划者。因此在人的因素中,教师因素是影响活动设计除学生之外的最主要因素。主要包括教育理念、知识结构、研究与设计能力。教育理念是教师对一切教育活动的价值取向,是教师的教育理想和行动追求。教师应掌握的知识包括:通识知识、教育理论知识和活动指导知识,才能适应探究活动知识无边界化特点,提高探究活动指导的有效性。最后,教师需要了解研究流程,熟悉活动设计程序,具有对课题研究进行设计的能力。

(四) 学校与社区资源

活动设计必须考虑所在学校和所在社区的资源。学校资源包括学校特有的物质条件与文化资源。学校通过开发课程管理软件,既可以实现无纸化校园办公,又便于学生从网络上查阅资料,以及活动设计过程中相关人员的交流与沟通、共享资源、成果展示等。社区资源包括学校所处社区的自然资源、文化资源、物质条件与人力资源。如社区的地理位置、面积大小、地形地貌、气候特征、山川河流、风景名胜、矿产资源等；饮食、起居、文物古迹、聚居民族、人口数量、社会组织、伦理习俗、宗教及文艺活动等；工厂、企业、教育机构、图书馆、科技馆、文化馆、新闻机构、社会团体等及其从业人员和学生家长。

四、活动设计的理念

综合实践活动的设计理念主要包括课程实施观、教师指导观和活动方法论。

（一）动态、生成的课程实施观

在综合实践活动中，课程的含义，不再是静态的教学计划或静止的"跑道"，而是成为个体生活经验的改造与建构或"在跑道上跑"的历程。正如美国课程学家派纳所说的："课程不再是一个事物，也不仅仅是一个过程。它是一个动词，一种行动，一种社会实践，一种私人的意义，一种公共的希望。课程不只是我们劳作的场所，也是我们劳作的成果，在转变我们的同时也转变自身。"[①]这样，课程不再仅是特定知识的载体，还是师生共同探索新知的过程。

综合实践活动所谓的课程，其形态不再是独立于教育情境之外的、固定的、物化的知识文本，而是一种师生共同创生的教育"事件"，是参与其中的一个个鲜活个体灵活的、开放的、生成的生命体验。因此，人再次成为课程的目标与中心。课程也不再是控制教学行为和学习活动的工具和手段，相反它开始成为师生追求意义、获得解放与自由的平台与途径。

（二）对话、探究的教师指导观

当课程成为师生共创的教育事件，成为参与者个体的生命体验，教学就不再简化为知识传授和单一的认识活动，它本身就具有了生活的意义，进而衍生成以对话为特征的精神交流和情感沟通。知识归位于问题探究和意义创生的材料，教师也不再是"真理"和"权威"的化身，成为学生探究活动的对话者与探究伙伴。

综合实践活动本身就意味着生活。它源于生活，在生活中，为了生活。个人的思想、价值与意义，在这里得到了充分的尊重，于是，教学中不乏生命的灵动和生活的诗意，实现了心与心的交流，教学摆脱了知识、纯粹的理性对人的控制和异化，提升人在教学中的地位。

（三）自主、合作的活动方法论

综合实践活动变革了学习方式，学习被看作学生质疑、探索、表达个人见解的过程，冲垮了知识"霸权"。原先学校教育被视为单纯的认知学习，转变为"实践—感知—思考""手—心—脑""身体—心理—灵魂"等共同参与的"整体学习"（Holistic Learning）[②]。在综合实践活动中，学生个体的理解、想象和创造得到确认。

此外，活动基于对现实问题的解决，需要采取合作的学习方式，鼓励交流和沟通，倡导进入生活的体验、对话、创造与责任，突破了个体学习的封闭方式，迈向互动与交流，增强了学习的开放性。

五、学生核心素养理论

教育部2014年印发《关于全面深化课程改革　落实立德树人根本任务的意见》，其中首次

---

① W F Pinar, W M Heynold, P Slattery, P M Taubmen(1995). Understanding Curriculum: An Introduction to the Study of Historical and Contemporary Curriculum Discourses [M]. NewYork: Peter Lang Publishing, Inc., p.848.

② 钟启泉，崔允漷. 新课程的理念与创新——师范生读本[M]. 北京：高等教育出版社，2003：229.

提出“核心素养体系”概念。2016 年 9 月,受教育部委托,北京师范大学正式发布了《中国学生发展核心素养》,成为核心素养的重要理论。

(一) 核心素养的概念

核心素养是指学生应具备的、能够适应 21 世纪终身发展和社会发展需要的必备品格和关键能力。

这是 21 世纪对学生发展的基本素质要求,即以培养“全面发展的人”为核心,分为文化基础、自主发展、社会参与三个方面,综合表现为人文底蕴、科学精神、学会学习、健康生活、责任担当、实践创新六大素养。这是关于学生知识、技能、情感、态度、价值观等多方面要求的综合表现。

(二) 综合实践活动课程核心素养的表现

2017 年 9 月教育部颁布的《中学生综合实践活动指导纲要》,依据中国学生发展核心素养的内涵,明确了综合实践活动课程所要着重培养的核心素养。

1. 价值体认

价值体认包括爱国情感、进取精神、集体思想、组织观念、基本行为规范等。

2. 责任担当

责任担当包括自理能力、自立精神、积极的生活态度、进行社会服务的基本意愿等。

3. 问题解决

问题解决包括发现并提出问题的能力、将问题转化成研究主题的能力、积极探究的态度和有效方法、提出自己的看法并能对问题成因进行解释等。

4. 创意物化

创意物化包括掌握手工设计与制作的初步技能、运用信息技术创意设计并制作数字作品、运用信息技术解决实际问题、服务学习与生活。

(三) 综合实践活动设计的特点

基于核心素养的综合实践活动课程的设计,应体现如下特点①。

1. 课程结构优化

强调课程的整体性和连贯性。

2. 学科课程联通

构建开放、综合和以学生学习为中心的课程,增强各学科之间的融通与互动。

3. 课程资源聚合

聚合并优化各类课程资源。

4. 课程学习构建

帮助学生建立综合学习与实践的意识,掌握综合学习的方法,形成综合素质和能力。

5. 跨界合作融合

知道合作的重要性和方法,构建跨越学科边界、课堂边界、资源边界、时空边界的师生学习圈和生活圈等。

---

① 景小霞. 基于核心素养的综合实践活动课程的设计与实施[EB/OL]. 中国网,http://www.china.com.cn/education/2016-10/26/content_39569167.htm.

六、活动设计原则

原则是指人们说话做事的规则和要求。所以，在设计综合实践活动之前，探讨综合实践活动的设计原则就显得十分重要。一般来说，综合实践活动的设计，需要遵循以下几个原则。

（一）课题源于学生生活

课题需要学生自主选择，必须源于学生生活。教师指导的作用在于帮助学生把他们的想法清晰化、现实化、规范化，变成可操作的活动计划。选题是活动设计的第一步。它既是活动的起点，也是活动的基点。选题不同决定了活动不同。学生探究的主题、开展的活动，必须是他们自己感兴趣的问题、希望开展的活动。主题的形成是在教师的帮助下，学生自己关注问题的由内而外的自然引发，而非教师或其他所谓课程专家由外而内（灌输性）指定。

（二）预设与生成相映

一般而言，预设先于生成，引导生成。而综合实践活动的主体是学生，他们是活动的自主者、决策者和推动者，活动设计也不例外。综合实践活动的过程又是动态生成的，因为除了事先教师设计外，还要对活动生成的资源进行重组，以满足学生综合素质发展的需求。因此，预设与生成两者并重，并且相映生辉，使活动更深入地开展下去。离开学生活动的设计，不是真正意义上的设计。教师作为活动指导者，不可避免对活动有所预设且预设主要需教师独自完成，但是这种预设只有被学生认可，才能成为活动设计。

（三）自主与指导互动

教师在设计活动具体实施过程指导方案时，首先要遵循“自主与指导相和谐”的原则。我们要始终把学生的自主性放在第一位，让学生自主地、积极地参与；要充分相信学生，他们能够依靠智慧和经验从现实生活错综复杂的现象中思考问题。当学生碰到困难时、产生疑问时、遇到挫折时，我们教师及时给予学生适当的援助、积极的鼓励，整体推进，使学生活动的方向性更明确，研究活动更有效。

第三节　综合实践活动实施方法

综合实践活动课程实施主要包括实施框架、学习方式、教学方式等内容。

一、综合实践活动的实施框架

综合实践活动是在学校与家庭的支撑下实现的，教师与家长是支持学生活动的重要两翼。图 3.1 显示了学校与家庭共同推进课程建设的一种模式。

由图 3.1 可以看出，综合实践活动实施主要有六个基本环节，即确定活动主题、确定活动形式、制订活动方案、开展实践活动、交流活动成果、反思活动历程，在每一活动环节，教师和家长都应当给予积极的支持和切实的指导。

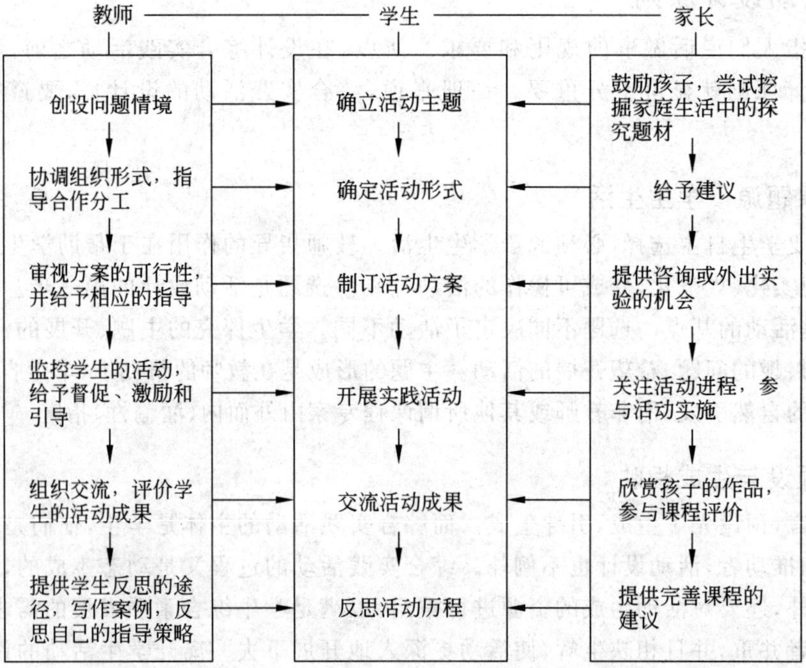

图 3.1　综合实践活动的参考模式①

二、学习方式的多样化变革

学习方式(learning approach)在课程改革中发生了一些根本性的转变，出现了一些新的学习方式。

(一) 自主建构学习

自主建构学习是指学生自觉、主动理解学习主题，运用已有相关知识思考问题，不断生成新思想、新知识的一种学习活动。在学习过程中，学习者自觉提出问题，进行探索、发现，建构新的理解，并将其整合到自己的知识体系中。同样的主题，不同的人在自主学习中可以建构出不同的意义。在此过程中，学生被赋予了寻求自我理解的责任，要求他们在实践中自主地进行分析、综合与评价。

开展自主建构学习可以借助于课题探究的方式，基本程序是：①选择课题；②激发学生兴趣；③明确时间期限；④递交进展报告；⑤形成最终成果。

案例 3.4

同一个故事，不同的建构

语文课上，许老师带领学生阅读一篇关于登山者的故事，故事是说一群登山者克服潜在危险最终成功地登上了山顶。读后她问学生：你们是怎么理解这个故事的？有的学生认为这是一篇关于群体合作的故事；有的认为它是一篇关于共患难如何促进友谊的故事；也有的认为这

---

① 钟启泉，崔允漷. 新课程的理念与创新——师范生读本[M]. 北京：高等教育出版社，2003：231.

篇故事说明了登山者面临的困难和需要的技巧。许老师认为他们说得都有道理，没有给出一个固定的答案。这样的教学，是基于其对学生学习过程的认识而设计的。她认为，学生对所学知识的理解总是在自己原有知识基础上自主建构起来的，因此，对同一个故事，每一个学生都建构了一套独特的意义。①

【案例点评】

自主建构学习的核心思想是学生自觉、主动地分析问题，生成自己独特的观点和看法。这种学习拒绝照搬教师或教材的说法，立足自身生活和知识背景以及独特视角，独立思考、独自领悟和发现创建。这种学习方法不仅顾及每个学生的个性特点和独特学习方式，而且鼓励创新，是培养造就创新人才的重要方式。

（二）小组合作学习

小组合作学习是指学生作为小组成员，为了完成小组的共同任务，在团队中进行有明确责任分工的互助性学习。学生在小组中学习与学生合作性学习是两码事，小组合作学习鼓励学生为了团队利益与个人利益一起工作。

小组合作学习的特征是：①控制规模——成员一般 4～6 人；②团队构成——成员的性别、学业能力、性格特点等最好各不相同；③任务类型——小组就某一项目共同工作；④行为规则——每个成员乐于承担个人与小组的义务和责任，相互支持、鼓励、帮助以及合作；⑤动机与奖励机制——个人成绩基于小组成功。

小组合作学习的类型有如下几种。

1. 共同学习

学生在 4～5 人组成的异质小组（成员的成绩、性别、种族等不同）中学习，共同完成作业。

2. 小组调查

2～6 个学生组成一个小组，共同讨论设计计划与问卷、合作实施调查、分析结果、完成报告、全班交流等。

3. 拼图法

通过任务分配，使每个成员充当一个特殊角色，以确保学生积极参与。犹如一个拼图游戏，小组工作依赖于成员的个体努力，缺一不可。

4. 团队游戏竞赛

4～5 人组成一个团队，共同工作、相互帮助，协同完成与其他团队的对抗游戏竞赛。首先掌握竞赛内容，做好竞赛准备；其次通过协作完成团队任务。通常把问题写在卡片上，每人抽卡回答问题。如能正确回答或成功挑战、纠正两个同学的答案，便能得分。每个学生的得分相加为每队的分数。

小组合作学习的实施步骤有四个：第一步，布置个人任务。个人任务也许只是家庭作业。第二步，布置并实施小组任务。小组成员一起工作，创作一份具体、复杂的由所有成员参与的活动或作品。第三步，回顾团队工作技巧。小组任务完成提交作品后，回顾小组工作过程，查阅工作日记，分析做法得失，并通过讨论分享经验。第四步，回顾任务，促进对题材的理解。具体方法有：组织报告会；张贴小组成果；实行组间交流；“抢答”总结语等。

---

① 钟启泉，崔允漷. 新课程的理念与创新——师范生读本[M]. 北京：高等教育出版社，2003：120-121.

案例 3.5

我的学生不会合作学习

在一间教室里,老师正在试验以小组合作学习的形式进行教学。但他看到的却是一团糟:第一组的学生正在为由谁来记录而争吵;第二组中,一个组员静静地坐着,因太害羞而不加入小组活动;第三组两名组员在谈论足球,一名组员在做作业。这位老师的结论是:我的学生不会合作学习。[①]

【案例点评】

小组合作学习是一种新课程下的全新学习方式,旨在培养学生分工、合作的协作精神与工作能力,沟通、交流的社会交往和社会适应能力。这些能力在当今社会显得越来越重要。但是,合作学习不是简单地将学生分成小组,让他们一起学习。把学生安置在小组中学习与学生合作性学习并不是一码事。作为一种新的学习方式,小组合作学习本身也需学习。所以,学生需要借助教师指导,在学习中学会小组合作学习。

(三) 问题探究学习

问题探究学习是指面对复杂而真实的问题,学生借助探讨、调查、实验、分析、研究等方式,来解决问题的一种学习方式。学生通过这种自主探究和发现知识的过程,获得成功体验和自我价值实现,改善自己的生存状态和生活质量,不断超越自我,提升自己的生命价值和生命意义。

问题探究学习的过程,一般包括四个阶段。

1. 面对问题

在问题探究的最初阶段,教师应当营造一个问题情境,帮助学生建立假设。之后,学生需要提出所研究的问题,并确定主题。

2. 询问与调查

学生通过收集信息,以及教师或他人的指导,来增进对问题的理解。这个过程需要精细而巧妙地设计。

3. 形成解决方案

每个学生都有责任找出解决问题的方案,连同方案说明,以一种符合学生探究的形式展现出来。成果呈现可以采用戏剧表演、口头争论、小组展示、录像、告示或者文件等方式。

4. 总结汇报

学生得出结论并提交上来后,教师需要指导他们汇报任务执行情况,以帮助他们拓展对概念和技能的深入理解。这一阶段需要教师进行深度指导,使学生学会反思、分析解决问题、自我评价和小组工作评价。

案例 3.6

我们的音响实验室

在M小学,H老师教的四年级学生午饭后进入教室,看到房间里摊了一堆眼镜、瓶子、铃

① 钟启泉,崔允漷.新课程的理念与创新——师范生读本[M].北京:高等教育出版社,2003:122.

铛、大小不等的有孔木盒、音叉、木琴和笛子。学生们狂呼着扑过去玩耍。H老师在一旁看着。

几分钟之后学生们开始坐下来。一个学生问道："H老师，发生了什么事？看起来好像这里变成了一个交响乐队。"

H老师笑着说："也可以这么说。实际上，今后这里会成为我们的音响实验室。"他在教室里走动着，拿起一把琴拨动着琴弦，同时用一个勺子去敲打身旁的一个饮料瓶。"你们从这些声音里感觉到了什么吗？"他一边问一边重复了一遍动作。

一个女生回答说："它们听起来很像，但是又不一样。"另一个学生提议再做一遍。这一次，学生们很快注意到了这两种声音音高相同。

H老师布置说："你们的任务是寻找声音变化的原因并把它描述下来。你们可以分成几个组，利用现有的物品进行实验，看看声音变化有什么规则。根据你们的发现制作一件乐器，然后介绍一下你们设计的乐器具有什么功能，你们是怎么做到的。最后我会告诉你们我想让这件乐器干什么，我们一起动手实验，看看你们的想法行不行。现在我们开始分组，谁有什么建议吗？"

一个男生勇敢地开了个头："我注意到这些东西有五种不同的材料。或许我们可以分成五个小组，每一组用这些东西实验一会儿，接下来交流一下体会，听听别的组的主意。然后再决定下一步做什么。"

其他同学提出了另外一些意见。接下来的半小时里学生们讨论出了一个实验研究的计划。①

【案例点评】

这是一个精心设计的问题探究学习开始前的情境设计案例。一方面，学生亲自动手、尝试操作了教师准备的实物材料，获得了一手的直接经验，为他们后续在设计实验方案过程中充分发挥想象力奠定了基础，也为学生实验过程发挥创造性、用心感知、体验和思考奠定了基础。另一方面，教师引导学生讨论实验方案的过程，在于训练学生分析问题、解决问题的基本方法和思路，在于让学生学会表达、倾听、交流、合作，这是小组合作探究学习的重要素养，也是学生今后工作生活中不可缺少的基本素养。

三、教学方式的多元化

教学设计是教师基于一定的教育理论，分析具体教学问题、设计解决方案、进行评价与修改，直至获得解决问题最优化方案的过程。教学设计决定教师的教学行为方式，也反映教师的教育理想。

（一）对话教学

所谓对话教学，是指师生面对某一课程主题，通过对话而开展平等的思想交流、相互切磋和探讨问题，进而促进学生学习乃至身心发展的教学活动。对话教学是一个与讲授教学相对的概念，它是师生基于关于价值和关系的认知，整合反思与互动，在尊重差异的前提下合作创造知识和生活的话语实践。

对话教学的基本要素主要包括五个方面。

---

① 钟启泉，崔允漷. 新课程的理念与创新——师范生读本[M]. 北京：高等教育出版社，2003：117.

1. 主题探究

主题探究是对话教学的基本方法论。因为问题或主题是对话的背景或前提,对话的目的就在于提出问题、生成有意义的主题,进而对主题开展探究,所以主题探究和对话教学是融为一体的。

2. 多元会话实践

多元会话实践包括问答、会话、辩论等具体形式。问答是课堂教学中常见的对话形式,其本质在于问题与经验、知识、课程、教学融为一体。只有问题被提出,探究活动才能发生和持续,并形成和积累知识与经验。会话是比问答更开放的对话形式,目的主要不在于回答或解决具体问题,而在于达成主体性的理解。因此,会话有两个特征:一是合作与容忍的精神;二是相互理解。辩论是直面对手展开论辩,旨在针对特定事件,选择恰如其分的观点和论据击败对手。

3. 对话性讲授

强调追求关系价值、关心和满足学生需求,主张讲授即倾听。一方面倾听自我,在讲话的同时倾听所讲内容(是否自己的心声);另一方面倾听学生,教师所讲需要立足于对学生的倾听与理解,讲其所疑、所问、所思、所惑、所想。

4. 交往性沉默

法国著名哲学家福柯认为,沉默是体验同他人关系的特定手段。在对话教学中,一是"不可说的东西"只能沉默,二是个人知识属于"默会维度",三是智慧教育需要机智地选择沉默的方式。

5. 个人方法

教师或每个学生的知识、经验、思想、情感、态度等总是体现出其个性独特的方面,并且这些方面在特殊教育情境中总表现出教学方法的性质与功能,这就是所谓的"个人方法"。①

(二) 讨论教学

讨论教学是师生围绕特定问题开展讨论的教学方式。讨论教学作为一种教学方式始终贯穿着讨论的精神。这种精神基于民主、平等的师生关系,使课堂教学形成多元对话、思想碰撞、心意沟通的开放、互动的教学形态。

讨论教学不仅关注学生知识的生成,而且关系学生全人发展,如学习兴趣、动机、情绪变化和性格养成。讨论教学的基本环节与核心要素主要包括四个。

1. 问题呈现与群体思考

这一阶段,教师要详细向学生说明所要讨论的问题及其价值,吸引学生积极参与讨论;同时,教师还需指导学生运用资料、处理信息、思维方法、讨论辩论的基本技巧,还要阐明讨论的原则。

2. 个体表达与他人倾听

学生要在教师指导下做好各项准备工作,以免"仓促上阵"。发言应当言简意赅,清晰明确;倾听需要抓住要点,领会主旨。这样,才能确保理解准确、交流顺畅,讨论教学也才不会"走过场"。

3. 意见反思与切磋回应

这一环节是讨论教学的核心环节。许多不同见解及思考问题的方法、思路会在这一环节

---

① 张华.研究性教学论[M].上海:华东师范大学出版社,2010:109-118.

展现出来，作为教师应当引导学生学会倾听，借助提问、解释来澄清思想与观点，关注、激励学生阐发不同见解。

4. 观点总结与讨论评价

在论点梳理的过程中，注意使用发展性小结，给学生以积极鼓励。这样，有利于保持兴趣、增强信心，促使学生持续学习观念的形成。另外，在评价时注意运用延时评价。即时评价易给学生带来压力，不利于开放思维的形成，延时评价有利于讨论的深入和学生的发展。

（三）探究教学

探究教学与问题探究学习相对应，是指在教师精心设计的一个真实生活情境下，使学生产生问题意识和探究愿望，并通过学生亲自动手操作实物材料或体验问题解决过程，获得对事物的感性认识及动手能力的教学活动。

归纳起来，探究教学过程由六个基本阶段构成[①]：

（1）在一定的情境中提出和明确所要解决的问题；

（2）创设有利于探讨的情境和环境；

（3）激励学习者利用可能的途径去收集适合问题解决的资料；

（4）制订探究的计划和提出探究性的假设；

（5）通过实证的和推理的方法去解决探究性的问题；

（6）进行探究结果和探究经验的交流。

（四）创意教学

创意教学是指教师依据一定的原理，通过有创意的设计，采取有效的方法和策略，以培养学生的创造力、思维能力为目标的课程实施过程。创意教学的特点是依据创造性思维原理来设计教学，以适合学生身心发展的策略激发学生的学习兴趣、学习动机和学习品质。创意教学主要有以下几种。

1. 融入式创意教学

融入式创意教学即不改变课程与教学的内容框架，只在知识与原理学习上融合各种创意性方式，引进学生活动，启发学生思维的教学类型。

2. 统整性创意教学

统整性创意教学指与学科结合的教学，特色是打破学科界限，如将语文、数学等不同学科的相关概念作教学前统整，据此来设计教学活动。

3. 辅助性创意教学

辅助性创意教学指教学结束后，依据教学评价了解教学现状，确定补救教学的内容，开展创意性教学。

4. 形成性创意教学

形成性创意教学指教师根据实际需要以创意性活动引导学生理解课程内容，加深学习印象，提升教学效果。

创意教学的实施方法很多，常常根据具体方法来调整实施步骤。一般来讲，创意教学的实施至少应当包括五个步骤。

（1）选择适当问题。根据学习内容，选定适当问题，收集相关资料。

---

① 全国十二所重点师范大学联合编写. 教学论[M]. 北京：教育科学出版社，2007：380.

(2) 组成头脑风暴小组。将学生分成若干小组,每组至少 6 人,最好是 10～12 人;男女混合,选出有经验的成员为组长。

(3) 说明活动原则。实施头脑风暴教学,应阐明规则:不批评他人的构想;自由发表意见,鼓励发表与众不同的构想。

(4) 进行头脑风暴。主持人需要将所解决的问题进行重述,或写在黑板上,使小组讨论有所依据,不至于偏离主题;随时记录成员提出的新构想,并加上编号以便于讨论和评估。

(5) 评估各类构想。头脑风暴结束后,教师或主持人归纳新构想,列成一张清单,小组成员共同评估、选出最有价值的构想。

(五) 协同教学

协同教学(team teaching)是指不同学科的教师组成小组,通过合作对某个学习集体进行有目的、有计划的协调指导的教学形式。这种教学方式往往是有组织的、合作的教学指导体制。协同教学是综合实践活动实施的主要方式。

1. 教师小组的组织

协调教学教师小组的组织形式,主要有以下五类。

(1) 班级教师小组。一般采用班主任和学科教师相互配合的组织形式。

(2) 年级教师小组。往往以某一年级或某一学段为单位,教师间围绕某一主题进行协同教学。

(3) 学科教师小组。围绕某一主题将各学科相关内容整合,安排相关教师协同教学。教师小组包括学科教师小组和不同学科教师小组。

(4) 全校教师小组。根据综合课程的目标、内容以及活动形式,在全校范围内的教师间进行合作,各自承担不同职责,协同完成相应的教学任务。

(5) 校内外教师小组。校内外教师展开合作的教学组织形式,体现学校、家庭、社会间的教育合作,具有开放性的特点。

2. 协同教学的实施

协同教学主要有两种类型。

(1) 课题单元综合课程的教学。基本模式如下:

$$\text{课程开发}(T_1\text{-}T_5)\rightarrow\text{板块 }1(T_1)\rightarrow\cdots\cdots\rightarrow\text{板块 }5(T_5)\rightarrow\text{单元总结}(T_1)$$

这是综合课程教学的基本模式。首先由教师 T_1 牵头组成课程开发小组,人员组成构建由课程内容及性质来确定,共同确定课程目标、编写课程计划、设计课程方案。其次,根据课程实施程序与内容板块进行分工教学。最后,由教师 T_1 进行单元教学总结。T_1 是这一课程实施的组织者、领导者。

(2) 课题研究指导。基本模式如下:

$$\text{形成课题小组}(T_1)\rightarrow\left\{\begin{array}{l}\text{A 课题}(T_1)\\ \text{B 课题}(T_2)\\ \text{C 课题}(T_3)\\ \text{D 课题}(T_4)\\ \text{E 课题}(T_5)\end{array}\right\}\rightarrow\text{交流总结}(T_1)$$

研究性学习的课题指导,常常采用这种模式。教师 T_1 进行课题导入,学生根据各自的兴趣、生活经验自主选定相应课题,制订各自的研究方案,选择各自的指导教师,根据计划进行个别性课题研究活动，选定教师随课题进行指导，最后教师 T_1 组织学生进行学习成果交流。

本章概要

综合实践活动课程的相关教育理论，主要包括：经验自然主义教育理论、建构主义学习理论和研究性教学理论。综合实践活动设计是对课程活动的计划与安排。影响设计的因素有课程目标、学生、教师与资源。设计时必须遵循动态生成的课程实施观、对话探究的教师指导观和自主合作的活动方法论。以综合素质为活动目标，以价值体认、责任担当、问题解决和创意物化为核心素养，以考察探究、社会服务、设计制作和职业体验为活动方式，进行活动设计。遵循三个设计原则：①课题源于学生生活；②预设与生成相映；③自主与指导互动。

综合实践活动实施，顺应当代世界课程理论民主化潮流和我国基础教育改革的价值观。其学习方式倡导自主建构学习、小组合作学习、问题探究学习，教学方式提倡：对话教学、讨论教学、探究教学、协商教学、创意教学、协同教学。

拓展资源

拓展知识　　视频资源

思考与实践

一、理论思考

1. 经验自然主义教育理论的主要观点是什么？
2. 建构主义学习理论的主要观点是什么？
3. 研究性教学理论的主要观点是什么？
4. 综合实践活动设计的原则是什么？为什么？
5. 新课程倡导的新的学习方式有哪些？具体内涵是什么？
6. 我国基础教育课程改革倡导的新教学方式有哪些？主要内涵是什么？

二、实践探索

1. 结合本质理论，选择一所小学对该校综合实践活动课程的实施情况进行调查研究，分析其理论落实情况。
2. 根据上题所获得的调查数据，对照《中小学综合实践活动指导纲要》试对其进行评价。

组 织 篇

组织篇包括第四章综合实践活动目标和第五章综合实践活动内容两章。第四章介绍了综合实践活动课程目标设计的国内外相关情况，阐明了课程目标设计与表述的具体方法；第五章介绍了综合实践活动内容开发的基本问题、不同活动方式下的内容开发、内容开发的过程与方法。组织篇的两章属于综合实践活动课程设计的范畴，其核心课程目标确定与课程内容开发。本篇将为学习实践篇奠定基础。

第四章　综合实践活动目标

学习目标

- 了解国外综合实践活动目标与经验
- 理解我国综合实践活动目标与要求
- 把握综合实践活动的目标设计

问题情境

如何确定活动内容

洛克在《教育漫话》中论述过少年绅士的手工劳动是刺绣、镀金、漆工等在室内进行的手工劳动。卢梭对这些是一概摒弃的。他所推崇的手工是使用旋床、铁锤、刨子、斧、锯、锉刀等各种工具的手艺，或是木匠的工作。卢梭期望借助这些劳动使身躯强壮、手脚灵活。同时，在从事运用这些工具的劳作过程中，也可以磨炼感官，发展智慧。所以，他摒弃了那种不费任何功夫且近乎机械式的重复工作：这些工作，如织布、磨石头等，仅仅劳累了身体，却不要求任何思考。他认为，这是一种聪慧的人不应从事的职业。①

综合实践活动内容应当如何确定？这个问题看似课程开发过程中具体的操作问题，实则关涉活动设计的目标确定，乃至综合实践活动的基本理念和理论基础。因此，本章内容将围绕国内外综合实践活动目标及其设计等问题加以讨论。

理论述要

第一节　课程目标概述

人类实践活动总是有目的、有意向的。教育活动尤其如此。开展综合实践活动，首先需要确定其课程目标。

---

① 题目为编者所加。摘自：佐藤正夫. 教学原理[M]. 北京：教育科学出版社，2001：146.

一、课程目标及相关概念

一般来说,课程目标是与教育目的、培养目标等相互关联的。

(一) 教育目的

教育目的是根据社会发展要求与受教育者身心发展状况而确定的教育所培养人的总要求。

它既是教育工作的出发点和归宿,也是各级各类学校制定培养目标的依据。从国家和社会角度看,教育目的只能是总体性的、高度概括的,为各地区各级各类学校根据实际情况加以落实留下了弹性空间和条件。也就是说,教育目的的最终实现,需要将教育目的逐步具体化。

在实践中,不同地区和学校为了实现教育目的,会根据各自地区和学校的特点和实际情况将教育目的具体化,形成地区教育目标和学校的培养目标。

(二) 培养目标

培养目标是各级各类学校根据教育目的制定的、符合一定社会需求的具体教育要求,它是具体化了的教育目的。

因为每所学校的特点不同、教育对象不同,所以它们的培养目标也往往有很大的差异性。不同学校所确定的培养目标在总体上共同构成了国家或社会的教育目的。所以,培养目标与教育目的的关系,是部分与总体的关系。学校培养目标的实现需要借助学校所设置的课程而达成。

(三) 课程目标

课程目标是根据教育目的而提出的课程所要实现的具体价值和任务指标,是课程通过设计、开发、组织及实施所要达到的基本要求。

课程目标具有整体性、连续性、层次性和积累性的特点。

1. 整体性

整体性是指各个目标之间并非完全孤立和彼此割裂的,而是有机联系的,它们共同构成一个具有内在统一性的目标整体。

2. 连续性

连续性是指课程目标在时间上的衔接与延续,即高年级目标是建立在低年级目标实现的基础上的,是低年级目标的进一步深化和拓展。

3. 层次性

层次性是指课程目标是由不同维度、多个层次构成的,如情感与技能目标是在知识目标层次之上的一个层次。

4. 积累性

积累性是指低年级目标的落实与达成是高年级目标实现的基础。

(四) 教学目标

教学目标是课程目标的进一步具体化,是指导、实施和评价教学的基本依据,具有可操作性、灵活性等特点。

课程目标只有具体化为教学目标,通过一次次的教学才能得以最终实现。

二、我国综合实践活动的课程目标

为指导中小学有效实施综合实践活动课程，2001 年国家教育部颁发了《综合实践活动指导纲要(试行)》，对综合实践活动课程的性质、理念、目标、内容、评价以及管理保障等方面做出说明和要求。然而，在学校教育实践中，对综合实践活动课程目标定位认识不清、课程目标体系缺乏衔接、难以达成共识等问题也不容忽视。因此，在总结十几年来我国基础教育综合实践活动课程建设与借鉴国际先进国家改革的经验基础上，2017 年 9 月教育部正式颁布了《指导纲要》，确立我国综合实践活动的总体目标和小学阶段目标。

(一) 综合实践活动课程的总体目标

《指导纲要》将综合实践活动课程总目标表述为："学生能从个体生活、社会生活及与大自然的接触中获得丰富的实践经验，形成并逐步提升对自然、社会和自我之内在联系的整体认识，具有价值体认、责任担当、问题解决、创意物化等方面的意识和能力。"

(二) 小学学段的具体目标

《指导纲要》针对不同学段学生的特征，将综合实践活动目标具体化，并从价值体认、责任担当、问题解决、创意物化四个维度进行分解细化。[①]

1. 价值体认

通过亲历、参与少先队活动、场馆活动和主题教育活动，参观爱国主义教育基地等，获得有积极意义的价值体验。理解并遵守公共空间的基本行为规范，初步形成集体思想、组织观念，培养对中国共产党的朴素感情，为自己是中国人感到自豪。

2. 责任担当

围绕日常生活开展服务活动，能处理生活中的基本事务，初步养成自理能力、自立精神、热爱生活的态度，具有积极参与学校和社区生活的意愿。

3. 问题解决

能在教师的引导下，结合学校、家庭生活中的现象，发现并提出自己感兴趣的问题。能将问题转化为研究小课题，体验课题研究的过程与方法，提出自己的想法，形成对问题的初步解释。

4. 创意物化

通过动手操作实践，初步掌握手工设计与制作的基本技能；学会运用信息技术，设计并制作有一定创意的数字作品；运用常见、简单的信息技术解决实际问题，服务于学习和生活。

(三) 综合实践活动课程的目标定位与出发点[②]

《指导纲要》明确提出：综合实践活动课程目标以培养学生综合素质为导向，强调学生综合运用各学科知识，认识、分析和解决现实问题，提升综合素质，着力发展核心素养，特别是社会责任感、创新精神和实践能力。

---

① 参见《中小学综合实践活动课程指导纲要》。

② 李宝敏. 中小学综合实践活动课程的目标指向：核心素养发展[J]. 中小学管理，2017(12)：8-10.

1. 回归教育本原,追寻知识学习与生活意义的契合点

综合实践活动课程的目的是让教育回归学生的生活世界,回到“人”本身。即打破学科知识与现实生活的割裂状态,打破学校与社会之间的藩篱,为学科知识的综合运用寻求意义生成的源泉;让学生的知识学习与生活意义追寻找到最佳契合点,促进学生从个体生活、社会生活以及与大自然的接触中获得丰富的实践经验,在真实的问题情境中,能够综合运用知识解决问题,学习并掌握认识问题、分析问题与解决问题的过程和方法。

2. 践行社会主义核心价值观,提升社会责任感

综合实践活动课程需要落实立德树人的育人目标,促进学生正确认识人与自然、社会、自我之间的各种关系,增强价值体认,树立爱国情怀,将对社会的整体认识、对国家的责任和个人的职业理想与发展结合起来。因此,综合实践活动课程注重引导学生在活动中形成有积极意义的价值体验,树立责任担当精神,深化对社会规则、国家认同、文化自信的理解;通过践行社会主义核心价值观,培养学生的家国情怀,提升其社会责任感。

3. 尊重学生个性与志趣,释放学生潜力与情怀

综合实践活动课程倡导开放的教育活动,把学生的兴趣、需要和爱好置于核心地位,让学生走进现实生活,走近社会,围绕个人感兴趣的领域展开广泛的实践探索。同时,综合实践活动课程为学生探究和创造提供了广阔的空间与场域,使学生的特长得到发挥、个性得到张扬、潜力得以释放,在主动的探究实践与服务活动中释放情怀,发展志趣。

4. 让“动手”与“动脑”结合,强化学生创新实践能力

提升学生的创新实践能力是学生核心素养发展的价值诉求之一。“动手”与“动脑”结合才有创造,综合实践活动课程旨在促进学生开动脑筋,将创意和想法通过动手操作与实践付诸实现,以解决现实生活世界中的问题。《指导纲要》明确提出“创意物化”目标维度,旨在强化学生创新实践能力的锻造与培养,促进学生个体通过认知世界,利用工具在特定情境中操作实践,并物化为制品或作品,追求将实践价值、实践动机、实践思维、实践技术、实践方法与实践成果有机联系且融为一体的创新实践能力的提升。

(四) 目前有关课程目标的讨论

《指导纲要》颁布后,学术界出现了一些学术争论。在课程目标方面,有学者[①]提出了如下观点,可以供我们学习、讨论、思考和研究。

1. 总体看,目标定位准确、到位

较之2001年《指导纲要》,2017年《指导纲要》对综合实践活动课程目标的表述简明扼要,画龙点睛,更加强调实践经验的丰富和整体认识的形成与提升,可以说,对综合实践活动目标的定位十分准确、到位。2017年《指导纲要》特别指出,“课程目标以培养学生综合素质为导向”,重视综合实践活动课程在立德树人中的重要作用,强调着力发展核心素养,特别是“社会责任感、创新精神和实践能力”,将综合实践活动课程目标定位为培养综合素质、核心素养,从而与培养学生的学科素养、学科素质的学科课程区别开来,导向清晰,定位准确,有利于避免活动课程与学科课程边界不清,克服活动课程实施学科化做法。将社会责任感与创新精神、实践能力并列,亦属首次,拓宽了对综合实践活动课程目标的认识。同时,2017年《指导纲要》分别

---

① 潘洪建.《中小学综合实践活动课程指导纲要》的创新、问题与改进[J]. 当代教育与文化,2018(2):50-55.

就小学、初中、高中设计了阶段性目标，每一个阶段的目标均从价值体认、责任担当、问题解决、创意物化四个方面加以规定和表述，颇为新颖，带有浓厚的时代气息，打破了严格按照知识技能、过程方法、情感态度价值观“三维目标”表述课程目标的做法，有着重大的创新意义。从阶段性目标可以发现，四个方面的目标统合了知识、技能、态度诸要素，二者并非完全对立，这一创举体现了综合实践活动课程的整合性、开放性、层次性，三个学段的目标不断递进，螺旋上升，后一阶段的目标均建立在前一阶段目标的基础上，从而增强了阶段目标的可操作性，也能为课程目标与内容设计提供明确的指导。

2. 分学段看，目标体系清晰、明确

综合实践活动课程目标是一个分层次多级别的目标体系。其总目标与学段目标指明了通过综合实践活动课程实施要达到的总体要求以及每个学段的具体要求，为学校课程规划与实施提供导引与方向。其中，总目标指向学生核心素养发展，依据不同学段学生的身心发展特点，以价值体认、责任担当、问题解决、创意物化四个维度，建构立体化、进阶式与螺旋上升的整体目标体系。学段目标则以学生核心素养发展为主线，整体遵循纵向贯通、横向统合、循序渐进、螺旋上升的原则。从小学、初中到高中，既体现了学生核心素养发展的进阶性与层次性，也体现了学生核心素养发展的横向统合性。

3. 从实践看，目标构成还需斟酌

然而，纵观 2017 年《指导纲要》对综合实践活动课程目标的表述也不难发现，这些目标较为宏观，事实上，从教育任务到课程目标，还需要进行课程论的转化。此外，各学段目标改变了知识目标、技能目标、态度目标的三维划分方式，引入了对学生核心素养的表述，但目前学界内部对“核心素养”的提法能否完全取代“三维目标”争议颇大。在此情况下，将核心素养简单移用到综合实践活动目标领域，从四大意识与能力来界说活动目标，不免笼统，缺乏指导性。作为课程目标，它应该为课程设计、实施与评价提供依据，并且课程目标应当具体、明确，才能为整个课程开发服务，否则，高远宏大的目标难以指导具体的课程开发实践，难以在课程实践中落地、生根、发芽、结果。

第二节　课程目标的比较研究

20 世纪 90 年代以来，美、欧、日等世界发达国家或地区在基础教育课程改革中都十分注重开设综合实践活动类的课程。各国和地区的课程标准中对课程的称谓各不相同，但是，仍然可供我们借鉴。

一、美国

尽管美国各州范围内的不同学区和学校实施的具体综合实践活动课程五花八门，但都体现了主体研究性、综合实践性、社会参与性、生活性等基本特征。

在美国各州的课程标准中，没有统一的“综合实践活动”这一课程，但各州都设计了具体的、不同类型的综合实践性活动的课程。[①]

(一) 自然与社会研究

即“科学·技术·社会”是美国中学课程中具有综合性和实践性的课程,它包括自然研究与社会研究两大方面。因而这种课程包含“自然探究”“社会科学”或“社会学习”等方面。这类课程的基本学习活动方式是主题探究式的,从自然现象、社会经济、政治、文化、环境、职业等领域确定不同的主题,通过调查研究和问题研讨的方式来进行学习,一方面使学生获得探究能力,另一方面,增强学生的探究能力、科学精神,以及社会责任感和综合的社会实践能力。社会研究从主题设计,到学习活动方式,都具有强烈的研究性和反思性实践的特征。

(二) 应用学习或设计学习

这种课程是一种应用性学习的课程,与课题的研究性学习相比较,设计学习更强调学生的自主设计和实践操作,如综合艺术设计、应用设计、产品设计、活动设计等,强调对学生生活中的现实问题的解决。

(三) 社会参与性学习

社会参与性学习的重点在于参与社会生活领域,接触社会现实,注重开展各种社会参与性的活动,如社区服务(包括参与养老院活动、社会公益性活动等)、社会调查、考察与访问(包括访问政府首脑或地方政府官员等)。社会参与性学习往往体现不同地方的历史文化传统、社会生活方式和发展状况,它反映在不同学区的课程方案之中。

这里,以美国《应用学习标准》(*Performance Standards for Applied Learning*)为代表简要阐述美国综合实践性课程的基本目标。[②] 美国应用学习标准把应用学习的课程目标分为五个目标领域,即问题解决(A1)、交流的手段和技巧(A2)、信息手段和技巧(A3)、学习和自我管理的手段和技巧(A4)、协同合作的手段和技巧(A5),并对小学、初中、高中不同阶段的学生提出不同程度的发展要求。

总的来说,美国的综合实践课程突出学生的主体性,重视学生自主选择、主动参与,面向学生的实际生活,强调学生的亲身体验和积极实践,为学生提供开放的发展空间,其核心是丰富学生实践体验,发展学生的问题意识,培育实践能力和创新精神。

上述目标在各学段学生发展中都有不同具体要求。以下是小学阶段综合实践活动课程关于目标的具体设计。

A1:问题解决

小学学生的学习活动计划涉及至少两种下面谈到的问题解决方式,并且在整个小学阶段,下面三种问题解决方式都会涉及。

- 设计某件产品、某种服务、某个生产系统:学生确认那些能被新的产品、新的服务、新的生产系统满足的需要,并且创建满足这些需要的方法和途径。
- 改进某个生产系统:形成一种人与机器以及生产过程是一个完整系统的理解;处理它们在运作时产生的问题并筹谋出提高其效率的各种策略。

---

① 郭元祥.综合实践活动课程设计与实施[M].北京:首都师范大学出版社,2001:11-20.

② 郭元祥.美国日本综合实践活动类的课程目标与评价的比较[DB/OL].[2018-7-30].https://wenku.baidu.com/view/ba2c32a2284ac850ad0242eb.html.

- 计划并组织一个事件或一种活动：在计划并组织一个事件或活动时，应对从事件或活动的开始到结束的整个过程的各方面负责，充分利用人力、时间、财力、物力和工具等资源。

设计某件产品、某种服务、某个生产系统

（a）学生设计并创建某件产品、某种服务、某个生产系统去满足已确定的需要，可以这样进行。

- 形成一些关于设计某件产品、某种服务、某个生产系统的创意；
- 在这些形成的创意中选出一个并考察其是否恰当；
- 制定评价计划成功的基准；
- 用适当的惯例来提出可行的设计；
- 安排并开展创建某件产品、某种服务、某个生产系统必要的步骤；
- 用业已确立的评价成功的基准来评价这个设计的质量。

改进某个生产系统

（b）解决一个急需修整的系统运行方面的问题或者提出和检验改进系统运作效益的方式方法，学生可按如下步骤进行。

- 确认系统的各部分和各部分彼此联系的途径；
- 辨别系统中那些存在运作问题的部分或能改进的部分或联系；
- 提出使系统恢复运转的策略或使之更优化的途径；
- 评价这些改进系统的策略的有效性并找出证据来支持这一评价。

计划并组织一个事件或一种活动

（c）学生计划并组织一个事件或活动可以按如下步骤进行。

- 构思一个实行计划。
  - 计划应包括需要考虑的所有要素和情况；
  - 计划应表明应做事情的顺序；
  - 计划应考虑有利于实施计划的资源，诸如人的因素和时间因素。
- 执行计划。
- 通过确认那些在事件或活动中能很好起作用的计划部分和那些原本能够通过更好计划和组织而得到改进的计划部分来评价事件和活动是否成功。
- 给准备计划和组织相似事件或活动的人介绍经验。

A2：交流的手段和技巧

（a）学生向有关听众提出学习活动计划或发现成果可以按如下步骤进行。

- 以合乎目标的逻辑方式组织这种口头报告；
- 清晰的发言，自信的陈述；
- 对听众的有关提问作出回答；
- 评价报告的有效性。

（b）学生写、寄正式信函，如感谢信、备忘录等可以这样进行。

- 清晰地表述内容或明确地提出要求；
- 用适当的形式写信，这种形式应符合信件交往这一目的。

（c）学生写信息并把它组织成短期发布的形式，如组织成小册子或海报。学生可以这样进行。

- 把信息组织成适合发布的形式;
- 检查这一信息的准确性;
- 将要发布的信息编制成有利于达到目的的版式。

A3:信息手段和技巧

(a) 学生收集信息去完成学习活动可以这样进行。

- 确认有助于完成学习活动的潜在信息源;
- 用适当的技术去收集信息,例如,考虑从事某个调查的抽样问题;
- 区分相关和不相关的信息资料;
- 在业已完成的项目上给出研究的根据。

(b) 学生利用信息技术协助收集、组织和表达信息时可以这样进行。

- 因特定的目的从网上获取信息,如互联网和其他诸如电子百科全书之类的电子数据库;
- 用文字处理、绘制和画图的程序来制作学习活动报告和相关的材料。

A4:学习和自我管理的手段和技巧

(a) 学生从例子学习可以这样进行。

- 同别的学生或工作的成人商谈或观察他们,确认他们工作的特征以及他们活动的方式;
- 为活动的结果来检验例子,例如,专业性的出版物并分析其质量;
- 用他(她)从例子中学习的知识来帮助计划和实行学习活动。

(b) 学生用有序的方法记录工作行为可以这样进行。

- 建立一个储存工作行为记录的体系;
- 用一种能迅速而便捷地找到具体资料的方法来保存工作行为记录。

(c) 学生认识自己在工作中的优点和不足可以这样进行。

- 理解并确立判别工作过程和结果的质量优否的基准;
- 评估自己的工作进程和产品。

A5:协同合作的手段和技巧

(a) 学生与他人协作完成一个任务可以这样进行。

- 确定为完成任务应做什么以及怎样做,在这个问题上应与小组成员取得一致意见;
- 对工作应主动承担一份责任;
- 在完成任务过程中,应定期地与小组成员协商,从而检查完成任务的进度、决定应作出哪些改变以及在任务结束时检查业已完成部分的情况。

(b) 学生向别人展示或解释某事物时应特别清晰,从而保证别人也能按照他(她)说的情况去完成任务。

(c) 学生对主顾的请求做出应答时可以这样进行。

- 解释主顾的请求;
- 征询主顾的意见,明确工作任务的要求。

从这些目标的表述不难看出,美国综合实践课程十分重视学生在当前信息化社会、全球化时代、知识经济时代面前的基本素养的形成与发展,把问题意识与问题解决能力、实际操作能力、信息意识与信息处理能力、交往与合作的能力、自我规划与自主发展的意识和能力作为学生发展的重要目标。

二、日本

20世纪80年代以来，日本中小学一直开设有“特别活动”课程，包括学校传统活动、学生活动和班级指导活动三个方面。到1998—1999年，日本增设“综合学习时间”，要求学生通过理解、体验、感悟和探究自然、社会，形成综合社会实践能力和社会责任感。“综合学习时间”重视学生的兴趣和爱好，致力于培养学生主动开展问题解决式学习和探究学习的态度，引导学生掌握科学的学习方法和思考方法，要求采取“综合体验性学习”和“课题研究性学习”等不同方式，成为中小学生在“综合学习时间”课程中最基本的学习活动方式。因而，在日本国家课程标准中的“综合学习时间”具有综合实践活动课程的特征。①

日本文部科学省颁布的中小学《学习指导纲要》并没有明确制定“综合学习时间”的具体目标，但总体上与日本的课程改革的总体目标是一致的，主要是根据布鲁姆(Bloom)的教育目标分类法“认知领域、情感领域和技能领域”来设定的。具体内容是：

- 培养学生自主发现问题、自主学习、自主思考、自主判断、解决问题的能力；
- 掌握学习方法和思考问题的方法；
- 培养学生的主动性、创造性解决问题的态度；
- 在探索问题的过程中培养学生与他人合作的能力，使他们具有自律意识、关心同情他人，并具有能够思考自身生存方法的能力。

综合学习时间目标注重培养学生的自主性。设定目标时，要求将要培养的素质、能力以及情感和态度作具体的分析和呈示，以便教学计划能够落实。②

各省、县市教育委员会和学区根据《学习指导纲要》提出的核心目标，围绕提升学生的基础“学力”，各自对综合学习时间的具体目标进行了分解与设计。各地特别强调综合学习时间的实施要与学科学习整合关联，因此，各地分解的综合学习时间的课程目标特别关注提升学习的“基础学力”，把问题意识与提出课题的能力、表达与表现能力、分析与思考的能力、信息技术与能力作为该课程的核心目标来看待，同时，注重学生兴趣、态度以及参与活动的主动性、积极性和一系列的价值观的发展。这里，可从日本广岛省对综合学习时间具体目标的表述中可见一斑。③

1. 信息处理技术能力

- 运用计算机的基本技术与能力
- 信息的收集与处理能力
- 分析和选用适当的信息
- 运用概念图式适当地整理与表述信息

2. 表现的技术与能力

- 运用写作、绘画等多种方式灵活地表达
- 具有个性地表达
- 问题解决过程中合理地表述观点

---

① 郭元祥. 综合实践活动课程设计与实施[M]. 北京：首都师范大学出版社，2001.

② 参见：滕雪丽，殷世东. 日本中小学综合学习时间改革的动向与启示[J]. 外国中小学教育，2010(10)：16-20. 李孔文. 小学综合实践活动课程论[M]. 合肥：中国科学技术大学出版社，2009：51.

③ 郭元祥. 美国日本综合实践活动类的课程目标与评价的比较[DB/OL]. [2018-7-30]. https://wenku.baidu.com/view/ba2c32a2284ac850ad0242eb.html.

- 应用本人的观点和他人的观点,并适当加以区分

3. 内容、思考、判断能力

- 自主地提出活动课题
- 课题设计的明确性
- 深入地分析课题的意义
- 伦理的合理性
- 内容的适切性
- 学会运用问题解决的基本方法

4. 兴趣、关心与态度

- 兴趣与意念的发展
- 参与活动的主动性
- 活动的参与程度
- 积极参与活动的评价
- 自主学习与自我反省,以及自信心的增强

案例 4.1

日本综合学习时间的见闻

作为留学生,笔者曾多次走进日本中小学综合学习时间活动中,与日本的中小学生进行题为"我与中国"的交流活动。学生积极的态度和有条不紊的课堂组织给我留下很深的印象。他们的指导教师只作为旁观者,笔者则作为被采访的对象,从教室的布景到主持都由学生担当。从学生准备好的道具、图片、问题,可以看出事先作过周密的调查。交流活动从提问开始,在游戏中结束。通过这次交流活动,让学生学会各种调查方法,了解中日两国文化的共性与差异,激起了日本学生对中国文化的兴趣,在愉快生动的气氛中完成了国际理解教育这堂课。①

【案例点评】

日本的综合学习时间类似于我国的综合实践活动。"学生积极的态度"和教师的"旁观者"角色以及学生有条不紊的活动安排、组织、流程及其表现等,都说明了一个问题,那就是:综合学习时间是学生的时间。只有这样的"时间",才能实现综合学习时间的目标:培养学生的自主性。

三、英国

(一)英国相关课程概况

英国国家课程标准关于综合实践课程的设计与美国各州设计的综合实践类课程有相似之处,主要集中在社会研究和设计学习等方面。英国中小学的社会研究围绕公民的形成,以及突出的政治、精神、道德、社会或文化问题来设计实践和探究的主题。设计学习主要包括综合艺术设计、信息与交流技术等。②

(二)英国相关课程的目标

下文主要介绍和分析英国的设计学习。英国的设计学习课程有近 30 年的历史了,自

① 滕雪丽,殷世东. 日本中小学综合学习时间改革的动向与启示[J]. 外国中小学教育,2010(10): 16-20.

② 郭元祥. 综合实践活动课程设计与实施[M]. 北京: 首都师范大学出版社,2001.

1988 年“设计与技术”课程首次提出并被列入国家课程范畴以来，形成了一套完整的课程体系，在培养学生创新思维和创造力、提高学生理论联系实际的能力等诸多方面成效显著。该课程的价值定位是培养学生成为学习和生活过程中的“问题解决者”，以使学生能够适应高速发展的技术社会并最大限度地依靠自己的知识与能力推动时代的进步。

2013 年，《英国国家课程》把课程内容最终确定并描述为：设计、制作、评估和技术知识四方面。用四个关键阶段(Key Stages)或称关键期来具体描述不同时期的学生应当通过这门课程培养何种能力。其中一、二年级为第一关键期；三至六年级为第二关键期；七至九年级为第三关键期；十、十一年级为第四关键期。每个关键期又有两个能力级别来具体阐释教师应当如何引导学生实现能力目标，每一个关键期都与上一个关键期所要求的能力互相衔接，逐渐深入，以保证更好地完成课程内容，阶梯式提高学生的能力。我们通过关键期 1，即小学低年级学生的能力要求①来具体了解一下。

关键期一的能力级别要求

能力级别一

- 能产生自己的观点，并能够分辨相关产品的特性；
- 在帮助下能使自己的想法变成现实，能利用语言和图画来描述他们想做什么；
- 可以解释他们正在做什么以及应该使用什么工具；
- 可以用简单的语言谈论自己或他人的作品并描述如何使用该产品。

能力级别二

- 学生能够产生自己的想法，并基于对材料及成分的经验制订计划；
- 利用模型、图画和语言来描述他们的设计；
- 能选择合适的工具、工艺和材料并对其选择做出解释；
- 能用不同的方式对工具、材料及其成分进行组合、连接并利用；
- 能够正确评价自己的进步，并为将来可以做得更好而提出建议。

不难看出，英国设计学习课程的课程目标重视学生独立思考的能力和自主意识的觉醒，更侧重学生智慧技能的培养，强调学生自主思考、自主探究、自主解决问题的能力。

四、我国台湾地区

我国台湾地区于 1994 年颁布了新的《小学课程标准》和《中学课程标准》。新课程标准规定小学、中学设计了多样化的综合实践活动类课程，课程标准中称为“综合活动”，它主要包括以下几种②。

（一）家政与生活科技活动

家政课程涉及“家庭生活”“衣着”“饮食”等内容，生活科技部分课程强调思考和探究。该课程的总目标在于“培养日常生活所需之家政与科技素养，增进学生在科技社会中生活调适、价值判断、问题解决和创造思考的基本能力，以及勤劳、合作、爱群和服务的积极态度”。

---

① 宋红芸. 英国“设计与技术”课程与我国综合实践活动课程比较研究[D]. 山东师范大学硕士学位论文，2016：9-11.

② 郭元祥. 综合实践活动课程设计与实施[M]. 北京：首都师范大学出版社，2001.

(二)乡土艺术活动

该课程涉及“乡土艺术活动了解”“乡土造型艺术”“乡土表演艺术”“乡土艺术展演”等具体的实践活动。该课程标准规定了“调查”“了解”“参与”“展览”“表演”等学习活动方式,要求课程实施过程中挖掘乡土艺术的课程资源。这一课程强调学生的综合艺术实践,它与音乐等学科课程具有质的区别。

(三)辅导活动课程

该课程包括“学习辅导活动”“生活辅导活动”“生涯辅导活动”三个方面。其学习活动方式主要包括“自我认识与指导”“参观”“演练与实际运用”“角色扮演”“讨论”“经验分享”等。此类实践活动课程的设计与实施涉及处理人与自我关系的问题。

(四)团体活动

团体活动的基本课程目标在于发展合群心性,培养自治与领导能力;陶冶道德情操,加强道德实践;统整并融贯各科学习,增进应用、思考、判断力与创造力等。课程标准建议的团体活动项目包括学术类、艺术类、康乐类、科技类、运动类、服务类和联谊类。各类活动项目的基本学习方式是操作与实践,其中科技类以探究为主,服务类则涉及社区服务、学校服务、老人服务、育幼服务、交通服务、生活纠察服务、环保服务、爱盲服务(即助残服务)等。团体活动的具体活动形式有班级活动、社团活动、学生自治会活动、学校例行活动等。团体活动是综合实践活动的集中体现。

我国台湾地区综合活动学习领域目标可以概括为:“四大主题轴”及其内涵 12 项核心素养和 20 项能力指标。①

1. 认识自我

认识自我包括自我探索、自我管理、尊重生命三项核心素养。

- 探索自我潜能与肯定自我价值
- 尊重生命并珍惜自己与他人的生命
- 寻求自己在家庭与小区中的定位
- 寻求自己在文化与历史中的定位
- 发展兴趣、专长与终生学习的体认

2. 生活经营

生活经营包括生活管理、生活适应与创新、资源运用与开发三项核心素养。

- 注重日常生活卫生和营养,养成保健习惯
- 均衡工作、情感与休闲生活
- 重视家庭生活,发展与家人的亲密关系
- 体验大自然及培养野外生存技能
- 认识与规划个人生涯

3. 社会参与

社会参与包括人际互动、社会关怀与服务、尊重多元文化三项核心素养。

---

① 李坤崇. 综合活动学习领域课程纲要之修订、困境与展望[DB/OL]. [2018-7-31]. http://www.docin.com/p-439270036.html.

- 团体自治、负责与尊重纪律
- 发展人际关系并学习有效的人际沟通
- 发挥社会关怀，养成服务态度，实践服务活动
- 认识社会资源，并能有效运用
- 尊重多元文化，建立国际观

4. 保护自我与环境

保护自我与环境包括危机辨识与处理、户外生活、环境保护三项核心素养。

- 辨识情境，学习自我保护
- 妥善运用空间，减低危险发生
- 抗拒诱惑、因应危机与解决问题
- 保护或改善环境，推动环境的永续发展
- 发挥互助

针对不同学段，台湾地区的综合实践活动课程目标又做了较为详尽的具体划分。以自我发展主题轴为例，小学生综合实践活动学习目标设定如下。

自我探索

第一学习阶段（小学 1～2 年级）

探索并分享对自己以及与自己相关人事物的感受

区辨自己在班级与家庭中的行为

第二学习阶段（小学 3～4 年级）

欣赏并展现自己的长处，省思并接纳自己

参与各式各类的活动，探索自己的兴趣与专长

第三学习阶段（小学 5～6 年级）

欣赏并接纳他人

参与各项活动，探索并表现自己在团体中的角色

自我管理

第一学习阶段（小学 1～2 年级）

体会自己分内该做的事，并身体力行

第二学习阶段（小学 3～4 年级）

辨识与他人相处时自己的情绪

第三学习阶段（小学 5～6 年级）

探究自我学习的方法，并发展自己的兴趣与专长

觉察自己的压力来源与状态，并能正向思考

尊重生命

第一学习阶段（小学 1～2 年级）

体会、分享生命降临与成长的感受

第二学习阶段（小学 3～4 年级）

观察自然界的生命现象与人的关系

第三学习阶段（小学 5～6 年级）

觉察生命的变化与发展历程

我国台湾地区综合实践活动课程目标与台湾此次课标更注重知识与生活经验的整合与协同,更加注重学生内在心智的体验、省思与行为的运作,注重构建学生发展、经营、参与自我保护和环境的生活实践能力。因此,台湾地区的综合实践活动目标已经脱离了单纯的学习方式和思维方式的转变,而是以培养学生的健全人格为中心,注重学生的自我修养的提升,尤其注重培养学生的自我认同感和民主意识及独立能力。①

总之,国内外综合实践类课程的目标关注的核心应该是问题意识与问题解决能力、信息技术能力以及分析解决问题的方法与兴趣。如英美等发达国家综合实践活动课程目标,主要体现在以下四个方面②。

(1) 个人需要的满足方面。自然探究、社会研究和设计学习、社会参与学习等,必须为个人准备以利用科学改进他们的生活,并跟上日益发展的社会。例如,使儿童成为成功的消费者,或保持健康的身体所需要的事实和能力。

(2) 社会问题方面。培养有见识的公民,使他们能够负责任研究自然、科学和社会问题;关注他们的社会行为、态度和价值观,并为他们养成社会责任感奠定基础。

(3) 学术准备方面。必须容许儿童在学术上有所准备,形成研究、探讨的习惯,掌握科学研究的一般技术和能力。

(4) 职业意识方面。针对有各种能力倾向与兴趣的儿童,必须给予开放的、多种多样的职业意识。

同时,在宏观层面上,不对综合实践类课程的目标作细致的分解,目标的具体分解要根据学生活动的主题、话题或课题以及具体的活动情景来确定。

第三节　综合实践活动目标设计

课程目标是构成课程内涵的第一要素,贯穿课程运行的全过程。只有确立明确的科学的课程目标,综合实践活动课程的实施才会有正确的方向和科学的行动,最终实现课程的育人价值。反之,如果课程目标确立得不明确、不科学,课程实施就可能陷入混乱或误入歧途。

一、课程目标的取向

课程目标是一定教育价值观(教育目的、教育宗旨)在课程领域的具体化,因此任何课程目标总有一定的价值取向。所以,明确课程目标的基本价值取向,就能够增强反省意识,提高制定课程目标的自觉性和自主性。

在这里,课程目标取向是指陈述目标所采用的形式,而非目标的实质内容。综合实践活动特征的实践性、生成性和开放性,决定了其目标取向为生成性目标和表现性目标。同时,它强调知识的综合运用,并不排斥学生在活动中运用和获取知识,自然其目标取向也可以是行为目标。因此,综合实践活动课程目标取向主要为生成性目标、表现性目标和行为目标。

① 吴玉梅.台湾中小学综合实践活动课程的特色与启示[J].上海教育评估研究,2013(4):42-45.
② 李孔文.小学综合实践活动课程论[M].合肥:中国科学技术大学出版社,2009:47.

（一）行为目标取向

行为目标(behavioral objectives)是以具体、可操作的行为来陈述课程目标的，指明课程实施后学生身上所发生的行为变化。此类目标表述具有精确性、具体性和可操作性的特点，适用于基础知识和技能的掌握及相对简单的课程目标。

综合实践活动强调在活动中发展学生的动手能力，关于这个方面可以提出一系列能观察到的行为目标。综合实践活动重视过程与方法、情感、态度与价值观的培养，但并不排斥知识与技能。这里的知识并非系统化、体系化的书本知识，而是在实践中获得对自然、社会、自我以及文化的认识和经验，这些内容同样可以运用外显的行为目标加以陈述。尽管价值观和态度主要靠隐性课程培养，但这并不排斥某些态度和价值观能够结合显性课程来培养，因此这些价值观和态度在某种程度上也可以用行为目标来表述。

（二）生成性目标取向

生成性目标(evolving purposes)是伴随课程实施的过程展开而自然生成的课程目标。它往往因学生和教师的经验与价值观生长而被引发产生，是教育情境的产物和问题解决的结果，价值在于激发他们自觉面对课程和生活的挑战，并进行自主探究而成为课程实施的主人。生成性目标的特点是动态生成和过程性。

综合实践活动强调学生在亲历亲为的活动中体验，从中形成良好的行为意识、情感、态度和价值观，建构自我的精神世界，发展实践能力。学生参与活动的过程就是学生自我生成的过程，因而综合实践活动课程目标取向尤其重视生成性，关注学生活动中的变化过程，处理好过程与结果、目的与手段之间的关系，促进学生实践能力、创新精神、良好情感、态度和价值观的不断生成。

（三）表现性目标取向

表现性目标(expressive objectives)是一种唤起性的和开放性的目标，强调学生个性的发展和创造性的表现以及学生的主体性，强调尊重学生的个别差异。表现性目标适用于复杂的智力性活动和伦理道德情境。

综合实践活动面向儿童的个性发展，倡导培养学生的实践能力、解决问题的能力、自主探究的能力和创新精神，关注学生丰富多彩的学习活动体验和个性化表现，决定了课程实施过程的开放性。因此，表现性目标是其课程目标的应有之义。综合实践活动旨在发展终身学习的愿望、创新精神，增强探究、合作和创新意识。这些都属于复杂的智力性活动或伦理道德情境，适合用表现性目标来陈述。

二、课程目标的来源

课程目标的确定是一个复杂而有创造性的工程，不是将教育目的或培养目标简单推演而转化成课程目标。课程编制者首先应当澄清一些有关课程目标的基本哲学假设，然后根据实际情况经过集体审议而得出一致的价值判断。一般说来，确定课程目标的依据，主要有以下三个方面。

（一）儿童成长的需要

儿童不同于成人，是发展中的人，是一个生命个体的特殊阶段。儿童作为一个生命整体，其成长内容不仅包括生理发育、心理生长,还包括精神养成。过去我们更多地关注儿童的生理、心理需要,比较忽视儿童的精神需要。“随着教育研究中儿童生命、儿童精神、儿童文化、儿童生活等关键词出现的频率不断增加,儿童精神的整体特性开始受到关注……逐步认识到儿童的生命、儿童内在的精神生活作为教育的精神条件以及教育对于儿童生命的精神引导价值,开始将儿童生命、儿童精神成长视为教育的价值本体。”①我们必须认识到,人是一个复杂的生命系统,儿童的成长更是一个复杂的系统工程,涉及不同的条件和需求。

综合实践活动的立足点是儿童成长。满足儿童成长的需要,意味着满足儿童的现实生活需要终身发展需要,意味着满足儿童生理、心理与精神不同层面的需求,这是制定综合实践活动课程目标的根本依据。

因此,研制综合实践活动的总体目标和分阶段目标,不仅要考虑中小学生的兴趣、爱好、动机、需要以及他们的年龄特征,了解他们的生活经验和社会背景,而且从儿童的现实生活、儿童文化、儿童生命的角度,了解儿童的精神世界及其需求,并在综合实践活动中加以考虑。总之,从儿童整体成长的层面,从儿童终身学习与发展的愿望与能力培养的角度出发,制定各类目标。

(二)社会发展的需要

社会发展与儿童成长是相互依赖、相互促进的。因此综合实践活动要实现促进儿童成长的目标,必须考虑社会发展的特点和要求。也就是说,社会发展对学生的基本要求,是制定综合实践活动各类目标的重要依据。需要注意的是,课程目标的确立,不能完全依赖于现存社会的要求。我们知道,社会的价值取向本身也在不断变化。我们今天的课程目标的选择,其结果将在二十年后真正兑现。因此,我们在确定课程目标时,既要考虑社会发展的现实需求,也需要对将来社会发展做出合理的预期。

众所周知,当代社会发展对儿童成长,同时也对教育提出了许多新的要求。我们处在一个变化剧烈的伟大时代,以可持续发展、全球化、信息社会、知识经济等为特征的时代,要求学生具有终身学习与发展的愿望与能力、交流与合作的能力、收集与处理信息的能力、自主获取新知识的能力,以及创新精神和探究能力;具有环保意识、民主意识、合作意识等良好的现代公民素养。我们在确定综合实践活动课程目标时,必须要考虑以上这些内容。

(三)科学技术进步的需要

当今社会,科学技术既是人认识自然、改造社会、完善自我的手段,同时又是人得以在眼下生存所必须掌握的学识与技能。生活在信息社会的人必须掌握信息技术,必须学会在无限丰富的信息里收集、处理对自己的学习、生活和工作有用的信息;在全球化背景下,我们必须对远在千里之外的社会动态加以关注,因为这些事态可能直接与自己的生活密切相关。总之,这样一个时代是以科学技术为支撑的时代,其中的人不能不掌握并跟进科学技术的发展,甚至推动科学技术的进步。因此,综合实践活动课程目标的确定,必须考虑科学技术进步的需要。

现代科学和技术发展的基本趋势是分化与综合并存。一方面,新学科、新知识不断产生,学科门类越分越细;另一方面,学科之间的联系也越来越多,综合性越来越强,交叉学科和边缘学科不断产生,科学研究日益依赖于多学科的联合攻关。中小学生要适应科学和技术发展的

---

① 苗雪红.儿童精神成长研究:意义、取向与多学科视野[J].华东师范大学学报(教育科学版),2012,30(1).

这种趋势和需要，逐步养成在实践中综合运用所学知识解决现实问题的意识和能力，具有善于沟通、有效合作、自主探究、勇于创新等各方面的意识与能力。

三、确定课程目标的基本步骤

一般来说，课程目标的确定需要经过四个步骤。

（1）确定教育目的。教育目的为课程目标的确定规定大方向，提供特定的教育价值观。回答教育的基本问题：培养什么样的人？教育与人发展的关系怎样？教育与社会进步是什么关系？等等。

（2）确定课程目标的来源。课程目标的基本来源从不同维度将特定教育价值观具体化。分别对儿童成长、社会发展与科学技术进步进行权衡，确定它们之间的关系；确定课程目标的立足点。

（3）确定课程目标的取向。在普遍性目标、行为目标、生成性目标和表现性目标等取向之间进行选择；处理各种取向的关系；确定陈述目标的主要形式和方法。

（4）确定课程目标。在完成上述三步后，开始具体表述课程目标。

四、小学综合实践活动目标的确定

在国家综合实践活动课程的总体目标与小学阶段目标指导下，小学综合实践活动的具体实施还应根据本地区、学校、年级及学生特点，确定具体活动的目标。这个过程需要考虑以下问题。

（一）综合实践活动目标的全面性

1. 能力维度的全面性

综合实践活动着眼于后天显在的广义的能力概念，强调培养学生提出问题和解决问题的综合全面能力。具体包括独立思考和操作能力、研究能力和创造能力、终身学习能力、人际交往和组织能力。

2. 情意维度的全面性

综合实践活动课程以“全人”培养为基本出发点，重视丰富和发展学生的精神世界，关注学生的情感体验和情感目标，包括求知欲、责任感和合作意识。

3. 知识维度的全面性

综合实践活动并不排斥知识，只是知识观和所重知识的类型有所不同。作为实质性规范的知识，是任何形态课程的本原。综合实践活动课程目标在知识方面，更注重经验性知识、综合性知识和方法性知识。综合实践活动课程目标把能力、情意维度放在前面。这与学科课程目标把知识维度放在前面恰恰相反，进一步说明了它们各有侧重、相辅相成，都为素质教育的总目标服务。

（二）活动目标的具体化

综合实践活动课程目标的具体化，一般分两步：①利用活动形式将抽象的目标转化为具体目标；②利用行为动词将抽象目标转化为具体目标。下面分别按照目标取向介绍第二步的具体方法。

1. 行为目标的表述

（1）行为目标的行为主体必须是学生而不是教师或教育工作者。

(2) 具体目标：行为动作必须是具体的而不是抽象的。这里所谓的具体就是说这一动词所对应的行为或动作是可观察的。

(3) 抽象化行为目标：可以把它转化为工作目标的形式，来表述其对应的目标。作业目标通常包括三个部分，即刺激、反应和标准。刺激部分说明给定的情景和条件；反应部分说明预期学生做出的行为和反应；标准部分提供评判依据。

(4) 行为条件：行为条件表示学习者完成规定行为时所需的情境。

(5) 行为标准：行为标准是指作为学生结果的行为可接受的最低衡量依据。

2. 生成性目标的表述

这类目标可以用“经历”“体验”“运用”“了解”“接触”“参与”等行为动词来表述；使用“形成……态度、情感、意识”等词语来表述具体的情感、态度和价值观方面的具体目标。

3. 表现性目标的表述

表现性目标主要是为学生提供一个活动的领域。表现性目标关注学生在活动中表现出来的某种程度上首创性的反应形式，因而它的表述一般用“为学生提供活动的领域”；究竟结果如何是开放的，表述应是“学生将经历与体验的形式”。在表述上应给学生的个性充分表现和创造性表现留有广阔的天地。

(三) 目标确定时需要注意的问题

1. 目标要有层次性

每个学生基础和能力不同，兴趣不同，活动中的发展也不相同，应当设计多样化、不同层次的目标，用于引导、调控和评价。

2. 突出重点目标

活动不同，目标侧重点也不同，要注意目标的权重分配。

3. 关注生成目标

总体目标是在众多具体活动中实现的，但每个活动其目标是在总体目标指导下生成的。这些目标随着学生活动主题的不断生成而调整。

4. 注意目标间的相容性

“注重学生在活动中的体验”与“学生在活动过程中必须得出研究结果”，两个目标不相容。

5. 学生是目标表述的主体

“培养学生的创造能力”表述的行为主体是教师，说明活动中学生是被动的，有悖综合实践活动“自主探究”的精神。学生的言行不仅是复述教材或模仿他人，要能用独创性方法解决实际问题。

6. 目标表述应当具体而明确

不用模棱两可的词语，如“学生应该掌握收集和获取信息的能力”“学生逐渐掌握收集和获取信息的方法和技巧”。

案例 4.2

稻米：全球性的作物

2004 年 5 月 12 日，我在南奥林登公园学校(Linden Park School)听了一节七年级的社会与环境课，对小学课程综合化有了新的认识和更深入的思考。

那节课刚开始的时候，我还没有搞清楚到底上的是什么课程。老师只是在黑板上写了“稻米：全球性的作物”，就让学生讨论为什么稻米是一种世界性作物和每天有 24 亿人要吃米。然后让学生在一张世界地图上找出主要的产米地区，说出米能在这些地方生产的原因。接着进行一场简短的辩论，问题是：米应该在澳大利亚生产吗？列出同意和反对的理由。再让学生对澳洲的产米技术和传统的亚洲的产米技术进行比较。①

【案例点评】

借助问题设计课程活动，是这节课的特色。这里，课程目标关注的不是客观性的知识，而是学生如何运用这些知识来解决问题。活动安排包括问题探究、现实分析与结论生成和学生表现等环节，全程贯穿的是学生活动，学生在教师引导下，成为课堂里的“主角”。

本章概要

综合实践活动作为一类课程诞生，既有强烈的社会需求和教育改革实践基础，又有深刻的时代背景和教育理论根基。综合实践活动目标是课程通过设计、开发、组织及实施综合实践活动所要达到的基本要求。它具有整体性、连续性、层次性和积累性的特点。其来源主要有三个方面：儿童成长的需要、社会发展的需要和科学技术进步的需要。

课程目标陈述时的取向主要为生成性目标、表现性目标和行为目标。借鉴美、日、英及我国台湾地区的综合实践活动的目标，我国确定了本国的综合实践活动目标，在小学阶段又具体细化为三个维度：人与自然、人与社会、人与自我。在上述目标指导下，具体活动目标的确定，需要考虑全面性、具体化等问题。

拓展资源

拓展知识　　视频资源

思考与实践

一、理论思考

1. 综合实践活动课程在新课程改革中的地位和意义分别是什么？

2. 综合实践活动课程目标的来源与其他课程有何不同？

3. 综合实践活动课程目标细化为三个维度的意义是什么？

4. 梳理我国综合实践活动的理念，试从国际国内教育改革动态的视角分析、判断这是为什么，它又预示着什么。

---

① 题目为编者所加。参见：许新海. 澳洲课程故事：一位中国著名校长的域外教育体验[M]. 福州：福建教育出版社，2006：3.

二、实践探索

1. 试比较英、美、日本与我国综合实践活动课程目标的异同,并对世界课程改革与发展趋势进行判断与评价。

2. 请你为某山区(自己确定具体地区)小学某年级(可以在3～6年级里任选一个年级)的学生设计一个综合实践活动,试陈述其目标。

3. 请你为某城市(自己确定具体城市)小学某年级(可以在3～6年级里任选一个年级)的学生设计一个综合实践活动,试陈述其目标。

第五章　综合实践活动内容

学习目标

- 理解综合实践活动内容的内涵与相关问题
- 掌握综合实践活动方式的价值与内容表现
- 了解综合实践活动内容设计的原则与方法

问题情境

寻找快乐之旅

寻找快乐之旅并非一帆风顺，单凭一腔热情无济于事。俗话说，看着容易做着难，当真正接到时便犯了难，光有《指导纲要》没课本怎么教啊？具体活动该如何实施？好在教研员想得比较周到，及时组织教研活动，解读《指导纲要》，参观小学中搞得优秀的活动，与其他老师交流心得体会，我对综合实践活动课程的整体把握有了理性认识。回校后找案例，上网查资料，想多点感性认识。可几乎都是重点城市中学的案例，又傻眼了：瞧，人家都研究了些什么，都怎么做的呀，连专家、学者都请来了！可我们呢，农村中学"一穷二白"，怎么搞啊？

硬着头皮上吧，选了个人家搞得很好的农村中学也能搞的案例，备课、做活动计划，按部就班的。一上课，晕了！我在讲台上侃侃而谈，学生却漫不经心，睡觉的、做小动作的……第一次上课以失败告终。怎么办？不能就此放弃啊！一番总结后终于发现问题所在：先前选的课题不是学生喜欢的，而且生活背景距离学生太遥远。我们该搞哪方面的活动呢？[①]

上述案例反映了一位中学教师从初次接触综合实践活动课程时的"迷茫""彷徨""碰壁"到"思索""探究"的过程。那么，综合实践活动课程有哪些内容，其实施方法与学科课程有哪些不同？

---

① 节选自《寻找快乐之旅》，选入本书时稍有改动。参见：田慧生. 综合实践活动课程实施中的问题与策略[M]. 北京：教育科学出版社，2007：176-177.

理论述要

第一节 活动内容概述

综合实践活动没有教材,针对它的课程内容产生一系列问题:该课程内容如何选择?它与学科课程的内容有何区别?如此等等,不一而足。

一、活动内容的概念与意义

要深入讨论活动内容,首先需要从活动内容的概念与意义入手。

(一)活动内容的概念

活动内容是在活动主题统领下,围绕活动目标的达成,所开发、设计并组织起来的结构性、程序化、可操作性的因素与材料。活动内容是活动的基本素材,是活动的构成要素。

综合实践活动作为活动课程,其内容与学科课程内容不同。学科课程的内容主要是教材,即按照课程标准编制的分年级、分学期的教学用书上的相关内容。而教案是教学内容传授的方案。综合实践活动没有教材,活动内容主要反映在活动方案中,是其中最基本的要素与相关内容。

各年级、分学期的活动方案是活动内容的一个重要体现。活动内容组织的因素,有活动主题、活动方式、活动程序、课程资源等。

(二)活动内容的意义

活动内容的确定,对于综合实践活动的开展具有重要意义。

1. 有利于主题目标的细化

对于活动主题来说,活动内容确定了,活动主题就有了倾向性,主题挖掘就有了针对性。借此,将一个大主题分解成几个小主题,以适合小学生探究。

2. 有利于活动实施具体化

对于活动实施来说,活动内容是基本素材。它作为活动中“问题——解决”的基本材料,活动内容的选定,可以使活动方案的制订更有方向性。

3. 有利于课程资源的开发

课程资源是活动内容的载体。当活动内容确定后,课程资源的开发就有了目标。我们可以围绕这些目标,寻找课程资源开发的切入点和基本方法。

二、活动内容的特点

综合实践活动的内容,与学科课程相比,具有以下特点。

(一)综合性

一方面,活动开展面向学生的生活世界,这个世界具有整体性。学生与自然、社会相互关联，彼此交融，构成一个有机整体。另一方面，活动目标在于促进学生综合素质的发展。而综合素质发展，需要在实践活动中，综合运用学科知识、融合提升各种素质来实现。因此，活动内容必须具有综合性。

（二）实践性

活动实施不是通过“上课”获得“知识”，而是在“做中学”中提升“素质”，强调在现实“问题解决”中亲历、亲为。借助考察、实验、探究、设计、创作、反思、体验、感受生成生活，发展实践能力和创新能力。因此，活动内容需要突出实践性，要求具有操作性、经验性、体验性和直观性。

（三）开放性

一方面，实践活动本身具有开放性，主题的衍生具有不确定性，解决问题的方法与手段具有多样性，活动内容自然要求具有开放性；另一方面，实践活动面向每一个学生的个性发展，活动过程要求尊重每一个学生发展的特殊需要，所以活动内容也应面对不同学生具有开放性。

（四）生成性

实践活动的课程目标是发展学生综合素质，具体包括价值体认、责任担当、问题解决和创意物化四个方面。但是由于活动主题不同，所定目标也会有所侧重，并且随着活动的深入开展，课程目标也会有所调整。为了满足不断生成的课程目标和需要，活动内容也必须随时调整，具有生成性。

（五）隐含性

活动内容与学科教学内容不同。学科教学内容往往体现为具体的知识或理论，如生字词、概念、原理、公式、定理等，一般可以通过教材呈现出来。而实践活动内容则是内隐的，是完成活动的相关素材，比如主题、目标、活动方式、操作方法、基本环节、相关资源等，隐含在具体的活动之中，但又不可缺少。

三、活动内容的构成

活动内容是完成活动所需的内在因素或基本素材，主要包括活动主题、活动方式、活动目标、操作方法、基本步骤、相关资源等。一般通过活动方案的制订，活动内容就基本确定了。

（一）活动主题

活动主题是学生综合实践活动的题目。每个活动都需要有一个主题，有了主题，学生的活动方向就基本确定了。活动主题一般是针对一定的问题背景确定的。

活动主题选择，需要考虑其必要性和可行性。

（二）活动方式

活动主题确定后，需要将主题细化。这个过程首先需要针对主题，选定具体的活动方式。从活动方式看，主要有四类：考察探究、社会服务、设计制作、职业体验。当然，这些方式仍然很笼统。

具体方式的确定，可以参照《指导纲要》附录中所推荐的主题及其活动要点。需要注意，这些推荐主题不是必选主题，可选可不选。各学校根据本校实际，自主开发适合本校特点的课程主题和内容。甚至一个主题可以不拘泥于表格中的活动方式，可以设计多种方式，以便让学生加深体验。

(三) 人员分工

人员分工是为了保证活动顺利开展对任务分配情况,即任务划分与人员负责的对应情况的安排。人员分工要尽可能合理。其分工的合理性,会直接影响活动效率,甚至影响活动能否顺利开展。分工的原则:首先是事事有人做,人人有事做;其次要照顾每个人的兴趣和工作特长。

(四) 活动步骤

活动步骤即活动程序,简单说,就是先做什么,后做什么。它是活动开展的时间线索。每个活动都是由若干前后相连的活动步骤组成的,这是活动的时间组织线索,借助步骤或环节,活动逐步向前推进,走向深入,最终完成整个活动。

活动主题和方式确定后,接下来就需要确定活动步骤,这是活动内容在时间维度上的细化和展开。一般而言,不同活动方式,其步骤也不同;相同活动方式,其步骤基本相同。

(五) 活动方法

活动方法是活动开展所运用的具体方法。一般而言,活动类型不同,使用的活动方法往往也不相同。比如,考察探究类活动,采用的方法有观察、实验、问卷调查、访谈等;社会服务类活动,采用的方法有慰问、服务性工作、劳动、表演等;设计制作类活动,采用的方法有调查、研究、方案设计、绘画、手工制作等;职业体验类活动,采用的方法有参观、访问、模拟操作、岗位实习等。

在选择活动方法时,需要针对选定的主题、活动方式、人员特点和相关资源来确定。力争做到方法恰当,保证活动的顺利、有效开展。

(六) 课程资源

课程资源是活动内容的具体因素来源,包括素材性资源和条件性资源。一般而言,素材性资源直接构成活动内容,而条件性资源则是活动内容的载体或条件。在这里,我们将课程资源分为校内资源与社会资源两类。

1. 校内资源

(1) 人力资源。首先是学生,其年龄特征与身心特点、身体素质与发育程度;感知觉特点、班风班纪、已有经验、兴趣爱好等,都是课程资源。其次是教师,其教育理念、学识素养、能力素质、个性特长等也都是课程资源。

(2) 学校内物质资源与文化资源。物质资源包括学校的场所、设施、设备、图书等,文化资源包括校园文化、校风、学风等。

2. 社会资源

(1) 自然资源。主要包括山水、树木、空气、水、气候等。

(2) 人文条件。诸如历史遗迹、地方文化、名人故事等。

(3) 人力资源。主要包括家长、社区机构人员等。

四、活动内容的组织线索

综合实践活动内容的选择与组织,主要围绕三条线索进行。

（一）学生与自然的关系

历史上，人类在处置与自然的关系时有三种认识和实践。

（1）膜拜自然。古代社会，人类胸怀"敬天畏神"的思想，在大自然面前深感无力和渺小。于是，匍匐在大自然脚下，祈祷自然与其神力的庇佑。

（2）征服自然。近代以来，随着科学技术的发展，"知识就是力量"成为人征服自然的号角，"役用自然"成为人认识自然的目的和动力。人类把自身与自然对立起来，自封为自然的"主人"。

（3）感悟自然。在向大自然无度索取的同时，人类开始品尝其行为所带来的苦果。在此背景下，人们开始重新思考人与自然的关系，意识到"人类中心主义"的浅薄与可笑，试图重建人与自然"和谐共处"的关系，"热爱自然、保护自然"开始成为人类的职责，并试图借助自然感悟人生。

人生于自然，归于自然。自然赐予人类物质的家园，自然同样开启人类精神的家园。在物质的层面上，人与自然休戚相关，一荣俱荣，一损俱损，已经毋庸赘述。在精神的层面上，大自然热情地敞开怀抱，让我们在纷乱尘世的余暇，去体验生活的片刻之宁静、感受自然之美与神秘；让我们在自然的怀抱中打开心灵的闸门，来感悟历史的悠远与深邃、苍宇的玄奥与博大、人生的价值与真谛。

案例 5.1

"关于自然"的自然探究

自然世界博大而精深，一片树叶，绿了又黄；一株含羞草，开开合合；一只蝴蝶，破茧而飞……更不论万里黄沙的悲壮，满地红叶的深情，落霞与孤鹜齐飞的胜境，秋水共长天一色的壮丽……自然总在生生不息中演绎出万千世界的传奇。在引导儿童认识姿态各异的自然景观时，我们会发现成人眼中微乎其微的事物，在儿童的眼中却是五彩斑斓、极具吸引力。"树叶天地"小组的同学表达了他们心中的疑问：

"为什么树叶一面颜色比较深，另一面颜色比较浅？"

"树叶的形状为什么不同？"

"为什么有些树叶有毒，有些树叶没有毒？"

"为什么树叶有的是绿的，有的是红的？"

"树叶有什么用处？"

……[①]

【案例点评】

面对儿童惊异的目光和惊奇的语言，我们成人的内心还保留着那丝对自然的敏感和敬畏吗？还是因生活的苦难而被磨砺得粗糙坚韧的内心已对自然的奇观视而不见、无动于衷了呢？……"关于自然"的自然探究首先就是引导学生去体验自然，感悟宇宙中存在的一切美妙之物。[②]

---

①② 张华，安桂清. 论综合实践活动课程开发的自然维度[J]. 教育发展研究，2007(12B).

综合实践活动沿着学生与自然关系的展开,其价值不是作为“征服自然”的牛刀小试,而是追寻人类精神家园之漫漫长旅的启程,是“感悟自然”的行为开始。所以,小学综合实践活动需要本着“在自然中,由于自然并为了自然”的原则来开展,在探究自然物质与“精神”生命过程中,在探究人与自然的关系中,在感悟自然之神秘与人类的价值中,不断地行进和升华。让“自然之探究”转化成“世界因为我们更美好”的具体而切实的行动吧!

(二) 学生与社会的关系

每个学生在小组中如何参与活动、如何与他人相处、如何处理与集体的关系,都成为学生必须面对的问题。这些都属于学生社会性发展的内涵,它是综合实践活动课程独特而重要的任务。社会维度是综合实践活动课程的重要支撑点。综合实践活动是学生的活动,活动方式的要素是自主、探究、合作。自主强调的是学生的自觉性、能动性和自我选择与决断的特点,探究强调的是活动主题的“问题——解决”模式,合作强调的是学生之间、师生之间的相互沟通、分工协作的共同参与方式。社会问题不仅是学生活动的主题,也是学生活动的特征。

案例 5.2

在研究中成长

在指导老师看来,“如何建设好班集体”这样一个比较大的课题研究没有一年半载不会有什么起色。但事实出乎预料,经过一学期的合作研究,同学们已经在很多方面表现出成长和进步,比如面对集体任务时的勇于承担、合作中的为人着想、布置教室时的积极热情等,以至于学校要放暑假了,徐钱同学竟然说:“为什么要放这么长的假?一个人待在家里不开心,我喜欢在学校里,和同学们在一起。”看来研究活动还真有了效果,同学们已经开始把班级看作家了。小组同学的倾心和用情,使班级有了家的意义,用海德格尔的话说就是具有了居住的意味。居住不仅表示居留在某个空间,同时还表示人的某种内在精神状态。①

【案例点评】

班级是儿童遇到的第一个正式的组织、一个真实的社会,学会在班级里生活是学会社会生活的第一步。案例中孩子们基于综合实践活动班级探究和行动,既改变了他们存在的环境,也改变了自己,同时见证了自己作为主人翁的能量。他们会逐渐生成参与和改进社会生活的意识和勇气,这为他们今后在纷繁的社会关系中安顿身心打开了一扇门,奠定了基础。

综合实践活动沿着学生与他人和社会关系的展开,可以让学生养成关注他者、人群与社会发展的态度,学会观察、理解、研究同伴、师长、他人及社会的方法,提高自身与他人、与社群进行交流的能力,并以此为契机实现自身成长,同时促进社会的不断完善。实际上,“社会之探究”也渗透在儿童与他人、儿童与自然的关系中,具体体现为儿童的合作、共处、关爱、尊重等品质和能力的养成,与他人有效交流并协作,与自然和谐相处并共生。

(三) 学生与自我的关系

综合实践活动倡导自主探究,让学生在自我抉择、亲身实践和自由思考并自己解决问题的过程中,关注并不断理解人与自我、人与社会、人与自然的关系。学生与自我的关系是综合实

---

① 题目为编者所加。张华,李树培. 论综合实践活动课程开发的社会维度[J]. 教育发展研究,2008(18).

践活动开发的自我维度，同时也是综合实践活动课程的出发点和价值追求，主要表现为儿童个性化的张扬和自主性的提升，具体体现为儿童独立思考并付诸实践、有所选择并敢于负责的意识和能力的提高。[①]

案例 5.3

学会选择与思考

综合实践活动给了儿童很大的自主权，他们可以按照自己的兴趣和爱好确立主题，可以自己寻找合作伙伴，甚至可以自己选择指导教师。

上课铃响了，我整理了一下思路进入教室。学生们陆陆续续走了进来，因为他们来自不同的班级，所以要比平时多花一点时间适应新环境。看得出来，有的人一下子就适应了，神情平静地看着我，而大部分学生的眼神和动作还是慌乱茫然的。好不容易把他们安顿好后，我简单介绍了一下探究课的特点，特别强调是让学生自己去探索感兴趣的事情，老师只是作为指导帮助他们完成研究工作。话一说完，许多学生脸上的表情轻松了不少，有些学生表现出来跃跃欲试的神情，当然还有一部分学生的表情是茫然的。

接下来，我提出了两个问题让他们思考并把结果写下来：①生活中，你对什么事物或什么现象产生过兴趣并有过思考？②如果你想对它们进行研究，你认为自己具备什么条件？学生们很快就写好了答案。我把交来的纸条快速浏览了一遍，出乎我的意料，绝大部分学生对第一个问题的回答都集中在天文宇宙方面，只有两个学生写了历史，还有一个学生写了生物。而对于第二个问题，大部分学生没有回答。大概是我说得不够清楚，我又重复了一遍。于是有不少同学回答可以通过上网查资料，也有同学说家里有书或者可以到学校图书馆查资料。当然仍有一部分同学脸上还是一片茫然。[②]

【案例点评】

孩子从小习惯了给予和束缚，他们的行动选择常常会受到别人尤其是成人的影响和干涉，习惯接受别人为他做出的选择，不想动脑筋自己做出选择，所以一旦有了自由，他们反而不知所措。当必须做出选择的时候，就会出现上述案例中好几次出现的“茫然”。但这并不意味着我们要顺应这种惯性，相反，我们还是要尝试放手让学生独立选择，哪怕出现暂时的混乱和不适。[③]

自我本身即是一个真实而自在的生活世界，是小学综合实践活动可以发掘的丰富的探究资源。同时，自我又永远都是独特的，这种独特性是在与他人、与社会、与自然的诸多关系中形成和发展的。综合实践活动课程借助学生参与课程开发，使学生的自我价值在此过程中充分彰显：学会思考与判断、学会选择与负责。在培养学生的自主性的过程中，教师要尽可能地避免“被动的主体性”和“虚幻的自由”，努力将学生自我价值的实现基于他们反思性的探究。这是综合实践活动课程自我维度开发的基本原则。

综合实践活动的开发与实施，应以学生为核心，实现上述三种关系协调与整合，最终实现学生个性健康全面发展。

---

①②③　张华，李树培．论综合实践活动课程开发的自我维度[J]．教育发展研究，2008(24)．

第二节 活动方式与内容

活动内容的确定与活动方式紧密相关,或者说,活动方式本身就是活动内容的重要组成部分。因此,本节就不同活动方式中活动内容的确定进行讨论。

一、考察探究

讨论考察探究活动的内容选择、确定与组织问题,首先需要明确它的概念。

(一) 考察探究的概念

考察探究是综合实践活动课程实施的一种活动方式。这种活动是指学生在教师指导下选择和确定研究课题,以野外考察、社会调查、研学旅行等多种方式,综合运用各学科领域的知识,进行问题解决和意义获取的学习活动。考察探究与之前我们熟知的"研究性学习"内涵接近。二者之间的关系如下。

1. 拓展了"研究性学习"的内容

研究性学习是综合实践活动的一种重要学习方式,这种学习方式主张以研究的方式开展学习,强调学生在学习中主动探究和自主学习,学习的要义是"发现"、是"探索"、是"问题解决",而不是"接受""获取"知识。《指导纲要》出台之前,研究性学习被认为是一种学习方式,同时也是一个学习领域。考察探究作为一种活动方式,其内涵包括研究性学习,同时又进一步拓展,即增加了社会考察的内容。一般而言,研究性学习更多地用于处理人与自然的关系,即研究性学习被作为探究自然的一种学习方式。

2. 纳入"研学旅游",强调其任务性

考察探究注重运用实地观察、访谈、实验等方法,获取材料,形成理性思维、批判质疑和勇于探究的精神。《指导纲要》将中小学普遍设置的"研学旅游"活动,纳入考察探究的范畴,丰富了考察探究的内容,拓展了活动范围。同时,要求该活动增加评价环节,增强了其任务性,实现了将该项活动课程化。

(二) 考察探究的价值

考察探究活动作为综合实践活动课程的重要活动方式,其意义如下。

1. 激发学生的好奇心和探究精神

兴趣是最好的老师,好奇是探究的动力。人文底蕴和科学精神培养,皆离不开探究。有了探究,才可能有发现、发明和创造。并且,探究是儿童的天性。考察探究活动给了学生一个探究的机会,自然会激发学生的好奇心和探索精神。

2. 提升学生批判思维与创新思维

科学精神、实践创新的核心是创新思维,创新思维的基础是批判思维。没有批判就没有创新。考察探究处处离不开批判思维和创新思维,考察探究活动会促进学生批判思维与创新思维发展。

3. 发展学生团队合作与交流能力

考察探究活动有效开展，基于彼此间关爱、尊重、理解和同情。所以，小学生在组建小组、小组活动和交流思想过程中，可以发展小学生最基本的社交能力，同时，激发他们的团队意识，发展他们的团队合作能力。

（三）考察探究的特征

考察探究作为一类活动方式，其内容开发具有一些特殊要求。

1. 生活性

小学生的考察探究活动，必须与他们的生活紧密相关。校外机构的参观、考察，研学旅游等项目，必须适合他们的身心特点、兴趣爱好；并且，在相关活动中，强调学生对生活世界的系统反思和研究。

2. 自主性

小学生的考察探究活动，表现突出学生的自主性。研究计划制订、方法实施、结果分析及成果展示等，需要由学生自主完成。

3. 研究性

小学生的考察探究活动，虽然只是学校学习活动，但活动程序仍然需要按研究活动进行设计。从选题到结项，活动程序要严谨。事前了解活动主题与对象，发现问题，寻找解决办法，最后得出研究结论，乃至进行结项报告。

4. 课程性

小学生的考察探究活动，具有课程属性。需要确定活动目标、计划；实施活动并进行过程记录；最后还要进行活动展示、交流与评价。

案例 5.4

保护水资源

每年的3月22日为“世界水日”，这是一个有特殊意义的节日，为了加强孩子们对水资源的认识，增强保护水资源的责任感、使命感，我们五・三班的全体同学开展了长达一个学期的“保护水资源”的综合实践活动。

一、“一个小小的故事，给我们提供了一个活动主题”

那天，在口语交际练习中，学习委员任思动情地跟同学们讲述了这样一个真实的故事：一个西北山区的小女孩随着阿姨来到县城，住进了宾馆。当小女孩站在水龙头下洗澡时，望着哗哗的流水，她哭了，哭得好伤心。阿姨问她“为什么哭”时，她说：“我们家乡喝的连水都没有，这里的水却这样地流，太可惜了……”。多么令人忧伤的故事啊！孩子们惊呆了，他们的心灵受到了强烈的震撼！孩子们坐不住了。大家你一言，我一语，七嘴八舌地议论开了。班长激动地说：“一个小小的故事，给我们提供了一个活动的主题。”于是一个“保护水资源”的活动就这样诞生了。全班同学人人参战，写倡议书，开展调查宣传活动；制作一个小小发明，出一个节水的“金点子”，总之要为节水出一份力。

二、“先订个计划，办事才有头绪”

主题确定了，孩子们也犯难了，这么多的事情等着我们去做，该从哪儿下手呢？总不能像只无头的苍蝇吧？这时的班长简直就是个小老师，他说：“我们应该先订个计划，活动才有头绪。”我瞅准时机，指导学生分组进行计划书的撰写，由队员们集体讨论，评出最切实可行的计划书,开始他们的实践活动。[①]

【案例点评】

上述案例表明问题来自口语交际练习的一个小故事,这个故事不但对孩子们的心灵造成强烈震撼,而且引起他们极大的兴趣,因此他们将“保护水资源”确立为这次研究性学习活动的主题。在确立主题之后,就是该如何操作了。

二、社会服务

讨论社会服务活动的内容选择、确定与组织问题,首先需要明确它的概念。

(一)社会服务的概念

社会服务是综合实践活动课程实施的一种活动方式。这种活动是指学生在教师的指导下,以自己的服务或劳动满足社会组织或他人需要的服务学习活动。服务活动包括公益活动、志愿服务、勤工俭学等。

相比“社区服务与社会实践”,社会服务将社会实践这一较为宽泛的概念限定在服务这样一个范围内,内容更加具体。此外,它还是一个整体性概念,“社会”一词,突出了人与人的相互关系。

(二)社会服务的价值

社会服务活动,强调学生在服务过程中,获得自身发展,包括知识技能获得、实践能力提高以及成为敢于担当、尽职尽责的人。其价值如下。

1. 培养学生的公民意识与担当能力

社会服务围绕“人与社会”的维度组织活动,着眼于学生社会性发展,促进学生道德品质的提升,强调公民意识与责任感的培养。在这种道德关系中,学生个体为圆心,随着活动半径不断延长而逐渐拓展的一组同心圆,依次是学生与家人、学校、社区、社会、国家、国际社会之间的关系。在社会服务活动中,每个小学生都会亲身体验人与人、人与社会机构、人与团体的关系,相互之间的责任与义务,从而培养他们的公民意识和勇于担当的社会责任感。

2. 道德成长与知识学习统一

当然,社会服务活动不仅可以促进小学生道德品质发展,对他们能力发展也意义重大。特别是会提升小学生社会服务能力,包括理解他人的能力、生活的自理能力、服务他人的能力,甚至包括各种常用的劳动技能。由此可见,社会服务具有双向促进功能,即在满足他人需要的同时促进学生发展,或者说,促进社会发展的同时也促进学生的发展。并且在促进学生发展的维度上,将道德提升与能力培养融合在一起,从而提升小学生综合素质的发展。

(三)社会服务的内容

社会服务活动的内容十分广泛,在这里,我们列举一些常见的内容。

1. 生活服务

为社区特殊人群的生活服务活动一般以小组活动的形式展开,按学年确定服务对象,定期进行。如导盲服务活动、其他残疾人的家政服务活动等。

---

① 节选自《保护水资源》,选入本书时内容稍有改动。参见:姜平.综合实践活动教学设计与特色案例评析[M].北京:首都师范大学出版社,2010:38-41.

2. 管理服务

中小学参与学校和社区的管理活动,成为学校管理者或社区管理者,直接参与学校管理或社区管理。社区管理涉及的部门比较复杂,各学区的社区管理服务涉及的机构包括社区图书馆、社区健身场所、公园、养老院、绿化机构等。

3. 公益活动

有计划地组织学生,集体参加社区或地方的各种公益活动。

4. 经济活动

学生直接参加商业活动,如学生卖报小组、学生银行、学生用品商店,丰富学生的生活积累和经验,增强实践能力。

5. 政治活动

组织学生开展国家政策宣传、政策调研等活动,如通过创办社区墙报或宣传栏、组建宣传队等方式来进行宣传活动;学生组织的建立与自我管理。

案例 5.5

做美化社区的形象大使

一、活动背景

××社区环境以“脏乱挤”而著称,师生对此反映强烈。我们以“做美化社区的形象大使”作为活动主题,培养学生参与社区的文化建设与环境建设,关心社区的未来发展。

二、活动计划

第一阶段:收集有关社区的基础材料

1. 采访××社区居委会,了解社区变迁与发展。
2. 深入居委会,调查社区居民组成情况。
3. 根据调查、采访情况,分析小区人员组成及关于环境保护的问题。

第二阶段:社区环境现状调查

1. 确立调查内容,包括设施、建筑、拥挤路段人流量与车流量。
2. 统计、整理、分析、调查结果。

第三阶段:分析资料,得出结论

1. 查阅、分析资料。包括:①在周边社区调查的资料、网上的资料、调查表、照片、录像;②社区居民对社区环境的需求问卷调查。
2. 写出书面报告。

第四阶段:参与社区美化

1. 组织美化社区形象小分队。
2. 参加社区绿化。
3. 维护社区环境卫生。
4. 保护社区环境宣传,撰写文明公约、建议书、倡议书。
5. 与社区保安共建美化社区文明监督岗。

第五阶段:展示成果

1. 召开活动成果展示与交流会,展示美术作品、社区设计图等。
2. 撰写日记、调查报告、建议书等。
3. 召开主题班会。

4. 归纳整理学生的建议,写成书面建议,提交家长委员会或居委会。①

【案例点评】

上述案例以“做美化社区的形象大使”为主题,设计了一系列的社会服务活动。这次活动为了提高服务的针对性,在美化社区之前,事先进行了调查。每个环节都有精心的准备和活动反思,这使活动本身具有了课程的特征和教育研究与探索的多重价值。

三、设计制作

要探讨设计制作活动内容的开发、组织工作,首先需要进行概念分析。

(一) 设计制作的概念

设计制作是综合实践活动课程实施的一种活动方式。它是指学生在教师指导下在现实生活中发现问题、界定问题,并根据工程学的思路设计方案,通过使用各种材料、工具和技术,创造性解决问题、形成作品的学习活动。

设计制作注重提高学生的技术意识、工程思维、动手操作能力等。在活动过程中,鼓励学生手脑并用,灵活掌握、融会贯通各类知识和技巧,以提高学生的技术操作水平、知识迁移水平,让学生体验工匠精神等。

(二) 设计制作的价值

设计制作的价值,主要表现在以下两个方面。

1. 促进学生实现深度学习

在设计制作活动中,学生的学习基于现实问题的解决,所以,他们会千方百计地寻找解决问题的办法,并且需要弄懂弄透,以便于在解决问题时有效运用。这种学习一定是深度学习,这与课堂上的知识传授中的学习截然不同。也就是说,参与实践可以促成学生深度学习和理解学习。在“理智悬念”的问题背景下,学生的观察与思考才更有深度,并且在设计问题解决的方案中,运用相关知识,最终解决问题,完成从创意到物化的转变,让学生获得更加丰富、具体的经验。这就是深度学习的特征,正如杜威所谓的“做中学”。

2. 可以推动学生创新能力发展

设计制作活动,尊重儿童制作本能,以参与实践为特征,是一种创造性学习。心理学家德勒兹(G. Deleuze)认为:人的创造力不只来自大脑,其源自人类精神的凝思或理性的逻辑,更重要的是发生在身体感觉层次上的具体的活生生的体验与行动;身体本身就是一种生产性的力量。设计制作通过信息技术类、劳动技术类活动,发掘学习者身体的生产性力量,培育其实践创新能力。

案例 5.6

快乐摇元宵②

1. 创设情境,激发兴趣

(1) 师生交流关于元宵的知识。

(2) 导入制作元宵的课题。

---

① 选入本书时做了修改。刘道溶. 中小学综合实践活动教学活动设计[M]. 北京:北京大学出版社,2005:151-153.

② 田慧生,冯新瑞,等. 综合实践活动有效实施与评价策略[M]. 北京:教育科学出版社,2016:129-130.

2. 认识工具,初步认识制作方法

(1) 糯米粉、馅料,盆子、笸箩。

(2) 师生探讨制作方法和步骤。

3. 学生尝试操作、发现问题

(1) 洗手,用湿巾擦手。

(2) 学生尝试操作。

(3) 交流发现问题(馅料变形,裹不上粉),思考解决问题的办法。

4. 师生探讨,解决问题

(1) 教师示范操作。

(2) 学生规范操作要点。

(3) 学生观察,师生讨论,明确问题解决的方法与技巧。

5. 学生练习,构建技能

第一次练习:教师发现问题,师生讨论解决问题的方法。

第二次练习:学生展示成果,交流制作经验。

第三次练习:充分练习,形成技能。

6. 交流拓展

(1) 各组展示制作成果。

(2) 认识元宵的煮法和多种多样的元宵。

(3) 和家人分享自己的劳动成果。

(山东省济南市甸柳第一小学　刘希)

【案例点评】

本案例是小学阶段的设计制作活动,以设计、加工制作和改进技术为主要内容,以动手实践为主要活动形式。在案例中,教师指导适度,创设情境,让学生在实践体验基础上,学习和内化方法技能,体现了学生自主活动的原则。

四、职业体验

探讨职业体验活动内容的开发与组织,先要进行概念分析。

(一) 职业体验的概念

职业体验是综合实践活动课程实施的一种活动方式。它是指在教师指导下让学生置身于各种职业活动情境之中进行职业工作学习与体验的活动。强调学生全身心参与各种职业活动,获得真切认知与情感体悟,加深对职业世界和社会要求的理解,促进学生的职业准备。

职业体验活动以体验式学习为基础,与职业生活相关联。职业体验注重让学生获得对职业生活的真切理解,发现自己的专长,培养职业兴趣,形成正确的劳动观念和人生志向,提升生涯规划能力。

(二) 职业体验的价值

职业体验的价值包括促进学生、学校教育发展两个方面。

1. 促进学生素质发展

首先,可以促使学生实现深度学习。在职业真实背景下,学生的学习是迫切的、高度重视的,因为所学都是有用的,所以学习是深度的。这与脱离实际的课堂截然不同。在课堂上的学习,往往并不知道用在哪里、怎么运用。

其次,可以发展学生特定素养。特别是对发展学生的“实践创新”和“健康生活”两方面素养有所贡献。

2. 促进学校教育完善与高水平发展

首先,有助于走向普职融合。随着中小学综合实践活动课程的普遍实施,普通学校的职业教育日渐成熟和完善,与职业技术学校的界限就会日益模糊。

其次,有助于形成“连接学习”。连接学习是一种学校开发与实施课程的新机制,其中一个要素就是使学生的学习结合现场的工作实践。

(三) 职业体验的内容

1. 劳动实践

围绕学生感兴趣的工农业生产领域,组织学生参与有关的具体劳动实践,从中体验劳动的过程、劳动的意义和价值,获得基本的劳动技能,并养成良好的劳动态度。劳动实践可以与研究性学习、社区服务与社会实践相结合,开展一些力所能及的生产劳动和公益劳动。

劳动实践要求学校组织学生到实际的劳动场景,如农村、工厂、劳动基地进行劳动。劳动实践不应完全局限在教室里、学校中进行,而应走出教室,走出学校,走进实际的劳动场所。

2. 技术实践

劳动技术教育在内容上要具有一定的技术含量,不能停留在简单的体力劳动上,要克服以往劳动技术教育的形式主义倾向。要引导学生选择一些具有一定技术要求的劳动,进行技术实践。

运用一定的技术工具或其他手段进行劳动技术实践,提高中小学生劳动实践能力,适应现代科技发展对人的劳动技术素质的要求。

案例 5.7

我是种植小能手

活动背景:我校所在地在九年前还是郊区的一片菜地,近几年,一幢幢新房拔地而起,但还有少许土地仍然种着菜。我们学校正好也有一小片荒地,我们班上有几位学生的爷爷奶奶对种菜养花还挺在行。对于种菜养花,城里的小孩一定会感到陌生而又新鲜。根据这一课程资源,针对学生的好奇心和探究的欲望,我确定了“我是种植小能手”这一活动主题。下面是种植小组的活动方案。

第一阶段 搜集资料

活动目标:通过参观访问,查询资料等途径,了解有关蔬菜、花草的知识和种植方法。

活动流程:

1. 参观农场,激发种植兴趣,写观后感。

2. 搜集有关蔬菜、花草方面的资料,在班上汇报,出一期“种植专刊”,并准备一本资料集。

3. 访问有经验的学生家长、菜农、花农,了解种植、管理、收菜等方面的知识,了解目前适宜种植的品种及种植方法,并在组内交流。

第二阶段　种植、管理阶段

活动目标：

1. 资料的运用。

2. 在实践中，培养劳动技能，激发学生对劳动、科学的热爱。

3. 学会合作。

4. 培养学生观察、研究、创新的能力和持之以恒的品质。

活动流程：

1. 学习种植菜、花的方法。

2. 开垦菜地，分小组播种，写好日记，安排“值班表”。

3. 观察种子发芽、花的生长情况，记观察日记，向全班分享收获，并发现问题。

4. 请菜农现场指导如何进行“田间”管理，如拔草、施肥甚至除虫等。学生亲自进行“田间”管理，记观察记录了解生长的过程，发现问题、解决问题。

5. 组内汇报，全班交流，实地观看，并举行一次种植墙报展。

第三阶段　分享劳动的果实

活动目标：

1. 对自己所实践的结果有成就感、喜悦感，能感受到与他人争辩、讨论的乐趣，与人分享劳动成果，关爱他人。

2. 学会总结。

活动流程：

1. 各小组收菜、展示花，进行种植能手的评比。

2. 送菜给同学、特困户或卖菜。

3. 集体讨论活动的发现、收获。

4. 写好总结。

5. 办一个摄影作品展。[①]

【案例点评】

案例以城市学生“种植”实践为主题，通过尝试、体验而进行农业劳动与农业技术——种植活动——的学习，学习过程严谨、认真，采用研究性学习的理念。正像案例所说“我与学生一道讨论，调查、查阅、种地、观察、收菜。通过这一活动，孩子们初步掌握了一些种菜种花的方法，获得了许多有益的知识和丰富的情感体验，培养了他们各个方面的能力，特别是创新精神。”这样，学校课程拓展、接近学生生活了，融入社会实践了，学生获得了全新的职业体验与相关技能。

第三节　活动内容开发

一、活动内容开发的原则

综合实践活动内容领域广阔，组织线索多样，具有极大的开放性和自主性。每项课题、每

① 案例有节选。姜平. 综合实践活动教学设计与特色案例评析[M]. 北京：首都师范大学出版社，2010：79-85.

次活动,我们究竟如何选取内容呢?下面介绍活动内容开发的原则。

1. 尊重每一个学生的兴趣、爱好与特长

每一个学生都是综合实践活动开展的原因和目标,他们的兴趣、爱好与特长既是活动内容的选择标准,也是活动获得成功的基本保证,这是综合实践活动是否回归学生的生活的标志。

2. 体现每一所学校的特色

综合实践活动是学校文化的有机构成部分,集中体现了学校特色,因此活动内容选择必须立足于学校特色,视其为学校文化建设的重要环节。

3. 反映学校所在社区的特色

学校所在社区是学校特色的基础,因地制宜,挖掘社区中的课程资源与研究课题,让学生的探究基于成长的环境,并在与社区持续交互作用的过程中不断理解社区、服务社区,健康成长。

4. 从日常生活中选取探究课题

日常生活对学生发展的影响不逊于学科知识。尊重学生的日常生活,引导他们从中选取感兴趣的问题和课题,将学科知识与学生日常生活整合起来,是综合实践活动取材的方向。

二、活动内容开发的角度

"问题—解决"是综合实践活动的组织线索,其活动内容也是围绕"问题—解决"这一线索展开的。也就是说,问题是综合实践活动内容开发的前提。而"问题"的提出,一定是基于学生生活的。按照生活性质,综合实践活动内容的开发,可以分为两类①。

(一) 以"现实生活"为切入点,开发综合实践活动内容

现实生活是学生实实在在接触到的生活。综合实践活动首先应当是基于学生现实生活的,因此课程开发也一定是以学生现实活动为切入点。现实生活主要包括自然生活、社会生活、学校生活、家庭生活、个人生活等。

1. 自然生活

自然是人类生活的背景,是人类的共同家园,每个人都有责任关注自然、关心自己的生存环境。学生也不例外。在综合实践活动理念下,学生自然生活主要包括三个方面:一是了解和认识自然;二是保护环境;三是与自然和谐相处。

2. 社会生活

社会既是个体聚集的群落,也是个体生产与发展的平台,因此个人成长无法脱离社会生活。在综合实践活动理念下,学生社会生活的主要内容有:了解社会环境;遵守社会规范;增长社会沟通能力;养成服务社会的意识和社会责任感。

3. 学校生活

学校是学生生活的主要空间,也是学生成长的重要环境。学生学校生活是其从家庭生活到社会生活的中转站和加油站。因此,其学校生活水平和质量直接影响其社会适应能力发展。在综合实践活动理念下,学生学校生活的主要内容有:学习兴趣与热情;合理有效的学习方法;融洽的人际关系;学校主人翁意识与责任感;积极的探究精神和创新能力;等等。

4. 家庭生活

家庭是孩子的"第一所学校"。家庭生活对于儿童,最为熟悉,也最为依赖。它是学生身体

---

① 李孔文. 小学综合实践活动课程论[M]. 合肥:中国科学技术大学出版社,2009:84-86.

成长和心理成熟的切身环境，直接关乎学生的教育和发展。在综合实践活动理念下，学生家庭生活的主要内容有：自觉的主人翁角色与责任感；家庭生活的基本礼仪和行为习惯；初步的家务劳动兴趣与技能；彼此关心与帮助的思想与情感；等等。

5. 个人生活

个人是综合实践活动关注的重要对象。没有个人，就不可能形成群体，更无法构成社会。个人素质及生活质量，直接影响家庭、学校、社会甚至自然等诸方面的生活现状和发展前景。在综合实践活动理念下，学生个人生活的主要内容是：积极的生活态度和基本的生活技能；清晰的自我认知和充实的精神生活；美好的人生理想与有效的修养方法；无限的探究激情和不竭的创新能力。

（二）以“可能生活”为着眼点，开发综合实践活动内容

可能的生活看不见、摸不着，深藏于学生的头脑中，它们是学生生活的理想与希望。因此，对于可能生活，学生有着天然的探究欲望。

所以，可能生活的探寻，也可以作为综合实践活动的主题。因为教育的任务是，最大限度地挖掘人的发展潜能、尽可能促进人实现各种可能性。所以，教育不仅需要立足于学生的现实生活和水平，而且应当帮助学生自觉地去建构他们自己“可能的生活”，使他们积极主动地探求个人生活的意义。

三、活动方案制订过程

活动方案的制订，一般包括以下三个环节。

（一）确立活动主题

确立主题是实践活动的第一步，也是关键一步，它会直接影响后续活动的开展。一般而言，活动主题需要师生协商确定。主题的来源一般有以下几方面。

(1) 日常生活中发现的突出问题，转化成活动主题。

(2) 前一活动中的社会调查所反映出的问题，转化成活动主题。

(3) 由学生的兴趣所引申出的问题，转化成活动主题。

(4) 将社会热点问题，转化成活动主题。

主题确定后，需要师生对主题活动进行可行性论证。

（二）制订活动方案

活动方案是活动内容的重要载体。活动方案一般包括以下要素。

1. 真实的背景

活动背景要真实，包括真实的人物、事件、时间、地点。虚假的背景，不能最大限度地调动学生活动的积极性，也很难支撑活动持续开展下去。

2. 具体的事件

活动方案要具体，把目标、人员、事件描述清楚，才便于实施。

3. 完整的过程

实践活动是一个问题解决过程，从问题的发现、提出、分析、解决，到验证，各个环节缺一不可。

4. 具体的方法

每个问题的解决都需要相应的方法。所以,方法的选择必须具有针对性和可操作性。

在按照上述要素制订活动方案时,要采取师生协商的方式。

案例 5.8

学生自主制订的课题研究计划

(1) 课题名称:关于食物垃圾的产生和作用的思考。

(2) 为完成课题应该采取什么样的形式(调查、咨询、实验等活动)。

获取食物的途径:调查研究农业、水产品、养殖业等;垃圾问题调查——流通领域,商品规格化和垃圾,超级市场、24小时店中的垃圾量。

家庭食物垃圾(以自己家为对象):观察食物材料中变成垃圾的比例大小;分析购买的食物材料和它的可利用比例;分析剩饭的量及比例。调查饮食店和大饭店倒出的剩饭数量不断增加的原因。思考食物垃圾的利用方法。

(3) 保证课题研究顺利进行的必要条件(资料、时间、经费、人力、社会团体、实验、范围)。

资料:佐野县,《日本的垃圾》,竹真文库,1997年。调查、取材地:农家、养殖者、销售市场(包括饭店)。统计资料、问卷、录音设备、照相机、地图。

(4) 活动计划。

5月,通过调查研究,确定学习内容和方法。6月,通过文献等调查,确定课题前期的预备性知识;思考访谈调查的内容;用电话联系调查地点。7—8月,进行调查,观察实际现场的状况,归纳总结感受;钻研使用食物垃圾积肥的策略。

完成课题研究报告。[①]

(三) 评价活动方案

评价活动方案,目的是判断活动方案是否合理,是否可行。这是对课程计划的前期诊断和质量监督。这个过程需要做好以下几件事情。

1. 重点评估关键因素

关键因素包括活动目标、活动内容(含课程资源)、活动过程、活动方法。

2. 引导学生反思活动方案制订过程

教师引导学生对方案制订过程进行反思,反思依据"目标导向"的设计思路。

3. 集思广益

多方征求意见,诸如学校教职工、社区人员、学生家长。

本章概要

活动内容是在活动主题统领下,围绕活动目标的达成,所开发、设计并组织起来的结构性、程序化、具有可操作性的因素与材料。活动内容是活动的基本素材,是活动的构成要素。活动内容具有综合性、实践性、开放性、生成性、隐含性的特点;主要包括活动主题、活动方式、人员分工、活动步骤、课程资源等因素。活动内容的组织线索有三条:学生与自然、学生与社会、学

① 郭元祥. 综合实践活动课程:设计与实施[M]. 北京:首都师范大学出版社,2001:100.

生与自我。

2017年发布的《小学综合实践活动课程指导纲要》明确了四大活动方式：考察探究、社会服务、设计制作、职业体验。并且，围绕四种活动方式，分学段分年级推荐了系列活动主题。按照每种活动方式，都可以组织相应的活动内容，以满足问题解决、价值体认、创意物化和责任担当的核心素养的培育。

综合实践活动内容开发，需要遵循相关原则；需要按照现实生活和可能生活的角度，现实生活诸如自然生活、社会生活、家庭生活、学校生活、个人生活等。活动内容即活动方案制定的步骤包括确立主题、制定方案、评价方案。

拓展资源

拓展知识　　视频资源

思考与实践

一、理论思考

1. 综合实践活动包含哪些活动方式？它们与课程目标达成有何具体关联？
2. 什么是考察探究？它与研究性学习有哪些异同？
3. 社会服务一般有哪些主题活动？
4. 设计制作与信息技术教育存在哪些关联？
5. 进行综合实践活动内容设计的原则是什么？

二、实践探索

请就某一主题活动，制订出活动方案。内容包括：主题题目、实践学校、年纪对象、指导教师、主题来源、实施步骤与方法等。

实 践 篇

实践篇是本书的核心内容，介绍综合实践活动课程实施的具体操作。实践篇包括综合实践活动过程、综合实践活动指导、综合实践活动资源三章。三章内容各有侧重：第六章明确综合实践活动在小学落实的环节、步骤；第七章明确教师工作的任务、内容和具体方法；第八章分析课程开发的相关原则与策略。通过实践篇的学习，可以为小学教师承担综合实践活动课程的指导任务提供方法、思路和策略参考。

第六章　综合实践活动过程

学习目标

- 理解学校综合实践活动开发程序与方法
- 了解班级综合实践活动实施的基本阶段
- 掌握小组综合实践活动的步骤、策略与方法

问题情境

如何确定探究主题

"同学们，今天我们上一节综合实践活动课，这是解决我们心中疑问的课程。同学们对哪些问题感兴趣呢？"

一时间学生沸腾了，他们恨不得把"十万个为什么"都搬出来。学生脑袋里的问题竟然这么多？这样下去怎么能定出研究主题呀？

我有点手忙脚乱。唉！一节课下来，学生乱哄哄的，研究主题也没有确定下来，我耷拉着脑袋回到办公室。

看来，要想上好这门课还真要动动脑筋。如果过于放纵学生的思维，在一个班里实施综合实践活动课程显然行不通。可是，又不能由老师牵着学生走，课题应该来源于学生，可是学生的问题太多，选择哪个呢？一连串的矛盾在我脑子里不停地旋转。

学生刚接触这门课程很兴奋，老师却不能跟着兴奋，而是要保持冷静，帮助学生选择课题……①

上述案例中教师在选题过程中所遇到的困惑，是每一位综合实践活动教师都必然会遇到的，例如，如何帮助学生选择课题？课题选定后该怎样去开展活动？活动过程怎样安排？等等。这些问题都与综合实践活动过程有关。

---

① 选入本书时有删节，题目为编者所加。参见：吕芸辉. 在综合实践活动中亲历成长路程[A]//田慧生. 综合实践活动课程实施中的问题与策略[C]. 北京：教育科学出版社，2007：154-155.

理论述要

第一节　学校课程开发

综合实践活动实施，是一个校本化课程开发过程，即学校课程规划过程。其环节包括学校课程整体规划、了解活动类型、进行资源配置和学校课程开发。

一、学校课程整体规划

学校层面的课程规划与设计，即综合实践活动课程在学校层面的整体规划以及落实方案的设计，具体包括如下内容。

(一) 综合实践活动课程规划的学校要求

《中小学综合实践活动指导纲要》要求，学校对综合实践活动课程进行整体设计，将办学理念、办学特色、培养目标、教育内容等融入其中。

(二) 学校特色资源与分年级计划与实施方案

依据学生发展状况、学校特色、可利用的社区资源(如各级各类青少年校外活动场所、综合实践基地和研学旅行基地等)对综合实践活动课程进行统筹考虑，形成综合实践活动课程总体实施方案；基于学生的年段特征、阶段性发展要求，制定具体的“学校学年(或学期)活动计划与实施方案”，对学年、学期活动做出规划。要使总体实施方案和学年(或学期)活动计划相互配套、衔接，形成促进学生持续发展的课程实施方案。

(三) 小组组合方式与教师指导

在综合实践活动实施方案中，必须明确本校的活动方式；小组组建方式，限制于班内、级内、校内，还是允许学生跨校组建活动小组；学生活动小组选聘指导教师的办法也需明确规定是学校指派还是学生聘选等。

二、实践活动类型

从学校课程规划角度看，综合实践活动主要关注系列主题活动的开发。此类主题活动往往是依据校本优势资源与地区特色，在多年教育经验的基础上形成的，具有校本特色。主要分为两类：横向统整主题活动、纵向递进主题活动。

(一) 横向统整主题活动

横向统整主题活动属于学校特色课程范畴。此类主题活动是根据学校特色和社区资源将某一主题在学校范围内以班为单位开展横向合作、整合，并形成校本课程进行推广。依托学校所在社区的资源和学校条件，形成学校综合实践活动课程的主题特色与校本特色，围绕共同主题多视角开发课程。

这种活动设计模式，可以使校内不同小组、班级或学段的活动探究加强合作，多领域、多层次研究共同的主题。

案例 6.1

开心农场

一、活动背景

为了拓展小学生的农业生产知识，训练他们的动手操作能力，养成他们爱农惜粮的生活习惯，石家庄市金马小学教育集团大马校区在校内开辟了农业耕作园地——“开心农场”。从2021年9月开始，全校师生开展了以“跟着二十四节气学农耕”为主题的特色综合实践活动。

二、活动设计

他们将课题内容分为七大板块：植物习性研究、种前土地整理、植物种植、田间管理、植物生长记录、植物收获、烹饪与经验分享。教师从学生兴趣出发，组建菠菜、韭菜、香菜、草莓、萝卜、奶白菜、花生、豆角、大蒜9个小组，分头开展活动。

三、活动组织

1. 以学生为主体，自主选题

围绕植物种植话题提出一系列问题，如你最喜欢吃什么蔬菜、水果？它富含什么营养？需要什么季节种植？种植需要什么技巧？等等。这些问题激发了学生的探究兴趣。教师趁机向学生发出了项目研究的倡议书，并请他们填写表6.1。

表 6.1　学生参与开心农场活动研究团队的申报表

参与项目	菠菜组	韭菜组	香菜组	草莓组	萝卜组	奶白菜组	花生组	豆角组	大蒜组
学生姓名									
你的建议									

2. 以小组为单位，制定方案

方案如表6.2所示。

表 6.2　学生分组实践活动与内容

组别 内容	植物习性研究	种前土地整理	植物种植	田间管理	观察记录	植物收获	烹饪与分享
菠菜组	菠菜的生长习性	施肥、翻地、平整	菠菜种子的点播种植	除草、浇水、灭虫	观察、记录	收割成熟的菠菜	以菠菜为食材制作菜肴
韭菜组	韭菜的生长习性	施肥、翻地、平整	韭菜根株的移植	除草、浇水、灭虫	观察、记录	收割成熟的韭菜	以韭菜为食材制作食物
香菜组	香菜的生长习性	施肥、翻地、平整	香菜种子的撒播种植	除草、浇水、灭虫	观察、记录	拔取成熟的香菜	以香菜制作菜肴或饭食
草莓组	草莓的生长习性	施肥、翻地、平整	草莓的选苗与移栽	除草、浇水、灭虫	观察、记录	采摘草莓	制作果盘或草莓沙拉
萝卜组	大萝卜的生长习性	施肥、翻地、平整	萝卜籽粒的点播种植	除草、浇水、灭虫	观察、记录	拔取收获大萝卜	以萝卜制作菜品或食物

续表

组别 内容	植物习性研究	种前土地整理	植物种植	田间管理	观察记录	植物收获	烹饪与分享
奶白菜组	奶白菜的生长习性	施肥、翻地、平整	奶白菜籽点播种植	除草、浇水、灭虫	观察、记录	收取奶白菜	以奶白菜制作菜品或食物
花生组	花生的生长习性	施肥、翻地、平整	花生种子的点播种植	除草、浇水、灭虫	观察、记录	收取花生	以花生制作菜品或食物
豆角组	豆角的生长习性	施肥、翻地、平整	豆角种子的点播种植	除草、浇水、灭虫	观察、记录	采摘豆角	以豆角制作菜品或食物
大蒜组	大蒜的生长习性	施肥、翻地、平整	大蒜选种、种植	除草、浇水、灭虫	观察、记录	翻地、收取大蒜	以大蒜烹制菜品或腌制菜品

3. 以实践为主线,灵活调控

随着实践活动的深入开展,学生们发现植物种植过程中的许多问题。这些问题一般由科学教师带领学生一起协商讨论、查阅资料,共同解决。师生商讨不能解决的问题,如如何防治病虫害,学校会邀请河北省农研所专家给予指导,讲解害虫防治等技术问题。通过农作物专家的讲解和田间指导,学生们及时解决了田间管理难题,收获很大。

(本案例由石家庄市金马小学集团 李秀菊老师 提供)

【案例点评】

本案例属于横向统整模式的主题设计。学生以当地农作物种植技术为主题。根据个人兴趣,分成九个小组;开发出不同课程资源,拓展出七项课程内容,生成63项活动。学生自主选择种植小组,适合学生根据本组需要择师,赋予了学生择师权。

(二)纵向递进主题活动

纵向递进的主题活动是指以某一特定主题为线索分学段或年级递升,使研究目标、内容及方法等方面,逐渐拓展深化的一种设计思路。这类主题活动旨在让不同学段学生研究同一主题,但是研究内容与深度不断递进深化。这类主题活动,能引导学校走出条块分割设计,促进综合实践活动课程的系统开发。

案例 6.2

纵向衔接活动主题

漳州市龙师附小将活动主题确定为“我爱美丽的水仙花”,围绕主题组织学生和教师提出各班的分主题。再依据学生兴趣如何、能否突出本地资源特色、是否有益于学生的发展、表述是否规范等标准判断其可行性,明确其意义和活动内容。最后在各班构建了纵向衔接的活动主题及其内容体系(见表6.3)。[①]

① 黄清,童顺平.综合实践活动课程纵向衔接初探——以小学综合实践活动设计为例[J].当代教育论坛,2011,(1).

表 6.3　综合实践活动课程活动主题与活动内容

年　级	主　题	活动内容
三年级	走近水仙花	观赏水仙花；了解其行业及产销情况；学习安全知识；了解信息搜集方法；多途径搜集信息
四年级	种植水仙花	种植水仙花；利用社区资源种植；练习危境求助；学习科学探究方法；记录交流探究成果
五年级	探究水仙花	探究水仙花生长规律；利用规律服务社区；危境会自救；学习实验法；用实验法验证假设
六年级	创造水仙花	创造水仙花艺术；通过作品为社区服务；危境能自救；学习创造方法；进行创造项目设计

【案例点评】

本案例的活动设计，基于全校视角，打破班级束缚。以年级为单位，根据年级特点确立活动内容，使各年级活动间在难度和培养目标方面具有了层次性和递进性；同时又整合并充分利用了各种资源。设计具有整体谋划的特征。

三、课程资源开发

弄清实践活动的类型后，需要从实践活动实施条件入手加以建设。这方面内容主要包括机构设置、师资配备和制度建设三个方面。

四、课程实施方案研发

在活动实施条件基本满足后，则需从课程开发与实施方面下功夫。其中，学校的统筹计划是综合实践活动实施的重要环节，即需要从学校层面制定综合实践活动实施的总体计划，包括确定校级主题体系和确定学校的课程计划，如表 6.4 所示。

案例 6.3

表 6.4　主题学习指导计划（一）①

时间				学习过程	学习活动内容	学习方式	组织形式	教师指导	学习资源	评价	
学期	月份	周次	课时							评价内容	评价方式
第一学期	8月	1		准备阶段	对各年级进行理论培训	学校集中培训	校本培训				
		2			各年级制定实施方案	年级制定方案	组内研讨				
	9月	3	1	课题形成（5）	班级集体指导活动	师生交流、讨论	集体学习	班主任提出问题	事先学习材料网络	问题意识，关心的兴趣	行为观察
		4	2		发现问题的观察、调查、交流活动	观察、调查、谈话	个别、小组	TT 合作指导	形成学生问题网络	发现问题的能力	自由记述

① 参见：熊梅，等. 综合实践活动开发与设计[M]. 北京：高等教育出版社，2006：272-273.

续表

时间				学习过程	学习活动内容	学习方式	组织形式	教师指导	学习资源	评价	
学期	月份	周次	课时							评价内容	评价方式
第一学期	9月	5	2	课题形成(5)	确定问题、制定计划活动	交流研讨发现的问题	小组、集体	TT合作指导	提供研究计划表格	设想、计划、决定的能力	行为观察
		6	2	课题探究(10)	调查、参观、访问活动	探究性、体验性学习	个别、小组	TT合作指导	调查、访问、实验表格	合作交流能力	行为观察
	10月	7	0		利用黄金周进行体验	体验性学习	个别	家长志愿者	体验日记、交流卡	自我设想、决定能力	行为观察
		8	2		中间交流感想活动	交流研讨	小组、集体	班主任指导	自我评价卡片	兴趣、合作、交流能力	自由记述
		9	2		体验活动	体验性学习	个别、小组	TT合作指导	感想卡片、地图	兴趣、合作、交流能力	行为观察
		10	2		专家报告活动	接受式学习	集体	专家指导	照相机、摄像机	行动能力	相互评价
	11月	11	2		反思、评价活动	反思性学习	小组、集体	语文老师指导	计算机、纸张	意志能力	自我评价
		12	2	成果发表(5)	撰写研究报告及评价	作文教学	集体、个别	语文老师指导	多媒体、纸张	创作、表达与评价能力	自由记述
		13	1		班级报告会	报告、演讲、展示	小组	TT合作参与	展板、纸张、计算机	自信心、表现能力	作品
		14	2		年级报告、反思评价会	报告、展示	集体	TT合作参与	展板、幻灯片	表现能力	行动观察

说明：

1. 一年级全部利用生活课20课时。二年级利用生活课13课时；综合课10节(10×30)，合7.5课时，共计20.5课时。3～6年级用综合课22节(22×30)，合16.5课时；用品德与社会或品德课4课时，共计20.5课时。

2. 利用综合课的年级，每周最多用2节，要保证每周有一节班(队)会。

3. 各年级可根据计划灵活安排课时，可集中使用，也可分散进行。但要确保20课时的时间总量不变。

【案例点评】

案例所示活动设计，针对全校各年级、班，从课时安排、活动内容、教师配备、活动环节、组织形式、活动方式、所需资源、评价内容和方法等课程要素，进行了系统的安排和统筹规划。各班级主题活动在学校课程规划的指导下，可以根据学生年级特点，确立不同的活动内容，以确保各年级活动在难度和培养目标方面具有层次性和递进性；同时又可充分协调、整合和利用各种资源。

(一) 校级主题设计

根据《指导纲要》的主题设计理念，参照附录中推荐的主题内容，结合本校办学理念、特色资源，分年级、分学期确定校级主题活动，形成校级主题体系。

1. 围绕学生核心素养的设计线索

从活动目标定位角度设计活动主题。活动主题设计，可以参考目标线索，即四个核心素养“价值体认、责任担当、问题解决、创意物化”。

2. 参照四种活动方式的设计线索

从活动形式的类型角度设计活动主题。参照四种活动方式，来组织活动主题设计，包括考察探究、社会服务、设计制作、职业体验四种活动形式。

3. 立足学校特色资源的设计线索

学校的特色资源，是设计活动主题的重要线索。活动主题设计，立足于学校优势资源和特色资源。

（二）确立活动计划

校级主题确立后，对实践活动制订学校总体计划。校级计划，是教师制订班级学年计划的依据。其主要内容包括以下几点。

1. 总体目标

目标是活动实施的设计参照、实施方向和评价标准。

2. 时间安排

确定综合实践活动的时间范围、时间使用方式等。

3. 实施程序

确立活动实施的环节、要求、方法和基本模式。

第二节　班级活动实施

落实到班级层面，活动实施包括三个阶段、六个环节。

一、准备阶段

在活动正式实施之前，需要做好各项准备活动。从具体步骤看，主要包括发现问题、形成主题两个环节。

（一）发现问题

首先是发现问题。其操作模式往往是：教师提供问题情境——学生提出问题。那么，问题从哪里来？学生又应当如何将问题转化成主题呢？发现问题最基本的方式有以下三种。

1. 教师创设情境，引导学生发现问题、提出问题

学生的问题意识，需要教师引导和培养。教师创设情境，可以让学生身临其境，同时，教师及时引导，有利于学生发现问题。通过这种方式的训练，学生就能逐渐学会发现问题。

案例 6.4

家乡的水源调查

随着社会主义新农村改革与建设的进一步推进，人们对居住、饮食、交通、购物及文化娱乐有了更高的要求，于是，生活发展与生态保护之间发生了种种摩擦与矛盾。教师将这种现状做了介绍，并提议以“调查家乡的水”为主题，开展一次综合实践活动。目的在于树立学生环保意识和社会责任感，从自己做起，主动参与力所能及的环境保护活动。从局部细节之处，用科学

负责的态度去认识家乡的现在,用忧患意识去关注家乡的未来。课题设计的原则重在爱家乡的情感与知识学习结合,使情感、态度、价值观的形成与知识技能的掌握相结合,同时在学会收集、处理信息的过程中发现问题、处理问题并解决问题。

(案例由河北省石家庄市鹿泉区教研室 李晓红老师 提供)

【案例点评】

教师的引导在学生选题时起着至关重要的作用,高水平的引导可以获得高质量的选题。甚至在低年级,学生发现问题的能力较差,教师可以直接提供课题。但是需要强调的是,教师绝不能强迫学生接受老师指定的某一活动主题。教师可以给学生提出建议,课题的确定还需要由学生自主完成。

2. 引导学生留意自身生活,发现问题

在确定主题时,坚持学生自主选择和主动参与,尽可能让学生形成问题意识。所以,教师要鼓励学生在生活中多问"为什么?"此外,问题的发现,可以结合学生的日常生活,聚焦现实生活中的突发事件或突出问题。

案例 6.5

"辣条"事件

某校的一名同学,因经常食用小摊儿上的"辣条"而患上急性肠胃炎,还有一些学生为买零食而经常向家长撒谎要钱,这些现象严重影响了孩子们的身体健康,给学校的常规管理带来了不少麻烦。于是,以这些事件为线索,同学们通过讨论交流,共同确立了《对吃零食现象的调查》的研究主题。

(案例由河北省石家庄市鹿泉区教研室 李晓红老师 提供)

【案例点评】

生活中的突发事件,是学生关注的热点问题。他们往往急切地想搞清楚:发生了什么?背后的原因是什么?怎么才能避免有害事件的发生?等等。这一系列的问题和疑惑,可以转化成学生开展综合实践活动的主题。

3. 开展问题讨论会

把握学生日常生活中重要事件发生的关键时机,及时召开讨论会,让学生自由提出自己感兴趣的问题,往往是选题的一种重要方法。

案例 6.6

拆迁的话题

城乡接合部的某所学校处于拆迁区,学生对拆迁中出现的一些问题很好奇。老师发现这一问题后,及时召开学生讨论会,让学生提出自己关注的、想要了解的问题。这个话题一打开,许多学生纷纷发言。有的学生说:有些拆迁户为什么不愿意拆迁?还有的问:政府拆迁的政策究竟是什么?还有的学生迫不及待地抢着说:明明要搬迁了,为什么有的人家还忙着加盖房子?……通过讨论,学生们决定自己去弄明白这些问题,于是,他们确定了自己的活动主题——关于拆迁的话题,开展了系列活动。①

① 选入本书时有改动,题目为编者拟定。郭元祥. 综合实践活动课程实施[M]. 北京:高等教育出版社,2003:64.

【案例点评】

针对生活中发生的重要事件召开讨论会，是激发学生好奇心，引导学生发现问题、提出问题的有效手段。经过讨论，他们往往会达成一致、形成共识，为了解除心中的疑惑而确定活动主题。

（二）形成主题

并非所有的问题都可以直接作为活动主题，有的问题涉及面广，有的相互交叉包容，有的太大，有的缺乏现实意义。因此，从问题到主题，需要通过师生交流，归纳整理，以形成可供实施的一些活动主题。需要坚持以下基本理念。

1. 坚持学生自主选择

让儿童探究生活、在生活实践中学习，是综合实践活动课程的价值追求。儿童的探究是从选题开始的。只有保障学生主题选择的自主性，才能选出学生感兴趣的活动主题，这样的主题活动，才能对儿童产生意义。所以，活动主题必须坚持学生自己决定、自主选择。

案例 6.7

从书里找选题

Z老师无精打采地坐在教室后排，她的小组成员有10个左右，此时四散而坐，有的在写作业，一个女生在收作业，还有几个男孩子无所事事。第二次路过Z老师的教室，她仍坐在原来的位置上，还是忧心忡忡。两个老师围在她旁边，他们在讨论选题的事情。一位男老师大声建议说："在那本书里面选就行，那本书蛮好的。自己想一个太难了。"①

【案例点评】

教师习惯了"教"课的操作流程及备课的"设计者"角色，把选题当作了"备课"内容，一个人在那里苦思冥想。殊不知，选题过程是综合实践活动的一个重要组成部分，如果被教师"代劳"，综合实践活动的意义将大打折扣。因此，Z老师与其在那里"忧心忡忡"，不如将学生组织起来，听听他们的想法。所选课题只有学生感兴趣，才能使他们保持持久的研究热情。

2. 选题面向学生生活

生活是活动选题的宝库。所选主题只有源于学生的生活，才能激发学生的探究热情，也才便于探究。这里的生活指学生自己身边或周围发生的事情，包括家庭生活、学校社会和周边社会生活，这些都是课题选择的重要资源和线索。

案例 6.8

"吃"出来的课题

四年级的一个学生特别喜欢吃肯德基，他每次到肯德基总发现肯德基的生意特别好。后来他又发现上海本地的传统小吃尽管价格便宜、品种丰富，但受欢迎的程度就是不如洋快餐。这是为什么？他就此开始了"洋快餐与传统小吃"的比较研究。②

【案例点评】

四年级的小学生能有这样的问题敏锐性，难能可贵。说明训练有素。这个选题是学生发

---

① 张华，安桂清，等. 综合实践活动课程开发与案例研究[M]. 北京：高等教育出版社，2008：60.

② 张华，安桂清，等. 综合实践活动课程开发与案例研究[M]. 北京：高等教育出版社，2008：63.

现、提出的,反映了他内心的疑惑,对这位学生来说意义非凡。相信他的研究过程,必将深刻影响他的生活经验和生命成长。

3. 选题具有可操作性

所选主题具有可操作性,是活动实施的前提。选题的可操作性主要包括:所需活动条件和资源、活动形式的可行性、学生能力必备性、社会制度的许可性等。

二、实施阶段

主题确定后,学生活动实际上已经进入实施阶段。这个阶段包括三个环节,即方案策划和活动实施。

(一) 方案策划

方案策划即小组讨论活动计划,进行活动策划,最终完成活动方案的制定。方案策划一般包括三个环节。

1. 组内策划

针对本组活动主题,开展组内讨论,进行活动策划;按照活动任务大小、个人兴趣与特长,进行人员分工。期间,教师要进行巡回指导,特别是方案撰写的方法指导。例如,可以提供“活动计划表”(见表 6.5)。

表 6.5 活动计划表

小组名称	
活动主题	
小组成员分工	
准备聘请的指导教师	
活动基本过程、方式及时间	
需要提供的帮助、资源	
解决的问题与方法	
完成的时间	
预计成果	

2. 班级交流

为了完善小组活动方案,本组活动策划要在全班汇报,与其他同学交流。

3. 讨论完善

本组汇报活动策划后,全班同学进行讨论交流,论证活动方案实施的可行性,帮助完善活动计划。本组学生反思活动策划,完善活动方案。

(二) 活动实施

方案策划完成后,就进入活动实施阶段。这是学生依照方案设计,完成实践任务的主要阶段。学生活动范围不限于教室,还有可能在课外或校外进行。

每个小组在设计方案过程中都会预想到一些实际困难,解决这些预想到的困难就是活动实施的第一步。这些困难涉及活动过程中的多个方面。

1. 活动方法选择

授之以鱼不如授之以渔。学生预想到的困难很多是有关活动方法的,比如采访、实验、调查等,教师要及时跟进指导。在小学阶段,受学生认知和实践能力的局限,方法指导宜在具体实践环节进行,侧重于方法的具体应用。

每种方法都有严密的理论基础及完整、精细的操作流程,教师要在不同主题活动中,重复说明、不断矫正学生的错误,经过反复训练,形成学生的实践能力。

2. 研究对象和场地确定

学生的考察探究多涉及采访、调查、实地考察等方法,均有研究对象的明确问题。需要激励学生放手实践,协商抉择;充分利用身边资源,小心求证。

案例 6.9

令人兴奋的考察

关于"流行歌曲大盘点"这一主题,在活动实施阶段,流行歌曲的制作与发行小组成员先在网上找了相关的资料,简单了解了歌曲的制作过程和发行方式,都是专业术语,大家还是不知道是怎么回事,所以决定去实地考察一所音乐工作室。先确定了分工:小组成员张皓普学吉他,通过老师联系到了"祖组音乐工作室",并用微信联系了工作室的老师,确定考察时间。刘欣雨负责采访,侯晓双摄像,求助于老师为他们当司机。老师提醒他们在考察前做好考察方案,把想咨询的问题想好。孩子们到工作室后很兴奋,亲自看了看现在流行音乐制作的设备,在录音棚里体验了一回,询问了很多相关的问题。

(案例由河北省石家庄市鹿泉区教研室 李晓红老师 提供)

【案例点评】

小学生到祖组音乐工作室考察的顺利实施,能够令学生兴奋不已,与活动前的充分准备密切相关。不仅学生在考察内容、方法等方面做足了功课,教师与工作室的提前联系,也是至关重要的一环。这就是课程资源的开发,这些对于学生活动来说意义非凡。

3. 安全问题

安全问题是实践活动中最重要的问题,这一问题除了学生提前做好功课之外,还需要教师、家长的配合。比如:孩子们在活动实施阶段,会用到实地考察、去街头发放调查问卷等,老师和家长除给学生做好安全教育工作外,一定要支持孩子的行动,该陪同时一定要陪同。

4. 活动形式的选取

学生选择活动形式时,教师要把探究、实践的形式介绍给学生,供学生参考;教师要以开放的心态鼓励学生大胆探究。当学生提出自己的想法或者建议之后,指导教师要用质询的方式引导学生进行可行性论证,鼓励学生大胆尝试。这一过程中,学生往往能给教师一些启发,教师可能会有意想不到的收获。

案例 6.10

走进音乐行业

"流行歌曲大盘点"一课,在活动实施阶段,流行歌曲创作小组所要研究的"歌曲的创作"知识专业性很强,对于小学生来说研究起来难度很大。从网上搜集的资料很晦涩,不生动。在教师的指导下,这个小组再次修改了研究方案,通过 QQ 访谈了石家庄音乐学院的郭栋老师,了解了一部音乐作品是怎么创作的,并尝试改变《我相信》这首歌的歌词;走进了雅格琴行,请教了张薇老师,从电吉他、贝斯到古筝、二胡,了解了在流行歌曲的发展中,乐器的使用也是在不断变化。在一系列的活动中,学生乐而忘返,如痴如醉。

(案例由河北省石家庄市鹿泉区教研室 李晓红老师 提供)

【案例点评】

小学生研究音乐,必须身临其境,考察乐器的发展、聆听音乐的制作,一桩桩一件件,无不浸染学生的身心,令他们如痴如醉。这就是综合实践活动课程的魅力。当然,其前提是这些活动的形式必须适合小学生的特点。

5. 过程性资料的留存

每次活动中要求学生在自己的记录本上对活动过程做一个比较详尽的记录,这不仅是教学生如何做记录的过程,也是一个教学生妥善整理资料、保存资料和在资料交流中进行反思和互相学习的过程。

三、结束阶段

实施阶段结束后,就进入总结交流阶段。反思作为总结交流的要素和环节,同时也是活动过程中的一种重要方法,贯穿在活动中。总结交流包括两个环节。

(一) 经验总结

活动小组完成本组的活动方案后,需对活动过程进行总结性研讨。

1. 组内活动内容

主要包括:回归活动过程,反思并查找问题,总结经验教训等。

2. 完成各种活动成果

诸如研究报告、论文、模型、艺术作品、展示 PPT 等。

案例 6.11

成果制作的改进

第二组“养花技艺我分享”,通过播放配乐 PPT 的方式进行展示。这个 PPT 是小组成员合作制作的。有的负责收集活动照片,有的负责背景音乐的查找,有的负责 PPT 的合成。不过,初步完成 PPT 后,我发现:学生喜欢在每张 PPT 里插入不同的背景图,这样,PPT 看起来有点杂乱,所以,我指导他们“使用模板”的方法,重新制作 PPT。这样,经过修改的 PPT 看起来协调多了。通过这样的修正,学生在 PPT 制作能力上有了很大提升。

(案例由河北省石家庄市鹿泉区教研室 李晓红老师 提供)

【案例点评】

小组活动方案完成后,总结活动过程,提炼活动成果就成为学生活动的重要内容。这一工作比活动实施更加复杂,需要教师给予指导。教师根据展示目的、内容、程序、作品质量等方面的规范要求,给学生提出问题、指出不足,提供解决建议,将有助于学生在这一环节全面发展素质,提高展示质量和水平。

(二) 展示交流

小组总结完成,全班展开活动成果展示交流。成果展示,不仅要展示活动成果,更要展示学生活动的过程,如活动中失败的经历、遇到的困难、怎样克服困难获得成功。这些“成功背后的故事”充分展现了综合实践活动的“魅力”所在。

案例 6.12

班级展示的“互动”生成

第一小组“花与健康”。在展示中，既有图片展示，又有竞猜互动、采访记录、采访视频等，展示形式丰富，内容充实。但是由于经验的缺失，在互动中对同学们回答问题时的反映、互动的内容、形式都有点单一，台下同学的参与度也不够充分。

展示之后，教师及时参与了互动：“老师看到你们桌上带来的各种花，这是什么？”生：“这是我们小组自己制作的花茶。”师：“这花茶有什么作用呢？”生：（一下子哑口无言，组员之间面面相觑）师：“不知道吗？你们研究过它的功效吗？”生：“没有。”

教师面向其他几个小组，说道：“其他同学有什么建议吗？”有的学生说：“我建议他们去研究一下它的作用，然后可以根据它的营养成分做一些改进。”教师说：“是啊，我们研究花与健康，可以从研究我们身边常见的花做起。”这个环节，我及时抓住课堂资源，马上介入，并顺势利导，根据学情，发挥教师应有的主导作用，向学生渗透关注身边事物的意识。“研究，不是研究网上的知识，而应该研究生活中的问题，为生活服务。”

这个小组比较成功的还有采访，两次采访，采访对象不一样，一次是采访学校园林师傅，一次是采访家长。他们在展示成果时，分别以图片和视频的形式进行，显得游刃有余。

第二小组“国花和市花”的学生向大家展示了自己的讲座体会、问卷调查表、统计图、三句半等内容。他们的展示形式活泼，分工明确。调查能力强的同学合作进行了问卷调查和统计，擅长小结的同学撰写讲座体会，擅长口头表达的同学作为代表借助 PPT 展示，擅长表演的同学自编了关于国花、市花的三句半。

第三小组“花的古诗故事”。小组学生向大家展示了他们搜集的古诗和故事。

第四小组学生的 PPT 展示，主要以图片分享自己种植的花卉及观察日记。他们所研究的“养花的技艺”并没有凸显出来，所以在他们的展示结束后，教师借助他们带来的花卉“凤仙花”，现场做了采访。

师：你们带来了什么花？

生：凤仙花。

师：能说说凤仙花在种植的过程中需要注意哪些技艺吗？

生：首先要注意选择疏松、肥沃、深厚、通透良好的土壤。生长期要注意浇水，经常保持盆土湿润，特别是夏季要多浇水，但不能积水和土壤长期过湿。如果雨水较多应注意排水防涝，否则根、茎容易腐烂。

师：给他掌声，他能把自己研究到的养花技艺运用到实践中。真棒！

通过采访，凤仙花在种植时所要用到的养护技艺大家就很清楚了，对他们之前的展示做了很好的补充。

第五小组“花的特性”。小组通过调查发现大部分同学连校园中花的名字都叫不上，更别说花的特性了，于是他们动手设计了各种花的名片。为了让同学们能爱护校园的花草树木，爱动脑筋的同学提议开辟了“实践园地”，并创作了诗意宣传语，写了建议书，呼吁更多的学生爱护校园环境。

（案例由河北省石家庄市鹿泉区教研室 李晓红老师 提供）

【案例点评】

针对展示过程中的问题和不足，教师及时参与互动，引导展示走向深入，有助于挖掘方案实施中学生的活动过程和隐性成果。教师的参与甚至可以帮助学生发现新问题、引发新的活动主题,这也是展示交流的重要作用和任务。在上述案例中,教师两次及时把握时机,参与并引导交流,起到了引导学生发现问题、提出问题、思考问题并解决问题的重要作用。

在展示交流环节,既要注重活动"成果"的全面展示,又要注重活动小组与其他小组感受的交流与"互动"。作为指导教师,既要关注活动中的"成功"之处,同时也要挖掘"失败"的原因,还要引导学生去找到解决问题的办法。

班级展示交流的参与人员,除了全班学生和指导教师外,还可邀请学生家长、相关校外人员参加,共同分享主题活动的体验。会议议程,一般流程如下。

1. 本组活动报告

各组学生汇报选题缘由、活动情况、成果及其收获体验。

2. 组外学生提问、质疑与交流

包括细节提问、效果评价、感受分享等。

3. 家长、校外人员、教师进行互动

包括本人感受体验分享、改进建议、学生活动中的闪光点和激励性评价、引导发现生成新的主题等。

第三节　各类活动的过程

活动类型包括:考察探究、设计制作、社会服务、职业体验等。每类活动实施的过程都有各自的特点。

一、考察探究

考察探究是基于学生兴趣,在教师指导下,从自然、社会和学生生活中发现问题,开展研究性学习活动。这种活动方式有多种形式,如野外考察、社会调查、研学旅游等形式。它注重实地考察、访谈、实验等方法,获取材料,形成理性思维、批判质疑和勇于探究的精神。

考察探究作为综合实践活动最传统、最基本的活动方式,对学生综合素质发展最有价值。尤其是考察探究能够保护和发展学生好奇心与探究精神;能够发展学生批判思维和创新思维;能够发展学生团体合作与交流能力。

案例 6.13

《和太阳做游戏》活动方案

活动对象:

1～2 年级。

活动目标:

1. 初步了解影子产生的原因,获取一些简单的关于阳光的知识。

2. 和小组伙伴们一起做有趣的造影游戏,知道影子的变化和光与物体的位置变化有关系。

3. 养成爱观察、好提问的习惯，小组配合，互帮互助。

探究重难点：通过造影游戏，发现问题，了解影子产生和发生变化的原因。探究策略：实践造影，小组合作，解决问题。

活动准备：教师选择晴朗有阳光的天气，或者利用投影仪开展本活动；准备杯子、折扇等造影材料。学生活动前初步了解太阳和影子的关系。

活动过程：

阶段一：活动引入。

1. 带小朋友在阳光下享受阳光十分钟，感受阳光与影子的变化。

2. 及时启发学生交流在太阳下的感受，发现影子的变化。

3. 让学生充分交流自己了解到的关于太阳的知识。

（设计意图：明确活动任务，产生探究兴趣）

阶段二：观察探究。

1. 回教室进行影子的探究活动。（讨论影子产生的原因）

2. 请一名学生站在墙壁旁，并不时改变与墙壁的距离，让其他学生观察并说说自己的发现。

（学生可以用自己的话解释影子变大变小的规律，不要求用科学术语）

3. 示范几种有趣的影子造型，让学生了解可以用不同物体组合做影子造型。

小组活动：做手影造型游戏，观察并提出问题。

（教师观察各小组活动情况，启发学生利用手和身体的变化做出不同的影子造型，引导发现问题。组长可以记录）

（设计意图：通过活动体验影子的形成，了解影子形状、大小与物体离光源的距离位置等有关系。在游戏中提高动手动脑能力，逐步培养小组合作团结配合的意识）

阶段三：总结反馈（为下一次的探究活动做准备）。

1. 交流活动感想，感受小组成员之间的互助关系。

2. 评比影子造型最有创意的小组。

3. 预告下周的探究活动内容，请学生准备一面小镜子。

（设计意图：培养积极进取精神，探究活动中需要乐于表达、善于倾听，小组成员团结协助）①

【案例点评】

小学生不同学段身心特点、兴趣爱好差异很大，低年级孩子对日常生活中不可思议的现象兴味盎然，所以，案例中的“和太阳做游戏”可谓切中要害。

考察探究可以分为三个阶段六个基本环节。

（一）课题的确立与启动阶段

学生从生活中发现问题、形成课题并制定研究计划。主要包括以下两个关键环节。

1. 形成课题

核心要素是发现问题、提出问题。

---

① 本案例来自网络。https://wenku.baidu.com/view/10d208510d22590102020740be1e650e53eacf34.html（浏览时间2019.10.12）。

2. 制订研究计划

核心要素是提出假设、选择方法、研制工具。

(二) 课题的实施阶段

此阶段,学生针对问题多方面搜集资料、分析资料、得出结论、验证假设。包括两个关键环节。

1. 获取证据

核心要素是现场研究,如观察、访谈、实验、调查、考察等。

2. 提出解释或观念

核心要素是资料分析、研究反思和验证假设。

案例 6.14

观察蚂蚁

今天我们小组蹲在蚂蚁窝旁边观察。为了引它们出来,我们在蚂蚁窝附近放了一条小米虫。一只蚂蚁发现了,瞅准机会爬到米虫背上,但毕竟力量太悬殊了,蚂蚁要对付这个"庞然大物",显然是"鸡蛋碰石头",它狼狈地逃走了。大家以为"战争"就这样结束了,但过了一会儿,这只小蚂蚁带领着一群蚂蚁援军雄赳赳气昂昂地回来了。结果可想而知,它们齐心协力将敌人降伏,"唉哟,唉哟"地把米虫抬回洞去。看啊,这就是集体的力量,这就是团结的力量!……通过这次实验观察,我们看到了蚂蚁身上所蕴含的顽强不屈和高度合作精神,我们人类的生活又何尝不需要这些精神呢![①]

【案例点评】

这是对自然界中的小生命——蚂蚁的探究,属于野外考察的活动方式,采用的是观察方法。这种近乎儿童游戏的探究活动,使学生进入一个多彩的微观生命世界,发现了一些不可思议的神奇的事情,从蚂蚁的协作精神与合作力量联想到人类的活动,获得了一些激动人心的感悟。不仅初步接触、体验了科学探究的方法,同时收获了重要而生动的人生启迪!

(三) 课题的总结与展示阶段

此阶段,学生汇总研究发现、得出结论,并系统反思、欣赏、展示、评价。主要包括两个关键环节。

1. 交流、评价探究结果

核心要素是资料的多种形式(如地图、音视频、海报、板报、舞蹈等)整理、展示与评价(三维目标)。

2. 反思和改进

核心要素是活动反思的深度和广度,及针对问题的改进方法和策略的质量。

二、设计制作

设计制作是指学生运用各种工具、工艺(包括信息技术)进行设计,并动手操作,将自己的创意、方案付诸现实,转化为物品或作品的过程。这种活动包括动漫制作、编程、陶艺创作等

---

① 张华,等. 综合实践活动课程研究[M]. 上海:上海科技教育出版社,2009:32.

形式。

这类活动以项目为载体，以作品制作引导学生深度学习和创造性发展。它注重提高学生的技术意识、工程思维、动手操作能力等。在活动过程中，鼓励学生手脑并用，灵活掌握、融会贯通各类知识和技巧，提高学生的技术操作水平、知识迁移水平。设计制作借助信息技术和劳动技术来解决现实问题，培养学生实践创新能力。其活动过程包括以下五个基本环节。

1. 创意设计

此环节工作包括：问题分析、设计理念与解决方案的研讨、设计理念与方案的确定。核心要素是重视对话和互动，兼顾理性与直觉思维，设计具有实用效能。

2. 选择活动材料与工具

借助材料选择，发展学生“材料认知技能”；工具可以是传统工具（如纸、笔、钳、锯、锥、钻等），也可以是信息技术手段和智能化工具（如编程工具、数据库、概念图、机器人等）。

3. 动手制作

在这一环节，学生开始将创意物化为人工产品。或者进行手工设计与制作，或者借助信息技术设计并制作数字作品。注意工具使用的安全性和规范性。

4. 交流展示物品或作品

内容包括展示作品，解释其工作原理，实现同伴在思维、情感上的交流互动。鼓励采取多种方式进行交流与展示，提倡相互欣赏与关心。

5. 反思与改进

通过学生对工作的自我评估，改进制作效果，形成反思型实践者的素养。

案例 6.15

手工课：精彩纷呈

在二年级的课堂上，学生们兴奋地设计着、制作着。他们的作品是由形状各异的树叶拼成的图案，有的是一架飞机，有的是一座大桥，还有的是一棵向日花，更有同学将几片树叶拼成了一只花蝴蝶，或者是一个活灵活现的大蜻蜓……望着眼前精彩纷呈的手工课，自己仿佛置身于一个五彩斑斓、无奇不有的童话世界。

再望望一个个小学生，他/她们神气十足地忙碌着……做好的同学在相互欣赏着、交流着，等待教师帮他们用透明胶带将作品固定在白纸上。这时，我心中暗想：这样一节课，也许会成为学生们心中一部难以泯灭的儿童电影、一张永不褪色的老照片。①

【案例点评】

这个案例是劳动技术领域设计制作活动。从作品设计与制作的开放性角度看属于创造性制作，没有图纸和设计说明；从设计与制作的内容和要求看，属于改革式制作，科学性要求不高。所以，它是在低年级进行高水平设计与制作活动的一次尝试。可见，综合实践活动中的设计与制作活动的价值取向是，教育价值第一，科技价值第二。

三、社会服务

社会服务是学生在教师指导下，走出教室，参与社会生活，以自己的劳动满足社会组织或他人需求，以提高他们的实践能力和责任担当的学习活动。活动包括公益活动、志愿服务和勤

① 案例摘自赵书超在上海某实验学校的田野笔记，编入本书前未公开发表。

工俭学等形式。它在道德教育和公民素质培养方面意义重大。社会服务强调学生通过服务满足社会组织或他人需求的同时获得自身发展,或者获得知识技能,或者提升实践能力,成为履职尽责、勇于担当的人。

案例 6.16

《自己的事情自己做》主题班会

活动背景:

孩子们入学才一个多月的时间,一年级的孩子都还很小,才六七岁,整理课桌和收拾东西对他们来说,收得又快又好不是一件很容易的事情。因此,为了让孩子们能够动手自己的事情自己做,不再凡事靠大人,也为了让他们知道在我们生活中劳动的重要性和劳动带给我们的快乐,设计了这堂基于孩子们学情的主题班会课。

活动目的:

1. 通过活动让刚入学不久的一年级新生认识到劳动的重要性。

2. 体验劳动的快乐,从小养成热爱劳动的好习惯。

活动过程:

阶段一:唱歌

教师播放儿歌《劳动最光荣》,并要求会唱的孩子一起拍手唱。“听完了这首儿歌,大家来猜一下我们今天班会的主题是什么?”“劳动。”“大家真厉害,小耳朵很灵,非常会听。”

阶段二:讨论问题

接下来,教师出示两张图片,“你从图中发现了什么?”生:“乱七八糟的屋子收拾干净了。”

教师提问:“那在家里把屋子收拾得干干净净的是谁呢?”生:“妈妈收拾的。”

“的确,妈妈在家会做很多很多的家务。当我们来到学校以后,妈妈没有跟来,这可怎么办呢?”(板书课题:自己的事情自己做)“我们都要学着——自己的事情自己做。”学生齐读板书。

教师问:“那大家每天来到学校,都要做哪些事情呢?”学生自由发言。

阶段三:整理书包的错误与纠正

教师说:“来到教室第一件事,我们每个人都要先拿出所有的书本用具,并把书包放在书报架上。刚好,黄老师今天也带来了一个书包,现在我也要将我的东西拿出来放在抽屉里。大家仔细看。”

“教师放得怎么样?”有学生指出教师放东西的问题。教师:“那我应该怎么做呢?你能教教我让我来跟你学着做么?”(板书:学着做)

“终于,在大家的帮助下,我的抽屉整理好了。我发现呀,原来想要把东西整齐有序地摆在抽屉里,也是有窍门的。”

阶段四:整理方法的口诀

教师引导学生说,“放东西时,要下大上小,要下厚上薄,要把书本放在右边、学具放在左边。”(板书:下大上小、下厚上薄、右书本左学具),“请大家跟我一起读一读!”

阶段五:学生实践

“现在,黄老师学会了怎么把抽屉整理好,小朋友你们学会了么?我们趁热打铁,重新整理一下自己的抽屉。”

(我发现好多已经整理好抽屉的孩子能够主动帮助小组中其他的孩子,说明会做了大家还能主动做)

现在,请同桌两个同学互相看一看,如果他收拾好了,请你帮我夸夸他;如果还没有整理好,请你帮帮他。

学生收完,教师随机拍两张照片,进行反馈。

教师说:"每节课我们都会用到不同的书本和学具,我们在做课前准备的时候,用过的东西应该怎么处理?"学生:"放回原位,再用什么拿什么。"

……教师将完成好的学生,奖励贴小红旗。"黄老师发现,大家得到了很多小红旗,说明你们真能干!"[①]

【案例点评】

这个案例是社会服务活动。学习用品的整理和使用,属于小学生学习生活自理能力的重要组成部分。从服务对象看,是学生自己。从工作内容看,学习用品整理属于小学生学习生活的基本技能,科学性要求不高;但却是学生日常生活的必备基本技能。本案例的价值取向是,教育源于生活,教育为生活服务。

一般而言,经过精心设计的社会服务过程,具有以下几个环节。

1. 明确服务对象和需要

服务对象可以是人、组织,或者动植物、环境,或者学校、社区、国家、国际社会等。需求调查的方法,包括个人观察体验、关注媒体的报道、问卷调查和访谈、咨询社区机构等。

2. 制订服务活动计划

根据服务学习的内容和形式制订活动计划,需要经过前期调查和协商探讨的过程,还需要教师指导。

3. 开展服务活动

服务活动前进行充分准备,除了物资准备外,还需要进行培训,包括相关知识技能培训、专门工具使用培训、安全工作培训等。行动阶段要做好行动记录。

4. 反思服务经历

反思贯穿行动全过程,但它也是社会服务的一个独立阶段,一般安排在服务后。审视服务过程,梳理学习体验。其方式有组织研讨、写小论文等。

5. 分享服务活动经验

分享服务活动经验即展示、庆祝、邀请。学校可以编制报纸、开辟专栏,鼓励学生以图片、文章、艺术作品、视频、幻灯片等多种形式展示分享。

四、职业体验

职业体验是综合实践活动的第四种学习方式。它是指学生在实际工作岗位上或模拟情境中见习、实习,体认职业角色的活动方式。这种活动包括军训、学工、学农等形式。这是一种体验式学习过程,并与职业生活紧密相关。体验式学习是人类最初的学习方法,也是最基本的学习方法。

这种学习对学生个体发展来说,可以让学生实现深度学习,发展学生特定素质;从学校教育看,有助于普通教育与职业教育的融合,有助于形成"连接学习",即使学生的学习结合现场的工作实践。通过职业体验,可以让学生获得对职业生活的真切理解,发现自己的专长,培养

① 案例选入本书时有改动,案例来自网络。https://wenku.baidu.com/view/99035038a48da0116c175f0e7cd184254a351b5e.html(浏览时间:2019-10-15)。

职业兴趣,形成正确的劳动观念和人生志向,提升生涯规划能力。职业体验的实施过程,一般包括以下几个环节。

1. 选择或设计职业情景

职业体验的情境,可以分为模拟情境和真实情境两类。前者是一种简化了的环境,需要经过设计,可以反复给出,远离现场。后者是一种真实职业现场,可以通过参观、见习、实习、师徒制等形式实现。注意因地制宜开发职业体验资源,如社区、企业、高校、公益组织等。

2. 实际岗位演练

进入模拟情景演练,或者进入真实情境中实地学习工作。加强教师指导的引导性,诸如提问、量表、价值澄清和任务驱动等。

3. 总结、反思、交流经历过程

随时记录职业工作过程和感受,反思自身问题,进行工作讨论和感受分享。

4. 概括提炼经验,行动应用

借助反思、交流,总结、分析工作过程,归纳工作经验,将改进措施应用于后续工作。

案例 6.17

我们来开饺子馆

针对现在大多数孩子都是独生子女,依赖性强,动手能力差,衣来伸手,饭来张口的现象,我们在冬至这个节气前后,开展了"我们来开饺子馆"主题活动。让学生围绕"饺子",以小组合作的形式,展开职业体验学习。

第一阶段:设计职业情景。

以"我们来开饺子馆"为主题,设计"饺子馆"工作岗位。

岗位安排,从经理、副经理、财务组、装饰组、服务组、后厨组、宣传组、顾问组,到记录组,这些职位都根据学生的特长和意愿,学生竞争上岗。竞选程序是,参选人上台说参选词;由学生民主投票,定岗到人;最后各个部门,根据各自的职责,制定饺子馆职业体验的活动方案。

工作评估,通过"饺子馆"不同类型的职业角色体验后,任务完成者挣取"体验虚拟币"(用以品尝劳动成果——饺子——的凭证)。让学生在实践的活动中,懂得热爱劳动,珍惜别人的劳动成果,享受自己劳动所带来的快乐。

活动指导,饺子馆各方面都由学生自主创新设计,教师指导活动过程。

第二阶段:进行工作技能学习。

由于饺子馆岗位采取竞争上岗的办法,学生们选定岗位角色后,开始进行工作技能学习。选择学习的方式很多,比如:上网查询、询问家长或老师、动手制作饺子、制作调查问卷、去社区周边的饺子馆实践……学生在这一环节进入了深度学习过程。

第三阶段:学以致用,体验实践。

经过层层选拔,"饺子馆"的"职工"名额确定下来。通过学生们第二阶段对饺子进行探索,学生们对饺子的历史、制作、营养等都有了一定的认识,在此基础上学以致用,开办"饺子馆",实践体验。

"饺子馆"开业过程中,不仅同学们踊跃参与,教师也各尽所能,积极指导。装饰组同学请擅长书法的教师题写匾额,同学们自己制作了各色菜单;后勤组同学和教师采购了一批配菜和面粉，满载而归；后厨组同学制作馅料时，指导教师耐心指导和示范大白菜的切剁方法，还有一位教师从自家拿来绞馅机，一下子就提高了工作效率；服务组的同学们忙着整理操作间和布置餐厅……他们分工明确，各就各位，忙得不亦乐乎，也充满了欢声笑语。

第四阶段：活动反思与经验总结。

场地规划部门经理回顾：我是场地规划部门经理。下午1:30左右人陆陆续续地到来了，1:35准时开门，我们一下就冲到班里去，按照我事先画好的图纸，一点一点地摆，……我们这次摆得比一班好多了，还快。我们很高兴，我们场地规划组在多彩的职业里一定把每一次的场地弄得干干净净，漂漂亮亮，美美的，让同学们有一个快乐、干净、美丽、舒适的场地，有一个快乐而又美丽的综合实践活动（多彩的职业）。

活动之后，还有许多同学发表了自己的感想。

同学甲：饺子很好吃。

同学乙：这次活动我感到很开心，我希望以后多开展一些这样的活动。

同学丙：这次活动让我对包饺子感触很深，让我学会了包饺子。我很高兴参加这次活动。

同学丁：虽然活动已经落幕，但是我心依然飞扬。我想这次活动教会我们的不是怎样包饺子，而是怎样与伙伴合作，怎样与朋友分享。

【案例点评】

"我们来开饺子馆"是一个将真实情境和模拟情境整合起来的职业体验活动。在这个主题活动过程中，从设计到实施都有许多抽象之处，例如，他们采取设置岗位、竞争上岗的方法，激发了学生岗前培训的积极性；选择与学生日常生活紧密相关的主题——包饺子，能够吸纳更多的教师参与活动指导。并且活动中涌动并闪现着无穷的生活情趣，这不正是我们所追寻的人性化活动氛围吗?!

本章概要

综合实践活动过程是对综合实践活动实施程序的线索梳理和总体安排。包括学校层面的课程开发、班级层面的活动阶段与基本内容、小组层面的具体活动形式过程与方法。

学校课程开发按照一定的程序和原则，从组织、人员配备、设施设备建设到课程规划与主题开发，实现了一个系统的制度安排和组织落实，最后完成了学校课程开发。活动的类型，按照主题的结构可划分为系列主题与单一主题两类。系列主题活动设计可以分为横向统整模式与纵向递进模式。

班级活动实施，主要围绕活动准备、方案实施和总结交流三个阶段展开，其特征是以班级集体活动形式开展。从综合实践活动结构看，综合实践活动其最关键的要素有：活动选题、活动形式、活动展开、活动总结和学生评价。它们体现了其与学科课程截然不同的性质和价值取向。

小组活动开展，其活动方式主要是小组活动。具体活动形式又分成考察探究、社会服务、设计制作、职业体验四种。每种形式的具体步骤和方法各有不同。

上述内容的学习，对理解综合实践活动的具体过程和操作方法，准确把握综合实践活动的设计原理和指导策略，可以提供具体有效的帮助。

拓展资源

拓展知识　　视频资源

思考与实践

一、理论思考

1. 综合实践活动学校课程开发需要注意哪些问题？
2. 学校综合实践活动开发的主题类型有哪些？
3. 学校实施综合实践活动需要解决哪些实际问题？
4. 综合实践活动实施的阶段有哪些？各个阶段有哪些关键问题需要注意？
5. 综合实践活动形式有哪些？各自具有什么特点？
6. 每种综合实践活动形式的程序是什么？每个环节如何展开？

二、实践探索

试述小学考察探究活动的基本过程。

第七章 综合实践活动指导

学习目标

- 理解综合实践活动指导的相关概念、理论与原则
- 把握不同活动阶段教师指导的相关内容与基本方法
- 掌握不同活动方式中教师指导的步骤、策略与方法

问题情境

我们不知道从哪里入手

有了一个主题,该如何开展呢?同学们又犯愁了,毕竟这可是新娘子上轿——头一回呀!一个星期过去了,似乎又恢复了往日的平静。沉不住气的我开始盘问同学们的进展情况:"活动开展得怎么样了?"同学们用好奇的眼光看着我:

"您说过要我们开展活动吗?"

"您没有安排,我们不知道从哪里下手。"

……

看着同学们那无辜的眼神,我突然觉得自己犯了一个多么大的错误!自从活动开始后,我似乎没有给学生过多的指导,更没有及时了解学生动态,而是一股脑儿地交给了学生,的确让他们无从下手啊![①]

上述案例中,教师把综合实践活动的实施完全交给了学生,结果使学生感到无所适从,不知从何下手。那么,综合实践活动究竟如何实施?教师在这个过程中应当如何做?教师的指导需要注意些什么问题?

① 李孔文.小学综合实践活动课程论[M].合肥:中国科学技术大学出版社,2009:133.案例选入本书做了节选,题目为本书编者重新拟定。

理论述要

第一节　活动指导概述

教师的有效指导,是学生完成综合实践活动的基本保证,是提升综合实践活动课程价值的动力与源泉。本节首先对活动指导进行简要讨论。

一、活动指导的概念与意义

什么是活动指导?活动指导的意义有哪些?这是我们讨论如何进行活动首先需要解决的问题。

(一)活动指导的概念

所谓活动指导是指教师针对学生开展的综合实践活动所遇到的问题,在考察的基础上进行分析、判断,给予学生的策略建议、方法引导和意见咨询。

(二)活动指导的意义

在综合实践活动中,教师的活动指导意义重大。主要表现在以下 4 个方面。

1. 帮助学生解决困难

从选题、分组、活动方案制订、活动资源开发,到活动策略和方法选择等各环节,对第一次参加活动的学生来说,是陌生的,必然会遇到各种困难。这时教师及时指导,学生会豁然开朗,从而建立活动信心,激发起他们参与活动的兴趣。

2. 确保活动的科学性

在综合实践活动中,教师严谨、规范的方法指导和严谨的科学态度,可以规范学生的探究行为,提高活动的合理性,确保学生探究活动的科学性。

3. 增强学生的探究能力

教师对学生活动方法的指导,有助于学生掌握一般的探究方法,并迁移到新的探究活动中,从而提高学生的探究能力。

4. 促进学生自我激励

教师在活动指导中,对学生行动的激励、认可,会帮助学生建立起解决问题的信心,可以促进学生自我激励机制的形成和发展。

二、活动指导的性质

综合实践活动课程与学科课程的课程类型、性质不同,教师工作方式也截然不同。在学科教学中,教师的工作主要是教学;而在综合实践活动中,教师的工作主要是指导。为了深刻理解活动指导的具体内涵和方法,相比较而言,我们归纳活动指导的特点如下。

（一）实践性

综合实践活动的课程目标，不是学习学科知识而是培养综合素质。因此课程实施途径是实践，即走出课堂，走进社区、社会，解决现实生产生活中的问题。因此，综合实践活动教师要对学生的活动进行指导，必须与学生一起实践。

（二）探究性

教师可能是某学科精通者，但是面对现实问题，与学生一样都是探究者、学习者。要想指导学生，必须亲身参与、亲自探究，甚至与学生一起探索。

（三）协作性

在活动中，教师的指导工作不仅基于亲自参与探究、与学生一起探究、与学生协商探索，有时限于教师自身的素质，还需要其他指导教师的援助。也就是说，活动指导有时很难由一位教师独立完成，需要组成活动指导团队。团队成员人选，可以是学校的其他教师，也可以是外聘人员，如家长、校外专家、相关人员等。活动指导工作的复杂性，要求指导团队的成员协作完成。

（四）开放性

综合实践活动的时间、空间、内容具有开放性，往往会走出教室、学校，进入生产生活现场，活动内容会根据具体情况随时调整。因此，指导教师的工作自然也就具有开放性，无论指导内容、时间、空间、方法等都很难控制和事先准备。这就对教师综合素质、随机应变的教育机制提出了更高要求。

三、活动指导的内容

综合实践活动教师的工作，从任务分类和重要内容来看，有不同的要求。

（一）活动指导的任务

从教师的工作任务看，教师的工作内容包括以下 4 个方面。

1. 班级活动方案设计

针对不同年级的学生，按照课程目标的要求，对全班的综合实践活动方案进行整体设计和课程资源开发的指导。

2. 策略与方法指导

参与小组活动，针对活动小组学生活动情况及其特殊问题，进行思路梳理与指导，指导学生收集、整理、分析资料的科学方法。

3. 学生活动管理

活动指导的一个重要内容是学生活动的管理，包括活动主题、内容、过程、方法、评价等，理顺各个环节，以便有效达成课程目标。

4. 反思与评价指导

反思内容包括体味成功、发现问题。教师引导学生学会自我反思，比如撰写反思日志、组织学生开展问题研讨等。这是总结经验、发现问题的重要途径，也是提升学生综合素质的关键。学生评价方式包括自我评价、小组评价，前者可以与反思结合起来，后者需要以过程性资料的收集为依据,评价他人要根据对方的作品、行为表现、学习态度、综合表现等事实。

(二) 活动指导的要点

在综合实践活动实施过程中,指导教师应当抓住关键层面,针对关键问题进行深入的指导。

1. 关注学生探究意识并予以指导

综合实践活动实施的主要形态是学生探究,学生的探究意识和探究精神如何,直接关系到实施的成效。所以,教师指导的首要内容是养成学生的探究意识与探究精神。第一,探究意识的培养,应当贯穿活动实施全过程;第二,关注学生思维的多重反思,启发学生连续追问;第三,协调思维的广度与深度关系,兼顾问题域的范围大小与每个问题质的深刻性。

2. 关注学生探究方法并予以指导

探究方法是学生探究的"钥匙",因此关注学生探究方法是教师指导的核心内容。要点有三:一要指导学生学会评析与选择探究方法;二要教会学生正确使用各种探究方法;三要指导学生正确、有效记录探究过程。

3. 关注学生价值观并予以指导

实践活动作为学生亲身参与、探究、体验的活动,是学生形成世界观的关键平台。这时学生的思想、观念和价值取向,教师应当予以特别关注,并适时加以引导。需要注意三点:第一,适时引导学生对所持观点深入剖析。从产生根源、背景、影响诸方面加以探讨,在理解的基础上形成正确价值观。第二,教师引导需要抓住时机。不能因为耽误活动进程,而放弃价值观引导。第三,针对价值观讨论,教师要有明确倾向性。在学术上,价值观可以百花齐放;在教育中,价值观必须清晰、坚定。因为教师肩负社会公民之道德理性、道德判断、道德行为养成的特殊职责。

案例 7.1

小组风波

星期五放学了,我发现快乐小队的同学还在争论着什么问题,迟迟没有回家。我知道快乐小队的活动安排好了,他们将利用双休日到各大超市去了解口香糖的种类和价格。如果是大型的超市,姚远的爸爸还会接送他们。那么,他们还有什么问题没解决呢?我想听听他们真实的声音,于是悄悄走近他们。

一个孩子着急地说:"我妈妈不会给我那么多钱,我不参加活动了。""那怎么行呢?我们是一个团体,当然都要去。不然回来,你会报告老师的。"哦,原来还有不想让我知道的活动,幸好我没有惊动他们。"你想不想吃肯德基呀,要不我们分给你吃。""我还是觉得不好,我们是去了解口香糖,怎么能偷着去吃肯德基呢?""就是嘛,我也不太同意。"一个比较调皮的孩子说:"你们都是胆小鬼,想吃的明天就跟我走,但你们不能泄密告诉老师。"他们竟然想到要去吃肯德基,在商量要带多少钱。我走了过去,问:"孩子们,你们有什么秘密不想让老师知道呀?"他们都愣住了,没想到我会出现。过了一会儿,组长说:"是优佳说的,张老师,他说明天我们可以去吃肯德基。我看大家都喜欢吃,我也同意了。可是,我说每个人要带30块钱时,有的同学就不同意了。我们就吵了起来。""你们想利用外出的时间做自己想做的事情,并没有错。但是,借这次活动向家长要那么多钱,对不对呢?"孩子们摇了摇头。接着,我又启发他们自己说如果这样做了,会有什么不良影响。经过认真的思考,他们打消了去吃肯德基的念头,保证开展好综合实践活动。[①]

【案例点评】

教师偶然碰上了活动小组同学之间的争执，及时介入，通过启发诱导，避免了可能会因为综合实践活动引发亲子矛盾，并且引导学生专心做好活动，避免受到其他事情的影响。这个案例中老师的活动指导，属于价值观方面的指导。

四、活动指导的原则

教师指导容易流于表面，不能为学生解决问题提供切实、具体、有效的帮助，原因是指导不到位。综合实践活动教师的指导工作，应当遵循如下原则。

（一）适切性

教师根据现场实况把握指导时机，在恰当的时间给予恰当的指导。按照时间标准，教师指导一般分为提前指导、即时指导和延后指导三种。提前指导是教师在活动之前面对学生进行活动目的、要求和技术方面的指导。即时指导是教师在活动中出现问题的第一时间进行的具体策略、价值观等方面的现场指导。延后指导是教师在活动结束后针对活动中出现的问题，进行的反思性或总结性指导。指导对象可以是单个或部分学生，也可以面向全体学生；指导方式可以是反思式、讨论式、宣讲式等，依据问题性质而定。

（二）针对性

教师指导应指向学生探究活动中所遭遇的核心问题，切中问题实质，解决问题的方法与对策切实有效。这包含两层意思：指向性与深入性，两者缺一不可。这也是综合实践活动教师工作难度大、富有挑战性的根本原因。指向性不明或不准，不能帮助学生解决问题；对问题的认识深度不够，解决方法不对路，指导如隔靴搔痒，没有成效。

（三）反思性

教师在指导时要给学生留有反思的空间，并且教师的语言及活动干预，能够促使学生自省、反思。因为教师指导功效的显现，需借助学生的理解、思考、领会、反省、认同这个内在过程，最终才能转变为外在行动。所以，教师针对某个学生（或小组）指导后，应给他们一定的反应时间。

案例 7.2

你们有什么打算吗

在一堂综合实践活动课上，我和孩子们进行了交谈，“我们活动的口号是‘我能行’，你们认为自己哪里行呢？”孩子们没有反应，我接着问：“你们有什么打算吗？”

第一小队队长站起来说：“我们可以学城管叔叔执勤呀！”

“那怎么行，城管叔叔的工作你又不了解。”

“对呀，大人的事情我们怎能插手呢？”

“家长不支持，怎么办？”

我将他们提出的问题，列在了黑板上：家长、社会是否会支持；怎样按部就班开展活动，都

① 姜平．综合实践活动课程实施策略[M]．北京：首都师范大学出版社，2010：15．

应该先有具体的计划。

之后,我安排了一次如何设计活动计划的实践课。通过讨论,我们的计划终于有了眉目。①

【案例点评】

案例中教师的活动指导,是通过提问的发生发现学生的困难、疑惑;通过罗列学生的问题,让学生开展思考,并借助课堂讨论,找出问题的症结;最后为了彻底解决学生的疑惑和困难,又安排了一次有针对性的"设计活动计划"的研讨课,最终解决了学生面对实践活动无从下手的问题。案例中的教师的这次活动指导,体现了适切性、针对性和反思性的原则。

五、班级活动的基础指导

一个班级的综合实践活动能够正常顺利开展,需要这个班级学生具有基本的活动素质和组织方式,这些都需要教师进行前期的培养和指导。主要包括以下几方面。

(一) 专项能力与方法的指导

多种方法和展示形式是综合实践活动经常运用的能力,需要指导教师面向全班学生进行培训指导。比如,采访、调查问卷、上网搜索、表演、朗诵、PPT 等。让学生知道不同方法的功能及其适用场合,特别是其操作步骤。只有这样,活动中运用才能得心应手。因此教师在指导学生开展活动之前,要进行有针对性的指导。能力指导需要注意以下两点。

1. 了解方法指导的常见误区

主要表现为:①过于关注"专业性"。片面追求"专业性",方法指导会超出小学生的认识能力,令学生望而生畏。②过于关注"知识性"。忽视学生的体验,就会对"如何做"缺少感性认识,当他们面对具体情境时,仍然可能束手无策。③过于关注"程式性"。指导过程中,许多教师热衷于发各种表格让学生填写。这样做似乎提高了学生活动的规范性,实际上是让学生用"书面作业"的方式去完成"实践体验"的任务,一定程度上消解了学生主动运用方法进行研究与实践的积极性。

2. 明起点、重体验、求实效

这是方法指导的关键。学生现实水平、真实理解和真实体验是教师实施方法指导教学时应予充分关注的。要结合"学会采访"的内容,说明方法指导策略。

(1) 以学生现实水平为目标基点。学生对于某种研究方法的认识和掌握不是一蹴而就的,必须经过初步了解到不断体验再到熟悉掌握,这是一个较长的过程。因此,不同学段的方法指导,应当基于学生的认知和心理特点,以及学生的知识经验储备,由小学阶段的"初识",到初中阶段的"熟识",再到高中阶段的"系统认识"。对于小学生来讲,"初识"方法,就是初步了解某种方法的操作要求和外在表现,在运用方法时获得感性体验,通过反思感受方法的实际价值,逐步积累运用方法的经验。

案例 7.3

"问问题"的指导方案

采访对于小学生来讲,就是"问问题"。通过向有关人员提问来获取信息。在进行采访指

① 案例选入本书时有修改。郭元祥.综合实践活动课程的实施[M].北京:高等教育出版社,2003:207.

导时，站在学生的角度，就是要明确“为什么问”，即采访的目的；“问什么”，即采访的内容；“怎么问”，即采访的实施过程和技巧。

（案例由河北省裕华区教研室 王亚伟老师 提供）

【案例点评】

案例中教师对“问问题”的指导，设计了细化探究活动，即“为什么问”“问为什么”“怎么问”。这样的指导会使学生学会对实践活动的反思，进而不仅知其然而且知其所以然，从而提升学生的思维能力。采访指导活动围绕这样三个环节展开，既贴近学生实际又提高了指导的高度。

（2）以学生真实理解为过程要点。小学生掌握方法的过程，是一个对方法从感性认识到理解内化，再到实践外显的复杂过程，对方法深入解读，是方法指导的重点。应利用学生对方法建立起的感性认识和直接感受，及时设计和组织理解内化活动，通过尝试、交流和集中讨论等方式，引导学生多角度、多层次地理解这种方法，运用这种方法，并在活动中获得更具体的感受。

案例 7.4

“问什么”的指导方案

方法运用的关键是确定“问什么”，即采访问题的设计和组织。教师在学生尝试提问之后，应引导学生对所提问题进行细致的分析，在比较、分析、改进的活动中了解问题设计的依据、要求和评价标准，掌握设计采访问题的基本方法。在此基础上，组织学生进行三个层次的分析与讨论。

（1）想一想：这个问题的答案可以告诉我们什么？与研究目的有关系吗？（旨在引导学生明确问题设计必须紧扣目的、突出重点）

（2）试一试：如果你是受访者，你乐意回答这个问题吗？回答有困难吗？（旨在引导学生明确所提问题必须有话可说，便于受访者回答）

（3）读一读：看问题的叙述是否准确、通顺、简洁、通俗易懂、适合采访对象。（旨在使学生明确所提问题应当简洁明了、通俗易懂，并考虑采访对象的特点）

（案例由河北省裕华区教研室 王亚伟老师 提供）

【案例点评】

案例中教师对“问什么”的指导，设计了“想一想”“试一试”“读一读”三个环节，分别从思想认识、亲自尝试到仿真演练，一步一步深化。经过这样分层次设计的活动，采访算是受到了“专业的”训练，学生一定会是采访的行家里手。

（3）以学生真实体验为深化重点。方法的价值在于解决实际问题，因此，大多数指导老师都会在方法指导的课堂上安排学生进行方法的模拟应用活动。指导教师应以学生获得尽可能真实的体验作为模拟应用的着眼点，为学生创设接近真实的情境，引导学生主动参与模拟应用活动，经历完全真实的过程，特别是尽可能多地暴露真实的问题，让学生在发现问题、解决问题的过程中廓清方法应用的要点，获得运用方法的真实体验，积累运用方法的实际经验。

(二) 小组合作的指导

合理组建合作小组,落实组长负责制,这是小组合作学习取得成功的关键。根据学生的性别、性格、知识基础、学习能力、兴趣爱好等因素进行合理搭配优化组合,通常6人为1组。

案例 7.5

"小组合作学习"的指导方案

在小组合作学习中,教师要指导学生学会分工,给每个小组成员都分配具体的工作,使其担任一个具体的角色,并明确各自的职责,制定了组长负责,组员、家长配合的活动制度。具体做法如下。

(1) 小组结构。各组的组长由核心成员担任,副组长由小组成员选举产生,非核心成员优先。

(2) 组长、副组长的职责。①编制本组成员的联系卡,联系卡内容包括姓名、联系电话、家庭住址。②组织组员协商确定活动时间、地点,联系落实2～3名陪同家长。③活动前24小时联系、核实参加活动的小组成员及陪同的家长。④遇到特殊情况(如恶劣的天气)要及时通知参加活动的小组成员及陪同家长,并协商、确定新的活动时间及地点。⑤监督、检查小组成员整理活动记录、撰写活动日记。⑥管理综合实践活动成果档案袋,组织小组成员评价组员在小组活动中的表现。

(3) 组员的权利和义务。组员之间要团结互助、精诚合作。①组员要在预定的时间、地点参加活动,在规定的时间内完成整理活动记录、撰写活动日记。②组员遇到特殊情况,不能参加活动的要及时向组长请假,并确定自己完成活动的时间。③协助组长管理综合实践活动成果档案袋,公正、客观地评价本人及他人在活动中的表现。

(4) 陪同家长的职责。①全程参与、监督孩子的社会实践活动,并保证整个活动安全、有效地开展。②确定交通方式,尽量安排或提供交通工具。③遇到特殊情况不能参加活动的要及时通知组长,并推荐、落实其他家长参与、监督孩子的社会实践活动。

(案例由河北省裕华区教研室 王亚伟老师 提供)

【案例点评】

案例中,教师对"小组合作学习"的指导,包括"小组结构""人员职责""权利与义务""家长陪同"四个部分,对小组活动从实践层面,进行了全方位指导。经过这样的活动,学生一定会对小组如何活动一目了然。

(三) 活动反思的指导

综合实践活动强调自我建构学习,而自我建构学习是基于实践活动的深刻体验,并对相关问题进行系统化反思而实现的。这些体验与反思本身展现出小学生的个性,锻炼他们的能力,并借助实践活动而不断成长。这种学习机制,让学生在实践活动中面对问题、困难对自己的行为方式不断反省、分析,进而完成对自身经验、行为方式的不断调整。自我建构与反思性学习密不可分。

综上所述,综合实践活动的顺利开展与高质量实施,教师指导不可或缺。教师规范和有效的指导,是小学综合实践活动实施的基本前提和重要保障。因此,高素质的指导教师是综合实践活动不可代替的重要角色。

第二节　活动阶段与教师指导

综合实践活动的主要环节包括：主题确立阶段、方案制订阶段、活动实施阶段、活动总结阶段。下面就各活动环节，分析教师的指导策略。

一、主题确立阶段

主题确立是综合实践活动的第一个环节，是开展活动的第一步。

（一）主题确立的要求

学生选题的途径有：问卷、社会调查、创设情境、捕捉时机、课堂讨论等方式。这一环节的基本要求有：

1. 可行性

活动主题具有新奇性、趣味性、启发性和实践性，既有一定的难度，又是学生经过努力能达到的。

2. 源于学生生活

学生感兴趣的事物或关注的焦点，且有探究价值、能促进学生发展的问题。

3. 指向现实

选题对学生自身、家庭、学校、社区具有实际意义，并需要考虑本地、本校可利用的教育教学资源。

（二）主题确立的指导策略

1.创设问题情境，引导学生提出问题

问题是思维和探究的起点。教师通过创设真实问题情境，让学生产生问题意识，引导学生发现问题、提出问题，激发学生探究问题的兴趣。创设问题情境的手段很多。比如探究当地环境问题，可以通过资料展示，引发学生讨论；可以通过实地考察；可以通过在具体场所（如教室）布置新闻图片等。

2. 引发脑力震荡，发散学生思维

在发现、提出问题期间，最重要的是开拓学生思路，让他们处于思维活跃状态。作为教师要善于激发、激活课堂氛围，引发学生现场的脑力震荡系统。具体做法是，不把学生提出的问题作为最终主题，鼓励学生各抒己见、提出任何想法，启发学生思考、发言、献计献策和探讨问题。比如关于环境问题，学生从身边生活——自然现象、动植物、个人衣食住行、生活变化乃至校园环境与城乡规划等，发现并提出问题，如探究水、空气、食品、垃圾等。

3. 给学生思考空间，学会归纳问题

由于知识经验和社会阅历的局限，学生归纳问题、确定主题的能力往往不足。作为教师，一要激发学生的动机和兴趣，二要给学生留有思考的空间和余地。让学生在思考中学会思考，在问题梳理中学会归纳问题。

4. 澄清选题思路，指导选题原则

并非每一个问题都可作为综合实践活动的主题，教师要引导学生将问题转化为可以研究的课题,引导讨论相关标准。选题原则一般有三个。

(1) 主题的可研究性。主题应适合小学生年龄特点和能力水平、源于现实生活、关系自身成长。

(2) 主题的可持续性。主题应该具有多次研究的价值。

(3) 主题的适应性。主题应该具有问题性、时代性和通俗性。

5. 引导学生论证选题,并协调分组

学生初步选题后,教师要引导学生根据兴趣选择适合自己研究的小课题。选择相同小课题的学生可以组成一个小组,这样,小组课题就随之确定了。课题小组组建指导,遵照以下原则。

(1) 学生自愿。教师必须与儿童进行协商,不能强迫命令。

(2) 限制规模。人数过多容易造成相互推诿,人数过少指导教师难以满足。

(3) 鼓励打破班级界限。条件允许,不同班级、学校乃至地区的学生,可以根据各自兴趣开展合作研究。

案例 7.6

教师的眼镜

一个小组对"眼睛"感兴趣,但他们又不知道课题应如何入手,这时指导教师就创设了一个情境:她戴了一副眼镜来参加这一小组的活动(平时她都是戴隐形眼镜的),学生马上就感觉到了她的变化。"老师,您怎么戴眼镜了?"这位教师说:"我平时不注意用眼卫生,眼睛近视了,所以只能戴眼镜了。"学生们纷纷议论起来,有的说:"我平时也不注意用眼卫生,看来我要好好保护眼睛了。"有的学生说:"我发现我们学校有好几个同学也戴眼镜,他们肯定也是近视眼。"有的说:"戴了眼镜做事很不方便。"教师马上抓住时机启发说:"同学们,近视眼到底有什么危害呢?怎样才能保护眼睛呢?你们对眼睛感兴趣,能不能就这些问题去探究一下呢?"这样,"近视眼的发病及治疗"课题就形成了。①

【案例点评】

面对学生关注"眼睛"又无从选题的困境,教师将隐形眼镜换成普通眼镜,启示学生进行眼睛保护的选题。但教师并不急于"告知",而让学生自己发现,以激发学生探究兴趣。这是创设情境的真谛:相信学生,再给予适当启发。

二、方案制订阶段

活动实施阶段是在确立主题后运用多种方法解决问题的过程。这一阶段主要包括制订活动方案与实施活动方案两个环节。

(一) 学生活动方案的基本格式

活动方案是活动的规划和蓝图,是活动顺利开展的必要条件。主题活动方案一般包括:活动主题、本组课题、本组承担的问题、小组成员及分工、指导教师、活动时间、活动的目标、活动的主要内容及步骤、预期成果及形式、可能遇到的困难及应对策略等。

---

① 张华,安桂清,等.综合实践活动课程开发与案例研究[M].北京:高等教育出版社,2008:65-66.

（二）制订活动方案的教师指导

1. *活动方式要合理*

学生中普遍存在的问题有：一是不知道有哪些活动方式，二是不懂得自己的活动适合采用什么方式。针对这些问题，教师可为学生提供有关研究方法的参考书、网址，或启发引导，或直接提议，让学生掌握一些基本的研究方法。同时，还要让学生明白，不同的活动应采用不同的活动方式，只有适合的才是最好的。

2. *活动方案要规范和细致*

让学生积极参与活动方案的制定过程，通过合理的时间安排、责任分工、实施方法和路径选择，对活动可利用的资源及活动的可行性进行评估等，增强活动的计划性，提高学生的活动规划能力。

组内分工遵循扬长避短的原则，最大限度地发挥每个人的优势。时间较长的主题活动，首先安排一个整体规划；为了保障活动的顺利进行，还需要针对具体的活动制定短期计划。如在上网查询前，对查找哪些内容有一个明确的安排；在采访活动前，拟定采访提纲；在制作道具时，还需要有相应的设计图或流程说明；在成果展示活动前，学生需要有详尽的展示计划等。

3. *预期成果要有针对性和个性化*

综合实践活动的成果展示往往要根据不同的类型采用不同的展示形式。如小课题研究的成果展示一般采用实验展示、调查报告、结题报告等；项目与应用设计的展示形式可以有作品或模型、小发明与小制作、设计图等；参观与考察项目的展示形式有活动中的照片、调查报告、演讲等。在设计方案时教师要指导学生有针对性地根据自己开展的活动的类型设想预期的成果及展示形式，既要有针对性和可行性，也要能体现本组的个性特色。

4. *小组讨论指导*

小组讨论时，注意及时记录讨论过程与结果。为了不影响他人，提醒学生控制音量，使用“组内音”。

案例 7.7

方案制订指导课的设计

一、明确目的

方案制订课要完整。

上课初，教师把学生提出的原始问题卡放在桌子上，根据问题，制订活动方案。活动方案包括活动方法、分工、步骤、成果展示形式的选择等问题。

二、细化过程

1. 明确分工原则

一般情况下，根据学生特长，分工负责不同工作或项目，使每个学生都找到更适合自己在小组中的工作。展示各组分工情况。提出问题：在步骤和分工上有什么你要学习的地方？

2. 活动时间确定

采取小组成员一起商讨的方法，确定活动时间。展示各组活动步骤，相互交流。

3. 活动计划制订

小组活动方案制订可以使用小组子课题活动方案表（参见表 7.1）。

注意：为了节约时间，在学生熟悉的情况下，表 7.1 可以不再讲解，教师直接进入范例的展示,在学生展示环节不再重复提示。

表 7.1　小组子课题活动方案表

<table>
<tr><td colspan="6">《　　　　》子课题活动方案</td></tr>
<tr><td>组别</td><td></td><td>子课题</td><td></td><td>指导教师</td><td></td></tr>
<tr><td>组长</td><td></td><td>组员</td><td colspan="3"></td></tr>
<tr><td>本组承担的问题</td><td colspan="5"></td></tr>
<tr><td>研究方法</td><td colspan="5">上网查找(　　)图书馆查找(　　)问卷调查(　　)采访访问(　　)实地考察(　　)实验(　　)其他方法:</td></tr>
<tr><td>研究问题</td><td>研究方法</td><td colspan="3">研究步骤及分工</td><td>指导教师</td></tr>
<tr><td></td><td></td><td colspan="3"></td><td></td></tr>
<tr><td></td><td></td><td colspan="3"></td><td></td></tr>
<tr><td></td><td></td><td colspan="3"></td><td></td></tr>
<tr><td></td><td></td><td colspan="3"></td><td></td></tr>
<tr><td></td><td></td><td colspan="3"></td><td></td></tr>
<tr><td>成果展示</td><td colspan="5">研究报告(　　)演讲(　　)体会文章(　　)手抄报(　　)PPT 课件(　　)表演(　　)讲故事(　　)视频(　　)其他:</td></tr>
<tr><td colspan="5">具体分工</td><td>指导教师</td></tr>
<tr><td colspan="5"></td><td></td></tr>
</table>

给学生思考的时间。出示样表后,应让学生默读样表一分钟。样表最好展示两种不同的研究方法过程。问题要特别设计,保证方法的恰切。从而才能通过对比引出结论:研究方法是由研究的问题决定的。原来学生抄问题,改为写序号,节约时间,指导学生在展示本组方案讲解时需灵活。

在讲解样表时,通过问题引发学生思考,经过教师引导,得出结论。

4. 研究方法、预期成果的选择

问题:研究方法可以根据什么来确定?由问题确定。要按科学步骤填写。结合研究结果选择恰当的成果展示形式。

活动方案表中研究方法和成果展示一栏要分开,因为成果展示是在所有的研究活动结束后开展的,所以应放在表格最下端。

在一组展示方案时,要向全班征集修改意见。比如:发放问卷这么重要的工作交给陈梓豪大家觉得合适吗?一起分析这项工作需要由具有一定的组织能力和表达能力的同学来担任,从而学生能深入理解:分工要选择恰当的人员。之后需要教师用红笔进行标注。

三、解决问题

为了激发学生有效参与讨论,建议首先提供每一种研究方法的步骤表,做成思维导图,让学生清晰了解每一步的做法,这样学生的讨论才会有针对性。

教师在整个方案制订期间应一直引导学生对活动方案进行组内及组间讨论，吸纳合理化建议，不断优化完善方案。

（本案例由河北省石家庄市鹿泉区教研室 李晓红老师 提供）

【案例点评】

制订活动方案是综合实践活动的关键环节，关系到活动能否顺利开展。小学生开展综合实践活动课程初期，或者在学生选定比较陌生的活动主题时，许多同学都会感到无从下手。这时候，活动方案制订采用指导课的方式予以指导，就会具有很强的针对性和有效性。本案例中关于方案制订的指导问题较为全面、具体，适合小学阶段。

三、活动实施阶段

活动实施阶段的基本任务是运用一定的方法，搜集文献资料和第一手资料，进入实际活动情景，进行具体的活动操作，获得实际的实践体验。在现场考察、设计制作、实验探究、社会服务等活动中发现和解决问题，体验和感受学习与生活之间的联系。

（一）活动实施的要求

在此阶段，活动实施的要求如下。

1. 激发学生自主活动的积极性

让学生自主选择活动主题与活动方式，同时要指导学生做好活动过程的记录和活动资料的整理。

2. 让每位学生尽情进行自我表现

教师指导重在激励、启迪、点拨、引导，不能对学生的活动过程包办代替。

3. 指导围绕“问题—解决”选择探究方法

常用探究方法有：调查法、访问法、观察法、资料索引法和准实验探究法（非严格意义上的实验探究，最多是一种准实验或前实验探究）。教师要加强对学生活动方式与方法的指导，帮助学生找到适合自己的学习方式和实践方式。

（二）活动实施的教师指导

活动实施中的教师指导主要包括以下几点。

1. 引导学生开展多样化活动

根据现有的条件和学生实际，引导学生多角度、多层次、多类型地展开活动。根据活动性质，可以分为：游戏活动、体验活动、探究活动、创新型活动等活动方式。从活动主体视角，可以分为：交往活动、探究活动、实做活动、游戏活动、表现活动、内省活动等活动方式。

2. 教给学生必要的方法

选择合理的活动方式和方法，是教师指导活动成功实施的关键。一是引导学生针对特定内容即所确定的主题选择适合的探究方法；二是指导学生充分认识每种探究方法的适用范围。有些活动所需要的方法、技能是学生较少接触到的，因此，教师必须对学生进行相关的培训。其中最常用的方法有：调查、访问、参观、实验、测量、统计、分析、制作、表演、社会宣传等。

3. 为小组活动提供各种支持

比如在资料咨询、组织协调、激发兴趣、方法指导、主题转向等方面，提供教师的意见和建议，以供学生做出正确决策。

案例 7.8

生活中的发现与创新

这段时间,学生们的兴趣高涨,发现了很多问题,也想出了很多不错的解决方法。然而,也有些学生碰到了难题。

刘杨家离学校最远,受下雨淋湿裤子之苦也最深,他想发明一种简单易于携带的防雨裤套,方案有了,但在把尼龙搭扣缝到防雨布上时却怎么也缝不好,针脚歪歪斜斜不说,在缝制过程中,线还老被搭扣上的毛粘住,每缝一针都极为艰难,手被扎出血就更是常事了。王露在制作可吸尘黑板擦时,小风扇买了三个,还是没成功。几次失败后,他们都有些气馁,一个劲儿地说:“老师,我们做不下去了!”还有一些学生,好不容易画出设计方案甚至做出作品,结果发现以前早有了相似的产品;有的学生在生活中发现了问题,但找不到解决方案;还有的甚至连问题都找不到。

活动进入艰难时期,逃避不是解决问题的方法,此时教师的适度引导,不但能解决眼前所遇到的难题,还有可能把活动引向更深、更广泛的层次,最终把学生引上创新之路,从而让学生成为创造和发明者。于是在这一阶段,我们开展了一系列的活动:组织学生收集并阅读一些发明创造的故事,学习故事主人公吃苦耐劳、坚韧不拔、不甘失败的优秀品质;请上海科协副主任、上海科协少儿委主任、《动手做》杂志主编于宙老师来我校做讲座,介绍如何进行发明创造、发明创造常用技法以及国内外中小学生的小发明作品,开阔学生眼界,拓展思路,激发创造欲望,同时也使学生在进行发明创造时有法可循;组织学生参观本校科技陈列室,和本校发明协会的同学座谈,激发学生的自豪感和责任心。让学生明白:作为国防科技大学附小的一员,要为学校在科技创新方面取得这么多的成就感到自豪,同时,也只有通过我们每个人的努力,才对得住“湖南省青少年科技活动示范基地”等光荣称号。通过这一系列活动,再加上适度的个别辅导,那些原来想退缩的同学又鼓足了干劲。

(湖南省长沙市国防科技大学附小实施 欧阳朝霞 整理)①

【案例点评】

小学生的生活阅历、知识积累和基本技能有限,在实践活动中总会遇到这样那样的困难和问题,这时候特别需要教师及时、有针对性地进行指导。案例中,教师抓住时机,采用多种活动、多种方式,对学生进行帮助和个别指导,使学生的设计制作活动得以顺利开展下去。如果没有这一系列指导,许多活动会半途而废。

四、活动总结阶段

在活动总结阶段,活动内容包括:行动的回顾、总结与反思、成果的整理与展示、经验的交流与评价等。

(一)成果发表的形式

1. 成果发表时间分类

阶段发表与最终发表。阶段成果是最终成果的基础,最终成果的完成往往由多个阶段性成果组成。所以,两种形式之间,有内在的相互联系。

---

① 李孔文. 小学综合实践活动课程论[M]. 合肥:中国科学技术大学出版社,2009:148-149.

2. 成果表现形式分类

平面展示与现场互动。平面展示一般是学生成果以文本、图片、影像的形式，通过展板、展台或其他形式来展示；现场互动则主要通过学生现场交流、报告、表演、答辩等形式立体式展示探究成果。两种形式各有千秋，可以结合起来使用。

3. 成果发表范围分类

校内发表与校外发表。校内发表又分为班级、年级、校级三种规模。校外发表则面向社会，吸收家长、社区及社会相关人员等参与发表，可以拓展发表的规模，增强学校教育活动的影响力。

（二）总结发表的要求

1. 成果发布要选择合适的呈现方式

鼓励多种形式的结果呈现与交流，如绘画、摄影、戏剧与表演等，对活动过程和活动结果进行系统梳理和总结，促进学生自我反思与表达、同伴交流与对话。

2. 活动总结要重视过程材料

通过撰写活动报告、反思日志、心得笔记等方式，反思成败得失，提升个体经验，促进知识建构，并根据同伴及教师提出的反馈意见和建议查漏补缺，明确进一步的探究方向，深化主题探究和体验。

3. 活动总结发表要采用多种方式

活动总结是指学生通过书面、口头或活动的方式总结、展示探究过程及其结果。这个过程既是对学生在综合实践活动中表现和活动成果的小结，也是师生之间、学生之间共同学习和交流的机会。学生可以在总结发表阶段总结自我、表现自我、反省自我，进而学会发现自我、评价自我；同时发现他人、欣赏别人、评价他人，进而学会与人沟通、交流与相处。

（三）总结发表的指导

1. 成果整理指导要适度

成果整理与展示交流过程旨在培养学生的综合能力和创新精神。教师既不能包办代替，也不能放任自流，适当的建议、点拨、积极参与，是对学生形成成果的最有力支持。指导策略主要有以下几点。

(1) 形式选择。根据活动主题与学生特点，指导学生选择恰当的总结、交流形式。

(2) 内容确定。展示内容力求真实、自然。汇报在活动中获得的情感体验，及时总结、提炼技能和方法。例如，学生可以总结自己在活动中成功的经验、失败的教训，以及所领悟到的做人的道理、做事的方法以及价值观的升华，等等。

(3) 意义的拓展。总结发表本身属于综合实践活动的一个组成部分、一个重要环节。因此在这一过程中，教师要引导学生对活动过程、结果等方面，进行整体和细节的反思，通过反思不断改进、拓展活动，达成学生感受、体验的理性升华和意义追寻。因此，鼓励随机展示，关注情感体验。

2. 指导的过程策略要合理

指导程序包括三个环节。

(1) 回顾活动过程。首先，让小组长汇报小组成员分工，小组所开展活动，视频展示的数码相片、录像、录影等；其次，让小组成员分别说明自己参加的活动，遇到的困难与解决方法，研究过程、积累的研究成果等。

(2) 组内展示。组织学生将研究资料展示在自己的桌子上，让其他小组成员自由欣赏。

(3) 小组研讨。欣赏完资料后,教师要组织学生讨论,引导学生初步整理自己的研究资料,也可激发学生对于成果展示方法的指导需求。选择成果展示方法,要“以生为本”,从学生已有成果展示经验出发,组织学生合作、交流,归纳、探究,发现成果展示方法。

案例 7.9

学生展评形式的指导

总结发表阶段,教师指导的重要内容是关于调查报告的撰写指导和现场表演的指导。这里,选择了两个指导方案作为案例。

一、指导学生撰写调查报告

为了更好掌握最终的展评形式和效果,教师应明确告诉学生调查报告应包括以下几部分:①内容摘要;②关键词;③研究背景;④研究目的;⑤研究方法和途径;⑥研究步骤;⑦人员分工合作;⑧研究结果论文阐述;⑨建议与展望;⑩参考文献等。

要求:

(1) 摘要是调查报告的基本思想,是浓缩了的情报信息,目的是使其他人对全文有一个大致的了解,字数最好控制在200字以内。

(2) 关键词是指文章中最关键、起决定作用的词语。它是文章内容、观点、涉及的问题和类别等方面的标志和提示。一篇文章关键词的个数根据文章内容需要可多可少,一般3~8个为宜。

(3) 附件可以包括各种调查表格、原始数据、研究记录、活动照片、活动体会、活动评价材料等。

二、对成果展示的指导

大家都知道,做任何事情很难做到一次就做得很好,综合实践成果展评活动也是如此,要经过多次反复演练的过程。演练时要注意以下几点。

(1) 要进行多对搭配组合演练,解说者与课件放映者步调一致。

(2) 如果要解说的内容较多时,需要注意抓住重点,侧重活动的体验过程及得出的结论与建议等,时间需要控制在4分钟内。

(3) 解说者要举止大方,解说语言要流畅,需要面对评委,不可采用背书的形式,为了增强语气,可以配上手势,两位展示的学生也可以互换解说等。

(本案例由河北省石家庄市鹿泉区教研室 李晓红老师 提供)

【案例点评】

小学生的综合实践活动的现场成果展示与评价,有利于综合实践活动规范化、常态化实施,优化课程指导形式,提升课程实施质量;同时,也可以促进教师专业发展。在成果展示与评价过程中,教师指导的作用至关重要,是真实、高质量反映课程实施状况的一个重要因素。教师高水平指导,在课程实施过程中具有导向功能。

第三节　活动方式与教师指导

活动方式不同,课程实施过程也不尽相同,活动指导的侧重点也有不同。本节就针对活动方式,讨论教师的活动指导策略问题。

一、考察探究的指导

考察探究是综合实践活动实施的重要形式，是研究性学习经常采用的方式。通过科学研究方法对自然、社会中的真实问题和现象进行探讨、研究。

活动目的在于探索未知，引导学生接触自然、科技和社会实践，初步了解科学研究的过程，学习科学研究的方法，获得科学研究的亲身体验，享受研究活动所带来的快乐。

（一）考察探究的步骤

如表 7.2 所示，考察探究活动中，学生活动与教师活动相互对应。

表 7.2　考察探究的活动程序

学生活动过程	教师活动过程
1. 确定主题	1. 帮助学生分析、梳理所选主题
2. 研制计划	2. 指导分组，帮助检查，修改活动计划
3. 实施活动，收集资料，调查和实验	3. 资料收集，处理方法指导，解决学生困难，组织过程性反思
4. 撰写研究报告	4. 帮助修改研究报告
5. 总结交流评价	5. 组织总结交流，进行活动点评

案例 7.10

走进湘江风光带

蒋利平老师一次请同学们谈谈最近的事情，当王夏雨同学谈到自己与家人一起在湘江风光带拍照留影时，其他同学也七嘴八舌地说起了自己在湘江风光带游玩的场面。周丹同学说，那天爸爸妈妈带我去杜甫江阁饮茶，我在那里眺望湘江，感受到了它的气势磅礴……廖泽宇同学说，湘江边上也有很多不文明的现象，那天我就在电视里看到很多人在风光带随地大小便……还有很多同学也纷纷举手，说着自己在湘江风光带高兴的事和不文明的事。这时班上有两三名同学对老师说："蒋老师，湘江风光带风景好，又好玩，什么时候也带我们一起去感受一下啊？"于是，她抓住这个契机，让大家一起讨论，最后，同学们确定了这次主题综合实践活动"走进湘江风光带"。①

【案例点评】

小学生具有很强的问题意识，但由于生活阅历和知识积累的限制，学生对生活的观察往往停留在表面，抓不住本质，即使主题在身边，也不能被学生发现，这时，我们不能硬性规定学生研究什么，而应该根据学生问题的集中指向，经过反复讨论、协商，帮助学生提升主题，明确研究方向。

（二）考察探究的指导策略

考察探究活动的主要目标是问题解决，即在发现问题并解决问题的过程中，理解和体验问题解决的过程和方法。其策略如下。

① 长沙市岳麓区望月湖一小课题组："综合实践活动课型及指导策略研究"课题结项报告[EB/OL].[2013-02-16]. http://www.Yljy.com/jskt.asp?id=115.

1. 采用督导的方法考察并帮助学生制定、修改、落实活动方案

注意创设良好氛围、激发学生活动兴趣,引导学生专注于自己的课题探究。

2. 运用教育机智,启迪学生将课题研究引向深入

运用已有知识、经验,或辩论、研讨的方法,帮助学生寻找问题的突破口。

3. 注重成果的总结与整理

这一工作可以帮助学生修正或深化课题研究,提高学生的分析与综合能力。

4. 鼓励学生建立个人工作档案

记录自己的行动、发现与感想,进行自我监督与反思,形成自我督促的习惯与责任感。

二、社会服务的指导

社会服务是学生通过社会参与的形式有计划、有组织地进入社会环境,亲历相关社会活动与社会生活,进而获得对社会、自然及自我的深刻认识与价值观实感。

小学生参与性社会实践活动主要以小组的形式进行,人数一般在 3 人以上。活动方式一般包括社区服务、公益活动、生产劳动等。

(一) 社会服务的步骤

在社会服务活动中,学生活动与教师活动的环节与内容如表 7.3 所示。

表 7.3　社会服务的活动程序

学生活动过程	教师活动过程
1. 明确服务对象与需要	1. 服务项目合理性建议
2. 制订服务活动计划	2. 分组指导,活动计划指导
3. 开展服务活动	3. 服务途径与方法指导,资料收集指导
4. 反思服务经历	4. 反思指导,交流建议
5. 分享活动经验	5. 组织交流活动,点评活动

案例 7.11

美化我们的社区

沙河社区环境以“脏、乱、差”而著称,这里违章建筑多,交通拥挤,道路狭窄,脏水四溅,沙尘飞扬,安全隐患多,电线、管道乱铺乱设。学校位于社区内,师生对此反应十分强烈。于是,我们选择“做美化的形象大使”作为活动主题,引导学生参与社区文化建设,关心社区未来发展。

采访居委会了解到,这个社区是在渔村基础上发展起来的,居民有农民、渔民,包括外来人员不断入住,人员状况复杂。不同人群对居住环境的要求不同。针对这一情况,我们开展了一系列调查,如调查社区设施情况、建筑情况、交通情况等。随后,写出书面报告,并组织美化社区形象小分队,参加绿化、维护环境卫生、进行环境宣传、与社区保安共建美化社区文明监督岗,开展了一系列活动。①

① 案例题目是编者重拟的。参见:刘道溶. 小学综合实践活动教学活动设计[M]. 北京:北京大学出版社,2005:151-154.

【案例点评】

从身边问题、身边事开始探究和实践、服务，务实而可行，收效也可观。既提升、美化了社区环境，又培养了学生的责任心，通过各种活动使他们更加深刻地了解了社会，同时还锻炼了他们的各种能力，一举多得。

（二）社会服务的指导策略

社会服务活动的主要目标是责任担当，即在社会服务的过程中，理解每个人的社会义务和责任，体验服务的劳动特点和社会价值。教师指导策略如下。

1. 引导学生积极参与社会服务活动，指导学生制订活动计划

诸如生产劳动、社区服务、家庭生活等。帮助学生明确活动任务，限定活动时间。活动前指导小组活动分工，明确每个成员的任务，以及确定每次活动的预期目标；根据小组人员的配备和组员个人的能力，确定活动起始的时间以及次数。

2. 加强活动管理，提示适合服务的群体与方法

建立活动实施过程监控机制，如制定了《综合实践活动实施过程监控制度》《活动指导教师在活动实施过程监督管理中的职责》《活动小组组长在活动实施过程监督管理中的职责》等制度。利用制度建设，加强活动实施过程监督管理，帮助学生确定活动对象或活动领域。社区服务对象可以是社区特殊群体，或社区经济机构（如商场、农场）、政府机构（如环保部门、宣传部门）、文化机构（如图书馆、电影院）。

3. 指导学生关注过程和方法

引导学生把眼光转向关注活动的过程和方法，要让学生在活动中学会合作和交往，学会解决各种问题。诸如操作方法上的，生活中的，交往中的……各种问题。充分挖掘活动中的探究因素，使学生的研究更有价值。

三、设计制作的指导

设计制作活动以项目为载体，以作品制作为平台，引导学生学习劳动技术，提高学生动手能力，侧重培养学生技术意识和动手操作能力。

这类活动强调动手与动脑相结合，立足学生所处环境、条件、年龄与兴趣特点安排项目，力争实现活动中工具价值与发展价值的统一。

（一）设计制作的步骤

在设计制作活动中，学生活动与教师活动环节与具体内容如表7.4所示。

表7.4　设计制作的活动程序

学生活动过程	教师活动过程
1. 创意设计	1. 引导学生选定项目，进行设计方法指导
2. 选择材料与工具	2. 指导分组，为学生筛选材料与工具提供建议
3. 动手制作	3. 制作方法与指导，组织过程性反思
4. 展示作品	4. 总结指导，展示建议
5. 反思与改进	5. 组织总结交流活动，点评活动

(二)设计制作的指导策略

设计制作活动的主要目标是创意物化,即在动手解决现实问题基础上,尝试专业设计和制作活动,体验现实问题解决的专业性,理解从事科学发明创造的艰辛和喜怒哀乐,培养学生的创新意识和实践能力。教师指导策略如下。

1. 引导学生观察生活中的现象,发现生活中需要改进的问题

指导学生选定项目,帮助学生进行选题与分组。

2. 指导学生制订计划、设计方案并进行制作

搜集信息,帮助学生提出问题解决的措施,制订活动计划。具体内容包括:设计与制作的名称;创意合理性的论证;考虑所需要的材料和工具;制订具体的制作时间表。

3. 引导学生运用学过的各科知识来解决问题

确定要解决的实际问题,设计产品、改造系统等。

4. 指导学生完成作品并进行总结和评价

在总结中,指导学生学会与他人共同作业的技巧,让他人能做自己所展示过的或解释过的事情。除了实物展示、操作展示外,还可以应用信息技术制作宣传作品。

5. 指导学生反思和改进

总结、归纳活动中出现的问题,引导学生进行反思,并提出改进措施。

案例 7.12

未来汽车设计

有一天,在学生的一篇日记中,教师看到了这样一段话:因为堵车,我们迟到了,如果堵车的时候,我们的汽车能飞起来,那该有多好啊! 汽车飞起来? 教师灵机一动,决定让学生们发挥想象,设计未来的汽车。

一、明确选题

来到课堂上,教师给学生念一段日记:在今天上学的路上,因为堵车,我迟到了。我想,如果堵车的时候我家的车能飞起来,那该有多好啊!

师(启发):同学们,你们有没有想过汽车也能飞起来? 我们一起展开想象的翅膀,来设计未来的汽车,好不好?

学生异常兴奋,纷纷说好。

课堂上的气氛比我想象中还要火热。学生们兴奋不已,纷纷提出自己的创意,就连平时不太说话的几个也高高地举起了手。他们的大脑简直可以用神奇来形容,他们的想象力之丰富让我们这些成年人自愧不如。

二、小组活动

学生自由组合,分组设计未来的汽车。除了全面、详细介绍汽车功能外,教师不向学生提出任何要求,以免限制他们的思维空间。同学们发挥想象力开始设计。他们利用课余时间,选用各种材料、工具将汽车模型制作出来。之后,将本组设计的汽车功能、特色等写下来。

三、班级展示,交流改进

各组派代表介绍本组的未来汽车,评选出最优秀的作品。交流之后,各组对自己的作品进行改进。①

---

① 原题为"未来汽车展销会",为深圳南山实验学校彭金云老师撰写,选入本书时作了修改。参见:刘道溶. 中小学综合实践活动教学活动设计[M]. 北京:北京大学出版社,2005:61-62.

【案例点评】

这个案例的设计制作活动主题，源于学生日记，学生具有深刻的真实生活体验。一旦被教师推荐为活动主题时，受到一致认同。在活动中，教师指导能够根据现有知识和能力水平，不对设计制作的可行性提出更高要求，减少了活动的困难，排除了活动的技术障碍。体现了指导策略的第三条：指导学生运用学过的各科知识来解决问题。

四、职业体验的指导

职业体验是学生通过进入不同职业岗位，亲自完成岗位职责，体验不同职业的工作特点和情感活动，亲历职业活动与职业生活，进而获得对社会职业的深刻认识，为日后职业选择奠定基础，同时加深对各行各业的理解。

小学生参加职业体验活动主要以小组的形式进行，人数一般在 3 人以上。活动方式包括见习、实习、模拟入职等。

（一）职业体验的步骤

在职业体验活动中，学生活动与教师活动的环节与内容如表 7.5 所示。

表 7.5　社会服务的活动程序

学生活动过程	教师活动过程
1. 选择设计职业情境	1. 指导学生选择适合的项目
2. 实际岗位演练	2. 分组指导，指导岗位演练
3. 总结、反思与交流	3. 指导反思，组织交流活动
4. 提炼经验，实地应用	4. 岗中操作指导

案例 7.13

未来汽车展销会

未来汽车设计好了，那就干脆开个展销会卖出去吧。于是，开一个未来汽车展销会的初步设想在教师的脑海里形成了。（本活动接续前一案例的活动①）

一、布置任务，准备展销

教师布置任务：同学们，未来汽车你们已经设计好了，不如我们开一个模拟展销会，把你们的汽车推销出去吧。这个展销会怎么开呢？我们需要进行哪些准备工作呢？

学生对此分组展开讨论。通过讨论，他们得出如下结论。

1. 成立自己小组的公司

为公司取名。

2. 进行业务分工

根据各自的特长进行合理分工，确定董事长、经理、推销员、礼仪人员等职位的人选。

3. 制作汽车产品广告

（1）采用电视、广播、海报、宣传单等多种形式制作广告作品。

（2）布置本公司的展台。

① 参见：刘道溶. 中小学综合实践活动教学活动设计[M]. 北京：北京大学出版社，2005：61-62.

(3) 给自己公司的产品确定一个合理的价位。

4. 邀请嘉宾,推销汽车

各公司派工作人员邀请家长、教师和其他班的学生参加未来汽车展销会,然后使出各自的营销策略,向客户推销公司产品。和客户签订购买协议之后,便是推销成功。

二、总结评比

展销会结束后,教师与学生要求总结活动过程中的经验教训,然后比一比哪家公司的销售业绩最好。

【案例点评】

这个案例中,小组合作设计未来汽车,然后通过模拟展销会现场,邀请家长等班外人员作为客户,创设情境,让学生在一个很真实的情境中体验在职人员的职业生活。他们是董事长、销售经理、公关经理、广告设计师。毋庸置疑,当他们自己设计的汽车推销出去之时,一定会兴奋无比——就好像真的推销出去一辆真正的汽车一样。这种模拟销售活动,不仅锻炼了学生的口语交际,也促进了他们了解社会、适应社会,特别是职场生活,能为他们今后的就业打下坚实的基础。

(二) 职业体验的指导策略

职业体验活动的主要目标是价值体认,即在社会行业考察的基础上,做好将来入职的准备,深刻体验相关职业特点,理解从业人员的劳动和社会价值。教师指导策略如下。

1. 个人体验与社会价值融合

在职业体验活动中,教师指导既要重视学生个人的体验获得,又要重视社会价值的引导,前者是基础,后者是升华。教师指导必须做到两者兼顾。

2. 技术指导与价值体认结合

在职业体验活动中,指导教师首先要求学生,按照职业操作规程进行实际操作,保证职业活动的规范性。此外,还需要进行职业道德教育,引导学生体会每个行业、岗位的价值观、职业操守,努力使学生做到技术学习与道德修养并重。

3. 突出安全生产意识

没有安全,学生活动就失去了意义。所以,教师必须重视职业体验活动中的安全问题。教师要反复提醒学生:看懂、弄清、准备好之后,再去做。

本章概要

本章首先对活动指导进行分析。所谓活动指导是指教师针对学生在开展综合实践活动过程中所遇到的问题,在考察的基础上进行分析、判断,给予学生的策略建议、方法引导和意见咨询。活动指导的特点是,具有实践性、探索性、开放性、协作性。活动指导的任务是方案制订、确定活动方法、活动管理、评价反思等。

按照活动实施的先后顺序,主要环节包括:主题确定指导、活动方案制订指导、活动实施指导、活动总结指导、展示交流指导5个方面。

每种活动形式的目标和方法不同,教师指导的策略也有不同。考察探究活动培养学生的问题解决素养,教师指导侧重于学生研究能力,包括方案的合理性、研究的深度和资料的收集与处理。社会服务活动培养学生的责任担当素养,教师指导侧重于服务意识与能力培养。设计制作活动培养学生的创意物化素养，教师指导侧重于设计思路和灵活性、创新精神培养以及动手创作实物的实践能力。职业体验活动培养学生的价值体认素养，教师指导侧重于学生在职业理解、劳动技术和社会价值等方面的提高。

拓展资源

拓展知识　　视频资源

思考与实践

一、理论思考

1. 综合实践活动指导的原则是什么？
2. 活动指导的要点有哪些？
3. 班级活动基础指导有哪些内容？
4. 活动指导的阶段有哪些？各个阶段指导的策略有哪些？
5. 综合实践活动形式有哪些？针对各种活动形式，教师怎么指导？

二、实践探索

1. 试述小学考察探究活动的教师的指导策略。
2. 试述选题阶段教师的活动指导。
3. 深入小学某年级，指导学生设计一次主题活动，并写出指导日志。

第八章　综合实践活动资源

学习目标

- 理解课程资源的基本概念、特点和分类
- 了解课程资源开发和利用的价值、原则和主体
- 把握课程资源开发和利用的程序、途径和策略

问题情境

画　苹　果

教师在美术课上教学生画苹果。美国教师拎来一袋子苹果，由学生任拿一个去画。结果第一次学生画出来的大多像西瓜，第二次画出来的像梨，到了第三次、第四次才像苹果。而中国老师在黑板上先画一个标准的苹果，学生画苹果则是按照老师的规定：先画左，后画右，这边涂红，那边涂绿……最后中国学生几乎一次完成并且画得最像。

俗话说："教无定法"，每个人的学习方式也会因人而异，现代教学的资源丰富多样。那么，教师一定要按照教材安排的来进行教学吗？学生难道非得一次教会才算好吗？中国教师难道缺乏教学资源吗？在综合实践活动课上如何有效开发和利用资源，值得我们去思考和探索。

理论述要

人类社会进入新世纪以来，以信息技术为主的技术革命，带来了世界范围内的经济、文化、教育、科技的全球化、信息网络化、社会知识化。综合实践活动课程资源开发，正是在此背景下展开的。

第一节　课程资源概述

要讨论课程资源的开发与利用，需要首先就课程资源的基本问题进行梳理、辨析、确定，所以本节概括介绍课程资源所涉及的基本问题。

一、课程资源的相关概念

首先我们需要明确与课程资源相关的一些概念。

(一) 资源

资源是指生产资料或生活资料的基本来源。例如水力资源、人力资源等。根据经济地理学的解释,资源是自然条件下可以利用的部分。目前不能利用的部分,诸如地震、泥石流等,不属于资源。广义上,资源是指通过人类参与而获得的可以利用的物质、能源和信息的集合。[①]

(二) 教育资源

《教育大词典》对教育资源(educational resources)的解释是:"①通常指为保证教育活动正常进行而使用的人力、财力、物力的总和。任何教育活动都需要以一定的资源条件为前提。教育资源的投入多少,及其利用效率高低是评价教育效能的标准之一。②教育的历史经验或有关教育信息资料。"[②]教育资源是保证教育教学活动正常进行的基本资源,具有支持教学和提高教育效果的功能。有人认为:"教育资源是指支持与促进教育的物质、能量、信息等方面的内外因素和条件。"[③]这个定义反映了教育资源的实质。

(三) 课程资源

课程资源即有利于实现课程目标的各种因素。具体说,综合实践活动课程资源是指有利于实现综合实践活动目标的各种因素,凡是拥有教育价值的、能够转化并服务于综合实践活动的各种因素和条件。

相对于课程资源,综合实践活动课程资源更具体、更有针对性,体现了课程资源在综合实践活动中的目标、价值和意义。综合实践活动课程资源,有些可以直接转化为综合实践活动课程内容,有些则能为综合实践活动实施提供良好条件。在本质上,它们一定是为教育服务的,有利于综合实践活动课程实施和教育目标实现的。

从课程目标的角度看,凡是有利于目标达成的所有因素,都应归属于综合实践活动课程资源。既包括课程、参考书、教学场所等物质资源,也包括学科专家、教师、学生等人力资源。

二、课程资源的特点

课程资源既不同于一般社会资源,也不是现实的课程成分或运作条件,而是具有多样性、潜在性、动态性和多质性的特点。课程实施者只有把握其特点,才能够对课程资源进行深度有效的开发和利用。

(一) 多样性

教材无疑是重要的课程资源,但课程资源绝不仅仅是教材,也绝不仅仅局限于学校内部。课程资源涉及学生学习与生活环境中一切有利于达成课程目标的资源,它弥散于学校内外的方方面面,因而课程资源具有广泛多样的特点。

---

① 孟广均,等. 信息、资源管理导论[M]. 北京:科学出版社,2003:30.

② 顾明远. 教育大词典(第一卷)[Z]. 上海:上海教育出版社,1990:24.

③ 彭邵东. 信息、技术教育学[M]. 长沙:湖南帅范大学出版社,2002:291.

案例 8.1

少儿拖把的制作

学生打扫卫生是学校里最常见的活动。看着一个个孩子拖着沉重的大拖把,努力地拖地,也许你已习以为常。但是当他们因为拖把的沉重,把地面搞得污秽不堪时也许你就会有怨言,甚至提出批评。那么,可不可以制作适合学生年龄特点的拖把让他们顺利使用呢?细心的人或许会想到这个问题。如何绘制设计图,选用适合的材料,制作样品,实践后继续改进提高,等等,这一连串的问题,不就是一个很好的综合实践活动素材吗?[①]

【案例点评】

课程资源源于很多方面,点点滴滴可能都会成为你的着眼点。与学习和生活最近的活动最需要关注,也最有可能从中挖掘出课程资源。

(二)潜在性

课程资源是一种"自然"因素,各种资源在未被课程实施主体开发之前,并没有显示出其教育功用,只有经过课程实施主体自觉能动地加以赋值和利用,才能转化为现实的课程成分和相关条件,发挥课程作用和教育价值。

案例 8.2

野菜里的大学问

现代人崇尚饮食的自然健康,因此野菜被越来越多的人食用。爷爷奶奶们会说他们小的时候没有钱买菜,就去河边地头挖野菜,在现代生活的甜蜜中,回忆着儿时苦涩的经历。在孩子们的眼里,野菜与家庭常见蔬菜不同,给他们带来了新味道食物的同时,也让他们产生了更多的好奇心。抓住孩子们的这份好奇心,教师可以充分挖掘野菜的"潜在价值"。可以让孩子们说说常见野菜有哪些,通过查阅资料说说野菜的营养价值和药用价值、野菜在我国的分布特点。通过走访了解为什么野菜在特定的历史时期曾经是救命菜、革命菜、志气菜。还可以组织学生去亲自挖野菜,组织野菜菜肴制作,品尝不同野菜的味道。[②]

【案例点评】

野菜虽然只是日常菜肴的补充品种,看似不起眼,但是对它的研究却使孩子们学习了如何查阅资料,如何访谈,并侧面了解历史。野菜的分布使孩子们学习了我国地域分布、气候特征对植物的影响,这些渗透着地理和生物的很多内容。亲身实践挖野菜会使孩子们尝试简单的农业活动,菜肴制作和品尝又让孩子们参与和实践了日常生活,内容多样,潜在价值丰富。

(三)动态性

课程资源的动态性,主要表现在以下 3 个方面。

1. 区域的现实性

一个地区的课程资源在一定时间内总有一定的限度,但这个限度又具有很大的伸缩性。区域的区位条件、自然环境、经济水平、民族文化和社会条件等,都影响着课程资源的客观存在

---

① 原文刊登于《中国教育报》2004 年 5 月 14 日第 5 版,本案例编入本书时,对原文进行了修改。

② 本案例在引用时,对原文稍作修改。http://youjiaojiaoyan.blog.163.com/blog/static/17236717020124992834219/, 2013-2-16.

和动态发展。

2. 历史的变迁性

在不同的历史阶段，课程资源的内涵、外延及内容不同，其本身有一个与时俱进的发展过程。

3. 开发的主观性

课程资源是与社会资源系统、人的主观价值系统和开发条件等动态适应的子系统，因而不同主体在不同情景下面对和可能开发利用的课程资源是不同的。

课程资源是动态的，也是开放的，同时又具有较强的情景性，因而必须针对具体的时空条件和情景进行开发和利用。

案例 8.3

京剧脸谱

中国京剧脸谱艺术是广大戏曲爱好者非常喜爱的艺术门类，在国内外广泛流行，已经被大家公认为中华民族传统文化的标识。京剧脸谱是具有民族特色的特殊化妆方法，在舞台上代表着一定的历史人物和人物性格。如何结合现代生活，让京剧脸谱表现出现代气息，需要我们挖掘。让学生了解京剧脸谱的由来和发展，认识美、发展美、创造美，是需要指导教师充分挖掘的。①

【案例点评】

就京剧脸谱的研究来说，是一个探究从古代到现代的过程，具有很强的动态性。了解脸谱的类型，找到代表人物的特点是前提。走出去从现代社会中寻找生活中的脸谱，在建筑物、商品的包装、各种瓷器上以及人们穿的衣服上搜寻风格迥异的脸谱形象，会让孩子们把历史与现实相结合。既学会了走访调查，又把握了文化的演变与发展。

（四）多质性

同一资源对于不同课程具有不同的用途和价值。例如，动植物资源，可以成为学生学习生物学知识的资源，也可以成为学习环境学、生态学知识的资源，还可以成为学生调查、统计的资源。如学校附近的山，既可以用于体育课程中的体育锻炼，也可以用于劳动技术教育中的植树绿化；既可以在艺术教育中陶冶学生的情操，也可以在生物课中用来调查动植物的种类。课程资源的这一特点，要求教师独具慧眼，善于挖掘课程资源的多种利用价值。

案例 8.4

走进小区绿地

河北保定市凌云小学坐落在凌云工业集团生活小区院内，小区内绿化面积达 4.8 万平方米，种植的园艺植物多达 60 余种，数千株，俨然就是一个小型的植物园。学校与物业达成共识，共同组织学生开展“走进小区绿地”的主题活动，让学生在实践中认识常见的植物，增长知识；亲手制作标识牌和植物标本，在实践中培养学生的植物知识和环境保护意识。②

① 本案例对原文进行了修改。http://www.jksx.net/articleRead.asp?article_id=3299&class_id=19，2013-2-16.

② 谢志威.“走进小区绿地”综合实践活动案例[J]. 综合实践活动研究，2014(5).

【案例点评】

小学周围一般都会有小区绿地或者公园,这些资源可以成为学生学习生物知识的资源,认识身边不同的植物。在制作标识牌的时候可以锻炼动手能力、美术能力,也可以让学生在制作标识牌的时候运用信息技术,查找相关资料,培养自主探究的能力。

三、课程资源的分类

按照不同的分类标准,课程资源可以划分出不同的类型。

(一) 校内与校外课程资源

根据资源的空间来源,课程资源可分为校内课程资源和校外课程资源。

1. 校内课程资源

校内课程资源是指在学校范围内的各种可以用来开发和建设课程的资源,主要有图书、教师、学生、学校文化、设施设备及各种软硬件环境等。

(1) 图书。图书是教师最为常用、最为熟悉的课程资源。要把图书开发成一个活的文本,教师需要通过图书查阅方法指导,引导学生合理收集信息、产生问题,促进学生进行思考和探究。

(2) 教师。教师不仅决定课程资源的鉴别、开发、积累和利用,是课程资源的重要载体,而且教师自身就是课程实施的首要的基本条件资源。教师通过自身修养对学生“言传身教”,学生通过“耳濡目染”,可以从教师身上学到很多东西。

(3) 学生。在信息时代,学生知道的东西远远超过教师所能想象的。教师要充分调动学生的积极性,利用学生这一资源,丰富思想品德课程。而且,学生之间相互影响、相互交流、取长补短,也可以互为课程资源。

(4) 学校文化。文化是内在于人的一切活动之中,深刻影响人的行为方式而难以直接把握的深层东西。学校文化作为一种潜在的、弥散在学校每个角落的课程资源,对课程和学生发展起着潜移默化的、持久的作用。我们要积极建构优秀的学校文化,增强学校的文化底蕴,让学生在丰富的精神层面获得升华。

2. 校外课程资源

校外课程资源主要包括校外图书馆、科技馆、博物馆、网络资源以及乡土资源等。应该对校外课程资源的开发和利用给予足够的重视。

(1) 图书馆。图书馆作为一种重要的社区文化资源,可以考虑学校和图书馆建立联系的做法,实现二者的资源共享;也可以在学校内建立与图书馆的网络联系,使学生能够更加主动和便捷地利用图书馆的资源。

(2) 科技馆。对科技馆的利用可以拓宽学生的科学视野,加强对相关学科(如科学、自然、地理等)的直观和形象的理解。在课程资源开发过程中,可以选择较为典型的科技馆作为样本。

(3) 博物馆。中国是一个历史和文化积淀深厚的国家,全国各地博物馆是这种历史文化宝库的重要组成部分。这些博物馆具有重要的课程资源开发价值。

(4) 网络资源。网上充足的信息可以使思路更开阔,多媒体强大的模拟功能可以提供实践或实验的模拟情境和操作平台,网络便捷的交互性可以使交流更及时、开放。需要利用网络这一信息载体,进行课程资源的开发和内容重组。

（5）乡土资源。乡土资源主要指学校所在社区的自然生态和文化生态方面的资源，包括乡土地理、民风习俗、传统文化、生产和生活经验等。

（二）文字、实物、活动与信息化课程资源

根据资源的物理特性和呈现方式，课程资源可分为文字资源、实物资源、活动资源和信息化资源。

1. 文字资源

文字的产生、纸张和印刷术的发明促进了人类文化的传播和教育教学活动的发展，以教科书为主的印刷品记录着人类的思想、蕴含着人类的智慧、保存着人类文化、延续着人类的文明，直到今天依然是最重要的课程资源。

2. 实物资源

实物资源表现为多种形式，第一类是自然物质，如动植物、矿石等；第二类是人类生产生活过程中创造出来的物质，如建筑、机械、服饰等；第三类是为教育教学活动专门制作的物品，如笔墨纸砚、模型、标本、挂图、仪器等。

实物形式的课程资源具有直观、形象、具体的特点，是常用的课程资源。

3. 活动资源

活动资源内容广泛，包括教师的言语活动和体态语言、班级集体和学生社团的活动、各种集会和文艺演出、社会调查和实践活动，以及师生和学生之间的交往，等等。

充分开发与利用活动资源，有利于打破单一的课堂接受教学模式，使学生在掌握知识的过程中，增进社会适应和社会交往，养成健全的人格。

4. 信息化资源

以计算机网络为代表的信息化资源具有信息容量大、智能化、虚拟化、网络化和多媒体的特点，对于延伸感官、扩大教育教学规模和提高教育教学效果有着重要的作用，是其他课程资源所无法替代的。

随着教育现代化进程的不断推进，信息化课程资源的开发与利用已势在必行，它将是最富有开发与利用前景的资源类型。

（三）条件性与素材性课程资源

课程资源如按其功能划分，可以分为条件性课程资源和素材性课程资源。

1. 条件性课程资源

条件性课程资源的特点是作用于课程却并不形成资源本身的直接来源，但它在很大程度上决定着课程实施的范围和水平。比如直接决定课程实施的范围和水平的人力、物力和财力，时间、场地、媒介、设备、设施和环境，以及对于课程的认识状况等因素，就属于条件性课程资源。

许多条件性课程资源的开发虽然不是教师的个人力量能实现的，但是可以利用现有条件尽可能地开发。

2. 素材性课程资源

素材性课程资源是指作用于课程，并能成为课程的素材或者来源的资源。比如，知识、技能、经验、活动方式和方法、情感态度与价值观以及培养目标等方面的因素，就属于素材性课程资源。教材就是最常见的素材性课程资源。

信息技术的发展，给素材性课程资源的开发和运用带来极大便利。然而，素材性课程资源

并不能直接构成课程,它只有经过加工并付诸实施时才能成为课程。

第二节 课程资源的开发

了解了课程资源的基本问题后,接下来,我们讨论课程资源开发问题。

一、课程资源开发概述

课程资源是新课程改革提出来的一个核心概念,在国家颁布的各学科课程标准中都有"课程资源的开发与利用"这一组成部分。

(一)课程资源开发的概念

课程资源开发与课程开发有所不同。这里,先就两个概念进行分析。

1. 课程开发

课程开发是指通过需求分析确定课程目标,再根据目标选择适当的教学资源内容和相关教学形式,进行计划、组织、实施、评价、修订课程规划的全过程。课程开发的要素包括四个方面:课程目标、课程内容、课程实施、课程评价。

2. 课程资源开发

综合实践活动课程资源开发,是指针对课程内容所做的资源开发。即对影响综合实践活动开展的各种有形资源和无形资源,进行挖掘和利用,以更有效地实现课程目标的过程。

(二)课程开发与课程资源开发的关系

1. 课程开发是设计课程实施方案的过程

从课程目标、课程内容、实施过程到课程评价都需要事先进行设计,这个过程就是课程开发。无论是国家课程的开发,还是地方课程的建设,尤其是综合实践活动,都需要课程开发。对于综合实践活动课程来说,课程开发由学校承担,因此其课程开发具有校本化的特点。

一旦学校的课程实施方案确定后,这个方案在班级的落实,离不开大量课程资源的支撑。合理开发和利用课程资源,就成为最急需解决的问题。

2. 课程资源开发是形成课程内容的途径

现实中的许多课程资源往往既包含着课程的要素来源,也包含着课程实施的条件,比如图书馆、博物馆、实验室、互联网、人力和环境等课程资源。但是它们毕竟还不是一回事,课程资源的外延范围远远大于课程本身的外延范围,它只有在经过相应的加工并付诸实施时才能真正进入课程。

没有课程资源也就没有课程可言,有课程就一定需要有课程资源作为前提。能否积极有效地开发课程资源,是关系到综合实践活动课程资源能否有效开发、积极实施与课程目标实现的关键问题。没有良好的课程资源的广泛支持,再好的课程和教学改革方案也不能有效地实施。课程开发和实施的范围和水平,一方面取决于课程资源的丰富程度,另一方面取决于课程资源的开发和运用水平,也就是课程资源的适切程度。课程资源的丰富性和适切性程度决定着课程目标的实现范围和实现水平,所以,课程开发与课程资源开发存在着十分密切的关系。

（三）课程资源开发的意义

1. 可以为综合实践活动实施提供必要条件

综合实践活动课程目前没有课程标准，也没有教材，只规定了活动方式、推荐了活动主题。具体的活动主题、内容需要由学校、师生自主开发。并且这门课程的综合性、实践性、开放性、生成性等特点，需要丰富多样的课程资源做支撑。可以说，没有资源开发，就没有课程实施。

2. 有利于丰富学生对世界的认识和体验

综合实践活动课程资源具有多样性、开放性、体验性等诸多特点，让学生参与课程资源开发，可以激发学生的参与积极性和学习兴趣。并且借助课程资源的开发与利用，能够更好地帮助学生探究问题、加深体验、增长知识、提高素质。此外，鲜活的课程资源开发与利用，还有利于学生深度理解自我及生命价值，增强社会责任感与自我负责精神。

3. 有利于促进学生学习方式的转变

课程资源开发，会让学生深刻体验活动课程的亲和性、挑战性和刺激性特点，进而转变他们的学习方式。以“问题—解决”为线索设计课程，学生的学习会转变为问题的探究过程。探究性学习，会使学生加深对现实生产生活的理解与体验，增长知识甚至生成自己发展的知识，通过提高动手能力，全面提高素质。并且让学生独立地亲历问题解决，使学习成为自主学习，动态、生成的课程资源激发学生的认知、情感、态度，从而发挥学生的自主性、能动性和创造性。

4. 有利于促进教师的专业发展

课程资源开发工作，对教师是挑战，也是发展机遇和平台。首先，有助于教师教学智慧生成。因为教师本身就是课程资源。通过课程资源开发，会迫使教师按照课程要求的教师标准开展行动反思，进而养成思维敏捷、学识渊博、学养深厚的智慧性教师素养。并且借助课程资源开发，这些素养可以逐步生成和完善。其次，可以促进教师教育素养提高。课程资源开发过程，就是一个“研究—实践—再研究—再实践”的螺旋上升的周期性过程，这个过程会让教师深刻理解课程资源开发与教师指导的关系、课程资源开发与学生发展的关系，以及问题解决与有效性反思的关系等，对这些关系的深刻理解，会加深教师教育素养的提升。

二、课程资源开发利用的原则

综合实践课程资源的开发利用虽然具有灵活性、开放性，但是也不是随意的行为，需要有一定的规范，需要遵循一些基本的原则。

（一）发展性原则

促进学生综合素质的发展，是综合实践活动课程的目标，也是课程资源开发与利用的根本目的。开发资源时不能为了追求丰富多样而忽视这一目的，不能简单将校外的自然、社会资源引入教学，需要针对学生身心特点，开发课程资源。

（二）适应性原则

课程资源的开发不能简单地引进、盲目地照搬，应当根据地域、学校、学生、教师差异和主题的差异，因地制宜，因时制宜，因人制宜，选择教育资源。开发利用课程资源，不仅要考虑学生的共性，还要考虑特定学生的特殊情况，考虑他们的现有知识、技能和素质背景。除了考虑学生的情况外，还要考虑教师的情况，如知识优势、个性特长等。

(三) 地域性原则

不同的民族、不同的地区有着不同的民风民俗、自然风光、名胜古迹、历史文化等,不同的学校有不同的办学理念、文化资源、物质资源等,不同的学生也有不同的兴趣、爱好、情感、态度、价值观、学习方式以及能力等。课程资源的有效开发正是为了满足不同地区、不同学校、不同学生的需要。因而,在课程资源选择、开发上应考虑学校所在地区的文化与环境特点,充分地体现自己的特色;注重挖掘本地区、本民族的文化资源,如民歌、民谣以及多种社区资源,不断提升民族文化、社区文化的水准,提高学生对地区与民族的认同感。

(四) 主体性原则

学生是综合实践活动的主体,课程资源是为学生实践服务的。因此,课程资源开发,需要最大限度地调动学生的自主性、能动性、创造性,实现课程资源的最优化配置。平等对待每一个学生,充分尊重他们的人格和个性,善于抓住他们的闪光点。教师要积极为学生的学习创造宽松、和谐的气氛,培养他们互助合作、勇于创新的意识和精神,从而实现课程资源的价值。

(五) 经济性原则

在综合实践活动进行课程资源开发时,要根据学校的实际,优先选择那些课程成本低、可能对学生终身发展具有重要意义的课程资源,即低成本高效益。

案例 8.5

茶韵悠悠育"茶苗"

浙江长兴县水口乡中心小学,地处顾渚山风景区,是中国茶文化发祥地之一。一千多年前茶圣陆羽就在此种茶品茶,并写出世界上第一部茶学巨著《茶经》。学校依托当地得天独厚的茶文化资源,引领学生品茶经,诵咏品茶诗歌;悟茶道,研究茶风茶俗、种茶制茶工艺;展茶韵,学校与当地茶院合作,建设校外实训基地,传承茶文化,让一棵棵小"茶苗"在家乡的茶文化的沃土中茁壮成长。[①]

【案例点评】

水口乡中心小学因地制宜,利用当地的便捷低成本的课程资源,深挖当地的文化物质资源,同时唤起了学生的科学素养和人文素养,使学生了解了传统文化的技艺,得到了传统文化的熏陶,也使当地的茶文化得到了继承与发展。

三、课程规划与资源开发的步骤

立足全校的课程规划与资源开发,需要按照如下步骤展开。

(一) 机构设置

课程规划与开发,需要相关机构和人员开展工作加以落实。

1. 课程规划与开发领导小组

统领综合实践活动课程开发,规划课程开发各阶段工作,制订课程开发总体计划方案与年

① 本案例选入本书时对原文进行了修改。李利平. 浙江省长兴县水口乡中心小学:茶韵悠悠育"茶苗"[J]. 中小学德育,2013(7):40-42.

度计划和相应步骤，决定课程开发的各项事宜，统一部署、协调学校各部门工作；宏观上保证校内外教育资源开发，评估各部门课程开发情况。

2. 课程开发与研究组织

管理职责由教科室承担，负责相关制度制定与落实，规定课程开发与研究的组织、人员及其工作目标任务、程序、基本职责和相应权力等内容。综合实践活动教研组及教研骨干组成课题组，针对综合实践活动进行课程研发。他们根据学校课程规划，研发具体的课程项目。研发任务包括：学校课程整体规划和分年级课程规划、系列主题活动研发、课程资源开发、相关设施研发与规划、课程实施评价等内容。

3. 课程实施管理部门

课程实施管理部门包括教导处、教科室、德育处等部门。教导处负责课程的开发和组织实施的管理，如安排课表、配备教师、检查评估学习活动等；教科室协助管理，负责课程开发研究、教师校本教研与培训、邀请专家指导等工作；德育处协助教导处、教科室指导班主任工作、组织学生假期活动、德育与该课程的整合研究、校外资源开发、校外实践基地拓展等工作。

4. 课程推进部门

课程推进部门包括教研组与年级组。教研组负责学校综合实践活动的课程计划的落实、建立综合实践活动课题组、教师教研活动与校本培训、研究和引领学校综合实践活动发展方向、协助督导课程计划落实情况等。年级组负责课程实施的年级协调。

（二）师资配备

综合实践活动指导教师具体负责学生综合实践活动的指导工作。教师来源应当专职教师与兼职教师相结合。

1. 专职教师

专职教师在学校的主要工作，是专门负责一个学校综合实践活动的实施，其职责是参与学校课程规划、组织、协调与管理等方面的工作。《指导纲要》规定："原则上每所学校至少配备1名专任教师，主要负责指导学生开展综合实践活动，组织其他学科教师开展校本教研活动。"

2. 兼职教师

兼职教师具体负责学生综合实践活动（一般是活动小组）的指导工作。一般由正副班主任、任课教师、学生家长和校外人员担任。

（三）制度建设

保证课程资源开发与有效实施的主要制度如下。

1. 课时安排与管理制度

小学1～2年级，每周不少于1课时；3～6年级，平均每周不少于2课时。课时使用可以灵活掌握，可以采用弹性课时办法，集中课时与分散课时相结合。

2. 过程与资料督察制度

每一轮主题活动，根据活动程序，采取流程化管理，管理内容包括：①检查主题活动设计方案；②监控活动过程，主要方式有听课、学生座谈会等；③抽查活动记录；④抽查学生活动资料，如调查表、采访实录、作品、成果报告等。

3. 课程资源开发制度

课程资源开发，首先要充分利用校本课程资源；其次要挖掘家庭课程资源；最后要重视社会课程资源开发。

4. 教师专业发展与校本研修制度

学校应当创造条件和机会,鼓励教师参与培训和教研,并激励教师自主进行专业发展,开展业务学习、进修和校本研修。

第三节　课程资源开发策略

一、开发的主体

综合实践活动课程资源是指形成综合实践活动课程的要素来源以及实施课程的必要而直接的条件,包括作用于课程并且能够作为课程的要素和作用于课程但不形成课程本身却直接决定课程实施范围和水平的因素。综合实践活动课程资源的开发范围和水平,直接依赖于开发主体的资源意识和开发能力。综合实践活动课程资源开发的主体是多元的,主要包括以下几个方面。

(一) 教师

教师是综合实践活动的设计与策划者、组织与管理者、指导与参与者,是对课程资源进行鉴别、开发、利用的主要载体。

(二) 学生

学生既是课程资源的消费者,又是课程资源的开发者。学生的兴趣是一种资源,是学习的动力,兴趣、生活经历、智能倾向等构成了课程资源开发的重要手段,他们主动或者在老师的启发下开发自身及自身以外的课程资源。

(三) 学校

学校承担着对综合实践活动进行总体规划、资源开发、技术指导、管理与监督、经费保障等方面的职责,是综合实践活动资源开发的自然主体。一方面要开发好校内的人力资源和物力资源,把校内课程资源与校园文化建设、校园潜在课程等结合起来,另一方面,学校要主动与社区、部队、工厂、农村、家庭等联系,建立综合实践活动课程资源基地,把校外课程资源与校内课程资源有机地结合起来,并使校外课程资源成为校内课程资源不竭的源泉。

(四) 家长

家长是学校开展综合实践活动的支持者和配合者。许多家长非常热心于学校的综合实践活动,他们自身具有的知识、智慧、特长,如在饮食文化、广告设计、动物饲养等方面,可直接为综合实践活动服务。同时,他们还可以利用他们家庭、社区、单位等方面的人力和物力资源,为学校开展综合实践活动提供便利。

(五) 社会人士

社会人士是综合实践活动实施的积极帮助者。他们分布在社会的各行各业,有着各种不同的人生经历、知识阅历和兴趣爱好,他们自身潜藏着非常丰富的资源,同时他们身处的图书馆、科技馆、博物馆、展览厅、青少年活动中心、工厂、农村、部队、政府机关、企事业单位、高等院校和科研院所等，都可以成为综合实践活动的课程资源。可以邀请他们来学校讲学、作讲座，有的可聘为学校的课外辅导员、荣誉校长、顾问等，发挥他们的作用。

由于综合实践活动课程资源的多样性、丰富性，因而综合实践活动课程资源开发的主体也是多元的。这里，教师是资源开发的核心主体，学生是关键主体，学校是自然主体，家长和社会人士是积极支持者和帮助者。他们缺一不可，共同构成综合实践活动课程资源开发的主体群。

二、课程资源开发的程序

综合实践活动课程资源开发的基本程序包括具体如下。

（一）成立课程资源开发组织

课程资源开发小组一般由学校校长、中层干部、教师、学生等组成。其主要任务有：拟订课程资源开发计划、编制课程指导书、组织师生申报课程资源、对课程资源开发与利用进行监控与管理、建立课程资源管理数据库。

（二）拟订课程资源开发计划

首先，对课程资源要素进行分析，包括：学生的身心发展、知识、经验、兴趣、能力和需求；教师的知识、技能、经验与特征；校园环境、学校基本设施建设、图书资料、教材等；校外可利用的自然资源、社区资源。其次，制订课程资源开发方案，包括总体思路与设想、时间安排与活动方式、组织与实施、成果形式与评价方式。最后，组织师生申报课程资源，对课程资源选择的意义、理由、开发的步骤与方法等进行分析，撰写申报书。

（三）建设并完善课程资源库

首先，进行资源库总体设计。根据实际情况，编制课程资源登记表，把课程资源的类型、所有者、获取方式、开发动态和使用事项进行登记，分类存档，归口管理，以便查找和使用。其次，评估并调整资源。根据课程目标及实施的具体要求，对资源开发的合理性、效用性、可行性等进行评估，从是否具有教育价值、是否符合学生的特点、开发程度、安全性能等方面进行判断。有的可能要进行适当调整，注重资源开发的合理性。

（四）充分并合理利用课程资源

充分了解本校课程资源背景，掌握课程资源库建设情况。根据本校、本班学生特点，以及当前社会背景和选题要求，充分利用现有资源、已经开发的资源；筛选有针对性的切合主题的资源，并根据当前情况修订后，合理使用。

三、课程资源开发的途径

综合实践活动是国家、地方和学校共同开发的课程形态，国家只着眼于对课程的宏观指导，而不作统一的具体规定，各地区、各学校必须根据本地本校的实际确定具体合适的内容。开发利用课程资源不仅能充分满足设计和实施综合实践活动课程的需要，有效提高综合实践活动的效益，而且能带动其他学科课程资源的开发与利用，并逐步在实践中积累经验，提高层次。

（一）人力资源

人力资源是所有综合实践活动课程资源中最有活力的资源，是一种潜力最大的资源。作为教育系统中的人既是一种课程资源,又是课程资源的开发者和利用者,人力资源开发利用的范围和水平不仅影响着综合实践活动课设计的科学性和实施的实效性,而且影响着这门课程资源开发利用的范围和水平。

1. 专任教师和兼职教师

专任教师是综合实践活动展开的核心力量,活动要由他们来筹划组织。但由于综合实践活动具有整合性、实践性和开放性,任何专任教师都不可能仅凭自己的力量较好地完成课程的设计、实施任务,必须有其他教师的大力支持和密切配合。所以,综合实践活动的展开应该是一个学校中所有教师的事情。

学校后勤人员是综合实践活动物质条件的提供者,其主要职责是:根据学校实际,在条件允许的情况下尽可能满足活动展开的物质需要。对后勤人员来说,最重要的是牢固树立为综合实践活动服务的思想,把为这门课程的展开提供必要的物质保障看作自己分内之事。在行动上要千方百计地去开发、储存课程需要的物质资源,根据需要随时供给这些资源。

学校行政人员作为综合实践活动的课程资源,任务是为这门课程营造宽松的环境和提供规章制度方面的保障。一是对课程给予足够的重视,使学校乃至社区形成这样一种氛围:综合实践活动虽不是基础性学科,但对学生的发展来说,其作用不是专门学科所能替代的。二是按规定开足课时,不允许以任何借口挤占。三是选聘富有责任感、知识面广、实践能力和组织能力较强的教师担任专任教师。四是要建立起一套包括物资保障、相互协作、工作评价等的制度,并付诸实施。五是在开发校外课程资源时起到联络协调作用。

利用教师这一人力资源,就是要合理使用,使每位教师,特别是非专任教师都能在综合实践活动中发挥各自的作用,做到人尽其才,才尽其用。

2. 学生资源

学生,既是课程资源的消费者,又是一种课程资源,还是课程资源的开发者和利用者。学生由于是一个庞大的群体,和各种各样的家庭成员以及方方面面的社会人士有联系,作为课程资源的开发者,他们开发的课程资源在涉及范围上、在品类多样性上,都是教师难以达到的。开发与利用学生这一人力资源,关键是调动他们参与综合实践活动的积极性和主动性。

要给学生必要和有效的指导,从而使他们能够沿着正确的方向去发现问题,解决问题,获取新知。这对于激发和保持学生参与活动的积极性也是非常重要的。

3. 校外人力资源

校外人力资源包括学生家长和社会各界人士。校外人力资源构成复杂,生活在不同的环境之中,有着不同的社会、文化背景,个性、兴趣爱好千差万别,拥有不同的知识、技能和经验,有的拥有特殊才能,有的拥有稀缺资料。利用家长和社会人士这一人力资源,一是利用他们所掌握的特殊的知识或技能,二是借用他们的资料、工具、器材,也可以让他们在经济和学生安全等方面发挥作用。

(二) 物力资源

物力资源是一种条件性资源,这种资源的丰富性与多样性对综合实践活动课程的设计和实施有很大影响。物力资源受制于学校、社区条件,必须从本校、本地的实际出发,实事求是,因地制宜,量力而行,尽最大努力,不可好高骛远。

1. 校内物力资源

校内物力资源主要有综合实践活动展开需要的资料、设施、设备、环境等。

(1) 校内资料资源。综合实践活动所需的资料主要有：一是直接需要的资料，如活动方案，一般来说，比较具体，操作性较强，有较大参考价值。二是间接需要的资料，如报刊、图书、网络信息和音像制品是获取开展综合实践活动所需知识、技能的重要途径。

(2) 校内设施设备资源。校内设施设备资源是综合实践活动的重要资源。学校设施，一类是实践活动其他物力资源的储存所，如图书馆，资料室，陈列室，电子音像室，微机室，体育、劳动、文娱、教学用品保管室等；另一类是实践活动开展的场所，如运动场、劳动园、实验室、艺术室、实践活动专用教室等。设备是开展综合实践活动需要的工具，主要有计算机、摄影机、录音机、照相机、打印机、复印机、电视机、速印机、标本、模型、乐器、体育用品、小型农具、手工业工具、实验和测量仪器等。此外，还有一些综合实践活动所需的原材料，如科学实验用的试剂等。

(3) 校内环境资源。学校环境主要指校容校貌。校园环境是学生学习生活的地方，也是开展综合实践活动的场所。学校要加强校园环境建设，使校园环境便于师生开展综合实践活动。宽敞、整洁、美观，丰富多彩，人文性和科学性有机统一，这是对校园环境的基本要求。

2. 校外物力资源

校外物力资源主要有县、市、省、国家图书馆，大中小学图书馆，各地的博物馆、科技馆、展览馆、档案馆、陈列室，机关、团体、社会人士的资料室、收藏室，单位或个人的设施、设备、工具或用品等，本地的乡镇、村、组、街道、厂矿、机关、企事业单位等重要场所。校外的物力资源丰富多彩，在很大程度上可以满足各种综合实践活动在场地、工具和材料方面的需要，尤其是一些稀缺的用品、器材、工具的需要。

开发利用校外物力资源，一般来说只能使需要的资源为我所用，而不能为我所有。所以，开发利用校外物力资源，首先是要了解资源的情况，和资源拥有者搞好关系。要根据小学开展综合实践活动的需要，积极开展调查，对本地区资源的分布、特点、存在形态等有一个大致的了解。同时要同资源的拥有者建立联系，争取他们的支持，确定好联系方式。这些情况要用文字或计算机记载下来，一旦需要某种或某些资源，可以及时同有关的单位或个人联系，并以借用、租用、复印、复制、照相、录像、录音等方式加以利用。

（三）文化资源

1. 校内文化资源

学校的文化资源主要是学校开展的各种活动、校风和学校文化传统。各种有益活动，能让学生在活动中获得体验和经验，运用已知，获取新知，增强自主意识、合作和创新精神。学校能够形成一种积极向上的健康氛围，对学生的思想情感会产生潜移默化的影响。学校的光荣史、学校及师生荣誉，有利于弘扬学校的优良传统，让学生受到传统美德的熏陶和感染。

学校应有计划地开展形式多样的活动，如文体活动、科技活动、思想教育活动等。要通过宣传教育和建立健全规章制度，大力加强校风建设。师生要讲文明，讲礼貌，讲团结，讲卫生，友好相处，互相帮助。老师要热爱学生，学生要尊敬老师。领导与群众、教师与教师、学生与学生、教师与学生要处于融洽状态。要利用集会和校园电视台，大力表扬好人好事，批评不良现象。要开辟校史陈列室、学校及师生荣誉展览室，要大讲学校的优良传统，宣传学校师生的先进事迹。

2. 校外文化资源

校外文化资源包括本地的文化设施、名胜古迹、民风民俗和社区开展的社会文化活动。文化设施、名胜古迹等是综合实践活动的场所和物质条件,其中蕴含的人文因素和科学因素是学生的精神营养品,有很高的利用价值。民风民俗对学生起着"润物细无声"的作用。社区开展的各种活动,如宣传活动、义务劳动、慰问活动、庆祝活动等,有利于学生获取社会和生活知识,有利于学生加速实现社会化。

开发校外文化资源,主要是调查了解,熟悉有关情况,做好登记,建立联系网络,并搞好关系,一旦需要,就可与之联系,争取有关方面的支持与帮助。还要让学生参加社区各种活动,参观旅游,或探究人文环境中蕴含的人文因素及其现实意义,通过这些活动让学生受到熏陶感染。

案例 8.6

仙居文化资源开发与利用

浙江台州仙居县山川叠翠,风光旖旎,以其与人文景观相融合的文化史迹遍布全境。有虚幻莫测的韦羌山蝌蚪文、居全国之冠的崖刻大"佛"字、全国道家第十洞、宋代古塔、明代石灯柱、皤滩古街和近年新发现的后山根恐龙化石等,许多名胜古迹错落其间。地上地下文物资源丰富,现有省级文保单位 5 处,县级文保单位 26 处,现已收藏文物器件 2000 多件。[①]

【案例点评】

仙居县诸多小学抓住本地特色,引导学生对仙居的旅游文化和传统文化进行探究,开展对周边自然和人文风光的探究活动,开展"居仙居,我爱家""我是小导游""油菜花——仙居美丽的风景"等一系列介绍仙居、发展仙居的主题实践活动。

四、课程资源开发的方法

(一) 调查收集

调查收集是通过对调查对象的观察、访问以寻求所需资料的一种方法。引导学生调查收集,不但能提高他们的搜集处理信息的能力,而且有助于增强他们进行口语交际的能力、进行社会交往和与人沟通的能力。

(二) 资料处理

资料是指负载有一定信息的材料,包括文本资料、音像资料和实物资料等。这里的资料处理是指资料的查询、整理、使用的过程及其方法。

(三) 邀请入校

邀请入校是指对校外人力资源邀请到校,使其参与开展综合实践活动。调查收集、处理资料二者都是对资料性资源的开发,而邀请入校是针对人力资源开发的方法。使用这种方法,一般需要注意以下一些问题。

1. 收集整理相关校外人员情况

对本社区相关专业人士要有一个比较全面的、系统的、准确的了解;了解他们的特长、个人和突出贡献;还要有这些人员的联系方式。所有开发与利用的综合实践活动课程资源都要登记,登记的内容包括:资源名称、形态类别、特点、用途、使用的实际效果、存在状态,拥有者姓

---

① 本案例引用时已作修改。参见:管锡基. 中小学综合实践活动课程资源包[M]. 北京:教育科学出版社,2010:62.

名、地址、联系电话等。

2. 建立分项目板块的人力资源库

在掌握相关人力资源的具体情况基础上，按照课程主题项目，分类管理并初步拟定校外指导教师名单，邀请他们参与综合实践活动资源开发和活动指导。开发与利用者将所开发与利用的课程资源素材及有关说明材料交给专职保管员，再由专职保管员分类整理，按类存放，造册登记，编制目录索引。欲使用已有综合实践活动资料者可向保管员借用，借用要填写借据；使用时要倍加爱护，不让其损失或丢失；用后要如数原样归还，如有损坏或短少，要设法及时弥补。

（四）借鉴开发

借鉴开发是借鉴科学研究和社会活动来开发综合实践活动课程资源的方法。具体来说，就是借用相应的资源来开发适合综合实践活动的课程资源。借鉴开发包括以下几种方法。

1. 直接运用

直接运用是将自然、社会、人文资源直接用于综合实践活动。比如让学生、教师、家长、社会人士参加实践活动，并成为其中的一个角色。或者将某种物件或资料用作实践活动器材、工具等原样利用，或将开发的资源原封不动地用于实践活动。比如，在实践活动中展示一幅图画或某件实物等。

2. 加工利用

加工利用就是根据实践活动的需要，将开发的综合实践活动进行增删取舍、改造加工，使之适合于特定的实践活动。比如，开展热爱家乡的综合实践活动，通过各种渠道获得许多相关资料，但是，这些资料太多，必须舍去一些；有的内容过时，需要修改；有的语言比较艰深，需要使之通俗化；等等。

3. 单独利用

单独利用就是将单个的资源用于实践活动，使之直接成为活动的组成部分。比如，请某位社会人士单独介绍某种情况等。

4. 综合利用

综合利用是根据实践活动的总体设计，将开发的几种资源经过改造加工，使之重新组成一种新的资源，然后用于实践活动。比如，设计活动方案，可以由多人分别进行。初步方案出来后，各有千秋。这时，可以选择一种较好的作为基础并作删节，然后选取另外一种或几种较好的部分充实进去，组成一个最优的方案。

5. 间接利用

间接利用就是把某种课程资源当成资源的开发者，让其再去开发新的可直接利用的资源。

（1）一次间接利用。一次间接利用是指利用某种资源去开发另一种新资源，这种新资源就用于实践活动。比如，实践活动需要某种资料，活动课教师不易直接取得，但某学生家长与掌握该资料的人员关系密切。动员该家长做工作，资料就能顺利获得。

（2）多次间接利用。多次间接利用就是把现有资源看作资源开发者，使之去开发新资源，然后又将新资源当作资源开发者，再去开发更新的资源。比如，实践活动需要一位能讲普通话的、交通指挥手势标准的交警。通过了解，得知某学生家长是交警队长。于是就动员学生去说服家长，身为队长的家长很容易就请到了一位优秀的交警。

（3）用于学科课程。所开发的课程资源除用于综合实践活动，还可用于学科课程。比如，有个班级开展题为“我是诗书城的小主人”的综合实践活动,活动过程中收集了许多有关眉山的资料。随后,另一个班级在上思品课的“热爱家乡”时,选用了其中一些资料,既省力,又取得了较好的效果。

案例 8.7

人人与自我活动主题多样化

某校将“人人与自我”的主题融合于综合实践活动课程的“非指定领域”,坚持以“晨会”“夕会”“国旗下的讲话”的形式,对学生进行思想品德教育和行为习惯训练。在管理上,以争创“文明班级”为契机,在班级之间、学生之中开展纪律、活动、卫生三项竞赛活动,并不断完善“文明班级”的考核内容,激励学生积极参加各项实践活动。以学生积极的情感体验为主,以学生“问题行为”为切入口,以起点低、贴近学生校内外生活为“内容”取向,以综合实践活动的形式,组织学生开展良好行为习惯培养的实践与研究。具体措施如下。

(1) 穿好衣。学生在校一般要求穿校服,衣着整洁;校外不穿奇装异服,朴素大方;培养学生正确的审美观念和符合学生要求的生活习性。

(2) 进好门。学生进入校园必须佩戴胸卡,推车步入校内,见到老师、同学要问好。

(3) 走好路。行路靠右;楼梯、过道拥挤时,礼让先行。过马路走斑马线、看两边保安全;不在马路上乱停车,有序上下公交车。

(4) 做好操。准时参加广播操和眼保健操,集队做到静、齐、快,动作正确规范。

(5) 用好餐。洗手进餐厅,并做到“六个不”:不跑步、不插队、不喧哗、不挑食、不浪费、不乱倒剩饭菜。在家能起小小“营养师”的作用。

(6) 说好话。语言文明,不说脏话、粗话;尊重教职工和长辈,友爱同学,见面主动问好;讲普通话,会用礼貌用语。

(7) 上好课。课前准备好学习用品,上课专心听讲,勤于思考,积极参与讨论,勇于发表自己的见解。认真、按时地完成作业。①

【案例点评】

综合实践活动并非仅仅通过具体专门的时间来实施的课程。抓住综合实践活动能够培养学生综合素质的关键作用,将相关活动有机融入晨会、班会等学校活动之中,是通过多种形式开发和利用课程资源的表现。

本章概要

课程资源是指有利于实现课程目标的各种因素,从课程目标实现的角度看,凡是对之有利的所有因素都应该归属于课程资源,这其中既包括图书、教学场所等物质资源,也包括学科专家、教师、学生等人力资源。理解课程资源要把握其概念、特点、存在状态以及根据各个角度的分类。

课程资源的开发,是指针对课程内容所做的资源开发。即对影响综合实践活动开展的各种有形资源和无形资源,进行挖掘和利用,以更有效实现课程目标的过程。课程资源开发的原则有发展性、适应性、地域性、主体性、经济性。开发步骤包括机构设置、师资配备、制度建设。

① 本案例引用时已作修改。http://yzq1343079.blog.163.com/blog/static/10388909720 1111462749849/,2013-2-16.

课程资源开发主体包括教师、学生、学校、家长、社会人士。开发程序包括：成立资源开发组织、拟定资源开发计划、建立完善资源库、合理利用课程资源。开发策略包括：调查收集、资料处理、邀请入校、借鉴开发。

拓展资源

拓展知识　　视频资源

思考与实践

一、理论思考

1. 什么是课程资源？我们可以从哪些层面进行认识？
2. 什么是综合实践活动的课程资源？
3. 课程资源的特点有哪些？为什么？
4. 如何从多角度来理解课程资源的分类？
5. 课程开发和资源开发的含义是什么，两者有什么样的关系？
6. 课程资源开发的主体包括哪些？
7. 课程资源开发的程序是什么？
8. 课程资源开发的途径有哪些？
9. 课程资源开发的基本方法有哪些？

二、实践探索

1. 试分析课程资源的分类依据，联系实际谈谈各种分类对于有效开发课程资源的价值。
2. 选择一个课题资源，并对该课题资源进行开发，写出课题开发计划书。

管 理 篇

管理篇包括综合实践活动管理、综合实践活动教师、综合实践活动评价三章。管理篇部分涉及小学综合实践活动设计与实施的宏观背景。其中，第九章侧重从课程管理理论、学校课程管理实践、学生活动管理等方面进行分析；第十章就该课程实施对小学教师的特殊要求、当前教师现状及问题、教师成长策略等问题进行了讨论；第十一章从学校课程管理、班级课程实施、学生课程实践三个层面，展开相关评价问题的探讨。本篇相关内容是小学综合实践活动课程常态化、有效实施的重要条件和基本保障。

第九章　综合实践活动管理

学习目标

- 掌握课程管理与课程领导的含义、原则与内容
- 理解课程规划与实施的管理
- 把握学生活动管理的策略与方法

问题情境

对“秋天的诗”活动的分组安排

某校秋季开学，举行了国文诗歌诵读活动，某班级为了就此活动培养大家对古文诗歌的兴趣，结合应时的季节选取了“秋天的诗”作为综合实践课的活动主题，通过商议安排了如下的分组安排。

第一小组，负责内容：秋天的足迹。具体工作：①准备好数码相机，利用节假日，到公园去，寻找秋天，欣赏秋天。②结合景物，搜集相对应的古诗。

第二小组，负责内容：秋天的愁思。具体工作：①学生从网上搜集抒发秋天愁思的诗。②寻找最佳的表达方式。

第三小组，负责内容：秋天的赞歌。具体工作：①学生通过查阅书籍搜集赞美秋天的诗歌。②根据诗意创作出表现诗的意境的图画。

第四小组，负责内容：秋天的创意。具体工作：①学生搜集适于演和唱的古诗。②小组合作，进行创作，演古诗、唱古诗。

学生们依据自己的兴趣和特长，在教师指导下自由结组活动，通过寻、思、绘、演的形式充分展现出来，管理安排得当。把知识目标、过程目标、情感态度价值观目标结合在整体活动中，学生获得了知识，锻炼了能力，培养了审美情感和积极的价值观。综合实践活动课程管理涉及哪些内容？应该怎样管理？

理论述要

有效的综合实践活动管理是课程实施的基本保障。本章论及的综合实践活动管理，主要包括课程管理概述、课程规划与实施、学生活动管理等内容。

第一节　课程管理概述

在世界教育改革中,课程管理总是首当其冲成为变革的焦点,目的是寻找权力分配的最佳结合点,以促成一种“高标准、高要求、多选择与多元化”的动态平衡局面,使课程最大限度地满足国家、地方和学校以及学生的需要。

一、课程管理的概念和职能

(一) 相关概念

综合实践活动作为“新”课程,教学理念、活动方式、组织形式等方面的巨大变化,特别是其开放性和实践性特点,对课程管理提出了新的要求。

1. 课程管理

这里的课程管理,是指学校对课程的各个运行环节,采取规划、指导、决策、监督、协调等措施。一般包括课程生成系统的管理、实施系统的管理和评价系统的管理。课程管理的意义在于提高课程实施的有效性和水平。

2. 综合实践活动课程管理

综合实践活动管理是指教育管理部门和学校通过整合各方面资源,从制度建设、组织建设、队伍建设和资源建设等各个方面着手,在设计、组织、实施和评价等内容方面,实现对综合实践活动全过程的管理活动,从而为活动的有效开展提供充分的保障。具体来说,包括以下几个方面。

第一,从教育部门和学校管理的角度来讲,课程管理要从课程建设、课程开发以及课程价值实现的角度来规划,形成适合的体制。

第二,从课程开发的角度来讲,意味着对这门课程价值的认同、目标的设计、过程的协调以及制度的确立或者选择。

第三,从课程实施的角度来讲,管理是保证一门课程常态实施、有效实施不可缺少的一个重要的工作。

第四,从指导教师和学生的角度来说,课程的管理又意味着对学生的帮助,意味着对学生过程的跟踪以及适当的指导促进,甚至还可以说管理意味着有效协调、管理意味着专注倾听、管理意味着及时反馈。

以上分析说明,不同的管理主体会涉及不同的管理的内容。因此,课程的管理是一个全方位、多角度、协调统一的综合管理活动。

(二) 课程管理的职能

综合实践活动课程是一门实践性、经验性很强的课程,没有统一的文本教材,内容确定及活动开展,都有待于师生自主开发;涉及的诸多因素纷繁复杂,需要通过课程管理加以系统协调。具体说来,课程管理具有以下职能。

1. 决策职能

综合实践活动是以主题、项目或课题的形式来开展学习活动的。这是一种由学生自主开展的综合性学习活动，活动中的学习目标、学习内容、学习方式、学习时空、学习结果等，都具有不确定性。

课程管理在这些方面都可以起到决策的作用。比如：主题活动目标如何确定？课程资源、学习材料如何开发与选择？活动时间长短、活动方式方法、活动空间范围等如何确定？都需要通过课程管理加以确定。

活动的分析、活动效果的认定，课程管理更显重要。课程管理对于综合实践活动实施的相关问题进行决策，具有权力合法性、主导性、决断性、规范性。

2. 计划职能

综合实践活动实施具有生成性、开放性，容易造成活动实施偏离课程目标，造成放任自流的现象。课程管理的计划职能是指对课程实施过程中将要做什么、如何做和谁去做等问题进行统筹规划，以保障课程实施按照课程计划和活动方案有条不紊地向前推进。离开了课程管理，课程计划就很难落实。

课程管理的计划职能特点是：事先性、预测性、评价性、选择性、调整性。

3. 组织职能

组织活动是综合实践活动课程实施的重要内容，从选题、确定目标、制定活动方案、开展小组活动、进行活动展示交流等，每个环节推进都离不开组织。

课程管理的组织职能是管理者按照课程组织的特点与原则，通过组织设计，构建有效的组织机构，合理配置各种资源并使之有效运行，以实现课程目标的活动。课程管理的组织职能特点是：合理性、有序性和规范性。组织职能具体包括：设计组织、人员配备、启动组织、监视运行。

4. 控制职能

管理学中的监控，是指管理者随时检测计划运行情况一旦发现偏离，及时予以纠正的一系列活动。综合实践活动强调学生亲历、亲为，是一种开放性和实践性并存的课程。为了保证活动结果的有效性和目标性，需要通过课程管理对实践活动的过程予以监控，以便及时发现偏差，并加以改进。课程管理的控制职能具有强制性、协调性的特点。

5. 服务职能

管理本身是一种服务，是一种建立在制度、规范基础上的全方位的服务。单纯以“控制”为核心的课程管理，已经受到多方挑战，特别是在新课程改革背景下，走向“服务”是课程管理职能变革的方向。

综合实践活动课程作为一种在新课程背景下设立的全新课程类型，目的是培养学生的综合素质，因此其课程实施的特殊性、复杂性显而易见，迫切需要学校给予大力支持和多方面的服务。必须遵循以人为本、以学生发展为本的理念，为课程实践提供各种及时、到位的服务。课程管理的服务职能的特点是：人本性、引导性、民主性。

二、课程领导

“课程领导”是产生于美国、用于革新“课程管理”的术语。

(一) 课程领导的概念

课程领导是指课程管理者需要发挥专业影响力和信赖权威,促进成员彼此合作,落实课程发展的行为和历程。课程领导强调课程管理者借助自身的创意与创造力,自律地、自主地驱动组织行为,是“引导”而非“控制”别人,坚持以人为本的理念,强调人的主体地位,主张管理者要相信人、依靠人、重视人的发展。课程领导是课程管理的新走向。

(二) 课程管理与课程领导的区别

课程管理与课程领导的区别表现在以下几个方面①。

(1) 两者的工作原理不同。课程管理源于工业管理,要求师生课程实施像自动化生产线似的按部就班操作;课程领导则倡导师生创造性地开展课程实施,因为课程实施不过是师生经验的建构,而教材与课程资源是获得经验的材料。

(2) 两者的工作手段不同。课程管理强调运用行政手段管控课程;课程领导则突出课程学术讨论与方法引导。课程管理是自上而下决策的落实;课程领导主张课程决策的民主性,强调充分交流、相互协商,广泛听取各种意见。

(3) 两者的工作选择不同。课程管理将学生看作管理对象;课程领导视学生为服务对象,关注学生的成长与体验。课程管理的动力自上而下传导;课程领导试图激发下层机构或人员自主决策,激励他们自我管理。

(三) 课程领导的策略

学校课程领导,实施的策略有以下几个方面。

1. 唤醒课程意识

每个教育专业人员,面对综合实践活动课程,都应充分唤醒自己的课程意识,即自己必须承担课程开发的任务,应当加以相应素养,并树立教师专业自信。

2. 形成合作组织

成立课程开发研究室、课程小组等课程研究团队。在此基础上,建立合作学习共同体的组织运作机制,发展合作组织。

3. 积累实践智慧

循着在行动中研究、在实践中反思、在合作中提升的路径,积累课程领导者的工作经验,锤炼其课程实践智慧。

4. 提升对话能力

加强教师、教研员、行政人员之间的对话交流,以课程协商代替行政指令。

三、课程管理的原则

综合实践活动管理具有其内在的特点和规律,其管理原则具体如下。

(一) 学生自主管理与教师指导管理相结合

学生对综合实践活动具有主题选择权、活动决策权及对活动过程的自我管理权。综合实践活动是学生自己的活动,在离开学校、远离教师、脱离集体时,这种自我管理作用越发突出。

① 汪丽梅 .学校课程领导对课程变革的影响[J]. 教育研究与实验,2010(1).

实施综合实践活动，要依靠学生，依靠他们的才智，依靠他们的管理才能，使他们的自主性管理在实践中得到锻炼。

在充分放手让学生进行自主管理的同时，教师对综合实践活动管理应发挥指导作用。否则，学生活动的方向性有可能偏离，活动过程中的挫折感会大大降低学生开展综合实践活动的积极主动性。另外，教师对综合实践活动课程管理的指导不是削弱学生的自主性，而是进一步促进学生的自主管理，使学生强化课程自我管理意识，提高课程自我管理能力。

（二）活动预设管理与开放管理相结合

对活动进行周密设计和整体规划是开展综合实践活动课的基础。这种设计和规划就是要对整个活动的各种因素有事先预见，以便于采取适当的应对策略。进行预设性的管理，从活动方案、活动组织、人员布置到过程指导、成果形式等要做好安排，使活动得以顺利实施。

综合实践活动课具有开放和生成的特征，这就要求我们不能仅仅局限于事先的预设，要对活动过程中生成的主题和目标以及内容的变化有新的认识，针对新情况及时调整管理策略，使管理行为更有利于活动的深入开展。

没有预设就无法开放，预设管理与开放管理同等重要。在实际的学习活动中，一定要特别防止管得过死，失去灵活性的问题。

（三）学生的统一管理与多样管理相结合

综合实践活动主题一旦确定好了，基本的活动目标就已经形成了。我们要围绕主题、目标开展活动，以达到主题活动的基本目标。这就要求在管理学生时采取统一的原则，使主题活动如期完成它的历史使命。

但是在学生具体活动中，个体的学习过程和行为方式会表现出多种多样的特点，我们应该尽可能地根据学生的特点和个体差异采取不同的管理策略，满足学生自身发展的需要，使多样化发挥积极的作用。

（四）课程管理与研究指导相结合

综合实践活动的综合性、开放性及生成性的特点，决定了综合实践活动是相对复杂的一个过程，问题是在不断的生成和变化之中，旧的问题已经解决的同时，新的问题又摆在面前。所以课程管理与研究指导要加以结合。

只有管理很难使课程实施达到预期效果，要通过教师与学生一起对那些棘手的问题展开研究，寻找对策才能达到最终的效果。所以，对学生的活动过程进行有效的研究指导，及时清除活动过程中的障碍，才能使学生的调查研究、实践探索更加顺畅。

（五）硬性管理与软性管理相结合

综合实践活动要想做好，离不开有效的课程管理制度建设，通过科学的课程管理制度，加强硬性的管理要求，加强课程实施规范。

加强硬性的要求的同时，也少不了软性管理行为的具体渗透，例如为活动中的师生提供支持与鼓励，为困境中的师生提供帮助，为活动的实施提供意见和建议，等等。硬性管理和软性管理两手都要有，相互结合。

四、课程管理的内容

(一)组织与制度建设

要使综合实践活动课程顺利进行,必须有成熟的组织制度管理,确定相关机构、人员、资金和设施的配备,才能有章可循、有序可依。

1. 组织建设

组织机构配合制度保证,促使综合实践活动课开展,从被动、自发、无序走向主动、自觉、有序,真正做到在学校组织层面和制度上,保障综合实践活动课程的实施,激励教师和学生共同参与综合实践活动课程。

2. 制度建设

为确保综合实践活动课程有效进行,学校必须加强制度建设。一是物质制度建设。例如实验室、图书馆、计算机室、活动基地等设施、设备的使用管理制度,与综合实践活动课程相适应的学校规章制度,教师工作量的考核方案。二是教师培训发展规划。制订教师的培训计划,形成教师综合实践活动课程实施能力培养的同步机制,要求每个教师都必须接受每学年固定期限的观摩和学习指导,并将其纳入教师综合考核指标。这种培训发展规划应常态化,并使其逐步制度化。

(二)课程规划与方案确定

作为必修课程,综合实践活动应该有目的、有计划、有组织地开展。学校依据《指导纲要》的基本思想,根据区域和学校的实际情况,对本校综合实践活动课程的开设进行总体规划,制定出学校整体性的课程实施方案。

有了统一的规划和方案设计,才能保证各年级综合实践活动课程内容有序协调,课程的目标衔接连贯、主题相互映衬,并在课程的设计与实施上最大限度地整合课程资源,充分发挥学校各方面优势,形成学校特色。否则,学校的综合实践活动课程就没有明确的目标,各个年级、各位指导教师各自为战,课程实施的随意性会很大,失去系统协调性,难以进行统一的管理。

(三)课程资源开发管理

充分开发各种教育资源,为综合实践活动的开展提供充足的信息。以下是一些具体的管理和利用课程资源的途径与方法。

1. 管理利用好学校现有资源

课程资源既包括学习的内容素材等“软件”资源,也包括为学生开展研究提供条件的“硬件”资源,如学校的图书馆、阅览室、互联网、实验室等教学设施。通过引导和管理,最大限度地提高这些设施的利用率。

例如,图书馆老师向学生介绍图书、资料检索的基本方法、学校图书借阅的有关规定;调查学生课外阅读的兴趣与需求等,促进学生学会充分利用学校图书馆;组织学生开展读书征文活动,获得综合实践活动需要的资料;充分发掘和利用学校文化资源,如校训、雕塑、墙报等,激励学生主动参与学校文化建设,开展丰富的校园文化活动。此外,在课余时间开放网络教室和实验室,为学生开展自主研究提供更多便利条件。

2. 发挥教师课程资源开发的主体作用

教师是综合实践活动课程资源开发的基本力量和开发主体。在综合实践活动中,教师可以调查了解学生兴趣,积累有价值的研究课题,建设综合实践活动的课题资源库,为今后学生选题提供参考和指导。

以课题小组为单位,或者以合作探究的形式开展活动。教师指导小组课题研究时,需要经常与同事交流、协作,甚至有些学校组成导师团,集体完成对课题小组的指导工作。

3. 拓展和利用校外教育资源

合理地利用校外教育资源,是综合实践活动课程资源管理的重要内容。这些校外教育资源主要包括公立图书馆、博物馆、科技馆等。公立图书馆的藏书更为丰富、种类较为齐全、新书引进速度快,这可以为学生开展研究提供更加丰富的文献资料。博物馆是我国丰富的历史文化资源,展览的资料内容完整准确,介绍清晰生动,是学生进行综合实践活动理想的资料来源。科技馆往往能够通过生动有趣的方式,向学生展示科技知识的原理。

可以与校外教育资源建立联系,形成共建关系,资源共享或共同开展教育活动。也可以邀请校外教育资源中的专业人员来学校做报告,给学生介绍与开展研究相关的报告或科技报告。还可以组织学生到有关校外教育单位学习、参观、访问,甚至让学生利用校外科研单位的设施条件开展研究等。

4. 加强管理,促进学生和家长参与课程资源建设

强化学生及其家长在课程资源建设中的作用。在科学管理与有效指导下,学生主体作用会最大限度地体现,其具有的巨大潜能和创造性,能将教育者对综合实践活动的设想转变为更加美好的现实教育成果。

学生家长分布在各行各业,很多人在自己的岗位上具有一定的经验和专长,有能力开展活动指导。主题选择,可以提示学生选择与自己家长职业相关的,容易得到家长的认可和帮助。此外,学生与家长的共同研究,还可以增进学生和家长的情感交流,有利于形成融洽的家庭关系。

5. 管理利用好网络资源

随着信息技术的不断发展,互联网已经成为学生进行信息搜索的重要渠道,丰富多彩的网上信息可以为学生的学习和研究提供丰富的资料。同时必须注意到,网上的信息良莠不齐,上网也有可能给学生带来负面的影响,因此,必须加强对学生上网的教育、管理和指导。

具体做法包括:一是学生在学校上网时需要有专人管理和指导。二是要加强与学生家长的联系,了解学生在家中上网的情况,发现问题及时商议解决。三是引导教育好学生,互联网并不是获取信息的唯一途径,各类资料室、图书馆中的文献同样是很重要的资料,应该善加利用。

(四) 课程评价管理

没有评价就没有前进的方向。有效的评价机制,能够给综合实践活动课程带来长久的动力。制定评价方案,可以明确综合实践活动课程的目标导向,形成合理、客观、系统、积极的评价机制是保证该课程顺利实施的重要条件。

1. 评价的层次与对象

课程评价包括两个层次:一个是具体课题的评价,另一个是学校整体课程的评价。无论哪个层次都应该本着激励和维护积极性的原则建立相应的程序和制度。综合实践活动评价包括两部分最重要的对象:其一是学生,其二是教师。无论针对哪种对象,指标和权重都要根据平时学校课程督查与指导情况制定,学期末由学校组织对综合实践活动课程开展情况进行

验收。

2. 评价的具体措施

通过问卷、访谈等手段向学生和教师了解课程开展的情况,通过召开成果汇报展示交流会、听取汇报等方式进行考核评价,形成平时检查和期末考核评价相结合、教师自我评价和学生评价相结合、教学成果评价和社会效应评价相结合、过程和结果相结合的评价机制。

评价制度应具有激励作用,在精神上可通过口头表扬、大会报告、汇报演出等形式,表现突出的教师和学生在评优、评先中可优先考虑;在物质上可对教师提供报酬奖励,对学生发给一定的纪念品等。学校还可以设立专门的奖励基金,对参与活动突出的个人和集体给予一定的物质奖励。

(五) 课程实施过程监控

综合实践活动实施过程管理的目的,在于使综合实践活动规范化。综合实践活动开发与实施的主体是学生,实施过程是学生自我决策、自主行动和自主实践探究的过程。教师在活动中扮演着支持者、管理者、帮助者、引导者、合作者等多种角色,对过程管理具有重要价值。

第二节　课程规划与实施

课程规划是学校课程得以有效实施的基础,课程实施过程是课程规划的具体落实,而课程制度是学校课程得以有效实施的保障。因此,本节分别从课程规划、课程制度建设、课程实施过程三方面加以讨论。

一、学校课程规划

课程规划是课程管理体系中的核心内容。

(一) 课程规划的概念

课程规划是学校对课程的整体设想和计划,它是课程实施的依据和蓝图。综合实践活动课程总体实施方案,不仅是学校的课程总体规划与安排,也是学校课程实施、管理和检查评价的依据。

(二) 课程规划的意义

综合实践活动的自主性、开放性和生成性,决定了课程管理的复杂性和艰巨性。学校必须针对学校的具体情况,进行课程实施的整体规划和设计,制订科学、合理的课程实施方案。其意义如下。

1. 有利于形成学校办学特色,避免课程开设的随意性

学校在综合实践活动课程的实施过程中,如果只是依靠教师个体自发地研究,或各年级、各班级自行计划,而缺乏对学校各年级课程实施的整体规划和安排,容易导致综合实践活动开展的随意性和无序性,不同年级主题活动缺乏衔接,课时随时可能被挤占,影响课程的常态实施,也难以体现学校的办学特色。

因此,学校对综合实践活动进行整体规划,可以更全面地、系统地开发各种课程资源,依据

学生的身心发展水平和认识规律合理安排各类活动，使学生的实践性学习循序渐进，能更系统地掌握研究方法。

2. 有利于提高课程建设水平，有效开发利用课程资源

综合实践活动课程具有很强的开放性和实践性，需要更为丰富的课程资源以保证其常态实施。学校对课程进行整体规划，可以通盘考虑学校内外部的各种课程资源，充分利用学校现有的人力资源和物质资源，统一安排指导教师和学生活动所需的专用教室、实验室、校内实践基地等，根据学生活动需要调配学校的网络资源、图书资源等，实现校内课程资源的整合。

另外，学校统筹规划，对学校临近的社会教育资源进行整体的、综合的课程化开发，既可以避免教师单独开发出现的重复工作现象，又可以使课程资源的开发和利用更加充分和有效，保证学生综合实践活动的顺利有序开展。

3. 有利于规范课程管理，保证课程实施常态化和高质量

任何一门课程正常有序地实施都需要学校进行规划和管理，综合实践活动课程的实施仅教师个人自发研究和实践是难以管理和规范的。学校对综合实践活动课程进行整体规划并制订出相应的课程实施方案，就可以将综合实践活动的课时、场地、师资、内容、形式等课程实施的要素真正落实和确定下来，从而确保课程的常态实施和高质量发展。

学校制订综合实践活动课程规划，不仅有利于学校建立相应的管理制度，还可以使课程的实施更加有章可循，按照课程方案对课程实施的进度和要求及时进行监督、管理和评价，以确保综合实践活动课程的开设更加有效和规范。

总之，制定科学、规范的综合实践活动课程总体实施方案，可以提升学校课程管理的结构配置和运行效能，可以避免课程开展缺乏整体性、全面性和衔接性，并且可以有效提高综合实践活动课程实施的质量和水平。

（三）课程总体方案的制定

综合实践活动总体方案的基本内容，一般包括以下几个方面：课程前言、课程目标、课程内容、课程实施、课程资源和课程评价等。

1. 课程前言的拟定

这部分内容需要说明本校实施综合实践活动课程的基本理论、指导思想、开设背景，以及课程的性质和实施的意义等。《指导纲要》指出，将办学理念、办学特色、培养目标、教育内容等融入其中。

活动总体实施方案制定，要深入探讨《指导纲要》精神，结合学校的办学思想，确定学校实施综合实践活动的指导思想，明确课程性质、理论。课程前言撰写，有助于规范学校相关职能部门、人员和教师的课程行为，保证课程地位，体现课程价值。

2. 课程目标的明确

课程目标是学校对综合实践活动课程目标在本学段的分解细化，是在本学校的具体化。应当根据《指导纲要》中所提出的四个方面，即价值体认、责任担当、问题解决和创意物化，以及在小学阶段的相关具体内容，提出学校课程实施的目标。包括各年级，甚至各学期实施的具体目标。

在具体目标的设计上，要注意根据学生年龄差异体现循序渐进的特点，以及根据内容领域的差异体现针对性和适用性。课程目标有助于教师开展综合实践活动时进行重点把握和指导。

3. 课程内容的选择

课程内容是综合实践活动课程规划与实施方案的核心内容。设计与安排,应当参考《指导纲要》附件的《推荐主题》,根据本校实际,在充分征求教师、学生、家长、校外专家以及其他社会成员意见的基础上,围绕学生与自然、社会、自我三个维度,加以系统设计和规划。

课程内容选择,应从学生的生活经验、认知水平、兴趣需求和能力水平出发,充分考虑学校的环境与资源特点,按照不同年级进行整体设计与规划,要体现学校统筹规划(预设性)和学生自主选题(生成性、自主性)相结合的原则。

4. 课程实施的计划

课程实施计划是整个课程方案的核心部分,是指导教师和学生开展活动的程序安排与行动指导标准。活动方式不同,课程实施的环节和方法也不相同。实施计划中应包括活动主题的选择方式、活动组织形式、活动的流程,以及指导教师的安排、活动常规要求等诸项内容。

课程的实施计划不仅是教师实施课程的依据,也是学校对综合实践活动实施进行监督、管理和评价的依据。课程实施计划要体现综合实践活动的基本理念,同时充分考虑学校的实际情况,使综合实践活动课程的实施能够与学校的其他工作协调一致,确保计划的可执行、可操作性。

5. 课程资源的管理

课程资源管理包括组织管理、师资配备、课时安排、课程制度、设施设备及基地建设等内容。比如,设立学校综合实践活动领导小组、课程研发中心、执行部门,制定专兼职教师资格认定与配备制度、相关部门与人员的职责要求、课时安排等。课程制度还包括教师工作量制度、协作教学制度、设施设备使用制度、校本行动研究制度、学分配置与认定制度、检查与评价制度、教师考核与奖励制度等。

课程资源管理是综合实践活动课程设计与实施方案有效落实的具体措施和基本保证。每项内容都可以作为课程总体方案的附件单列,以保证在课时安排、实施机构与人员、组织方式、教师指导等方面的具体实施有效到位。

6. 课程评价的管理

课程评价是根据综合实践活动课程评价的理念与要求,结合本校实际,对开展综合实践活动的质量所进行的评价。它是课程建设的一部分,也是保证综合实践活动课程常态、有效实施的一个重要因素。

课程方案要明确评价的原则和方法,在具体评价设计上,应坚持发展性评价的理念,采用多元评价方式,将形成性评价与终结性评价结合起来。学校应不断创新评价方案,不断完善自我监控和评估机制,发挥评价的导向功能,以确保课程的有效实施和高质量发展。

(四) 课程规划所涉及的几对关系

在进行综合实践活动课程规划的过程中,也经常会遇到一些实际问题,需要大家共同思考和探索。

1. 方案预设与活动生成

综合实践活动的实施过程具有开放性和规范性双重特征。学校要统筹安排各年级、各班级学生的综合实践活动课时、主题、指导教师、场地设施等,加强与校外活动场所的沟通协调,为每一个学生参与活动创造必要条件,提供发展机遇。但不得以单一、僵化、固定的模式去约束所有班级、社团的具体活动过程,剥夺学生自主选择的空间。要允许和鼓励师生从生活中选择有价值的活动主题，选择适当的活动方式创造性地开展活动。要关注学生活动的生成性目标与生成性主题并引导其发展，为学生创造性的发展开辟广阔空间。

2. 综合实践活动与学科课程

在设计与实施综合实践活动课程中，要引导学生主动运用各门学科知识分析解决实际问题，使学科知识在综合实践活动中得到延伸、综合、重组与提升。学生在综合实践活动中所发现的问题要在相关学科教学中分析解决，所获得的知识要在相关学科教学中拓展加深。防止用学科实践活动取代综合实践活动。

3. 学校特色与课程综合性

《综合实践活动指导纲要》指出："综合实践活动实施要集中体现学校的特色，学校应对综合实践活动进行统筹规划。"综合实践活动内容的选择应立足于体现每一所学校的特色，并使其成为特色学校建设的重要环节。同时，综合实践活动的综合性特征又决定了课程内容的选择要面向学生的整个生活世界。在实践中，学校充分挖掘了当地的某一方面资源或内容实施的综合实践活动，体现了学校的特色，却往往容易忽视其他方面的资源或活动类型而使课程的综合性体现得不够。如何使综合实践活动课程在更好地体现学校特色的同时又不失综合性，是学校制订课程方案时有待进一步深入研究的问题。

4. 综合实践活动与专题教育

学校的专题教育活动有优秀传统文化教育、革命传统教育、国家安全教育、心理健康教育、环境教育、法治教育、知识产权教育等。可以将这些专题教育活动转化为学生感兴趣的综合实践活动主题，让学生通过亲历感悟、实践体验、行动反思等方式实现专题教育的目标。同时必须注意，专题教育并不等同于综合实践活动课程。要在国家宪法日、国家安全教育日、全民国防教育日等重要时间节点，组织学生开展相关主题教育活动。

5. 综合实践活动与校本课程

综合实践活动课程与校本课程既有区别又有一定的联系。综合实践活动属于国家课程，是学校必须开设的必修课程，是和学科课程并列的一类活动课程，它需要用校本课程开发的技术来进行设计和实施。而校本课程不是一门具体课程，它是三级课程管理制度中学校自主管理的那部分课程，是根据学校的办学理念来开设的，其内容和学习方式可以符合综合实践活动的要求，也可以不符合。在综合实践活动课程规划中，经常会看到，一些本属于校本课程的内容也出现在综合实践活动课程实施方案中，如军训、书法等。这一现象说明，综合实践活动与校本课程的概念混淆。因此，如何把握综合实践活动与校本课程的关系，是学校在制订综合实践活动课程方案时需要特别注意的问题。

案例 9.1

将军庄小学四年级综合实践活动规划

一、年级总目标

1. 总体目标

培养学生的实践能力和创新能力，强调学生主动参与、乐于探究、勤于动手、善于思考，突出学生的主体性与参与能力。

2. 具体目标

(1) 走进生活，了解我们身边的节日，对学生进行社会活动能力的培养。

(2) 走进家乡，了解家乡的农作物，培养学生自主获取知识，收集、处理信息的能力，解决问题的能力。

(3) 激发学生的好奇心和求知欲,使学生初步养成从事探究活动的正确态度,发展学生探究问题的初步能力。

二、学期活动主题

9月:"教师节"知多少

12月:"国庆节"知多少

11月:关于"棉花"的研究

12月:珍惜水源,节约用水

三、分析情况

综合实践活动作为一门新课程进入校园,对我们的师生来说既熟悉,又陌生。综合实践活动是基于学生的直接经验、密切联系学生自身生活和社会生活、体现知识的综合运用的课程形态。这是一种以学生的经验与生活为核心的实践性课程。综合实践活动并不是追求严密的知识体,而是立足于学生的自身生活和社会实际,让学生利用已有的知识和经验开展有意义的活动。学生对此具有较高的学习兴趣。①

【案例点评】

本案例说明:综合实践活动规划要结合时间、学生的年龄、地域特点来进行。本方案出自农村学校,结合本地的农业特点来发挥地域优势是很好的设计和规划思路。

(五) 行政支持与资源整合

学校课程规划的顺利开展和有效高品质进行,需要领导班子和课程规划与开发领导小组,定期召开课程发展会议。会议内容主要包括以下几点。

(1) 开展课程专业培训,形成课程开发的领导力。

(2) 成立课程发展委员会,明确任务分工与运作方法。

(3) 提供课程发展所需的行政支持,有效配置资源。

(4) 设置资源管理系统,整合资源,建立共享机制。

二、课程制度建设

为了增强综合实践活动课程的可行性、实效性和可操作性,从教育行政部门到课程实施部门层面,应在综合实践活动整体规划过程中,配备专人负责课程的教学研究和业务管理的工作,形成科学合理的运作机制。

(一) 设置课程管理组织

在学校中应该设立以校长为首的"综合实践活动课程领导小组",以教导处、政教处、总务处、各学科教研室等部门负责人以及家长委员会负责人为成员,负责全校教师的课程调配。下设两个并行的小组,即研究小组和执行小组。二者有合作有分工,各有侧重,人员允许有交叉。

1. 领导小组

统一规划,协调各方面的关系,管理下属两个小组的工作,负责牵头和总结整体工作,给予物质和精神上的支持,为综合实践活动课程实施保驾护航,加强宣传,营造舆论。

① 本案例引用时已做修改。http://wenku.baidu.com/view/055c49bff121dd36a32d827c.html,2013-2-16.

2. 研究小组

负责对学校综合实践活动课程的研究、交流与推广，负责教师的业务指导，负责对学校课程具体实施中的问题进行指导，进行理论和实践结合的研究，同时根据学校实际情况，安排各年级和班级的活动时间，负责教师工作的统计和考核。

3. 执行小组

制定实施方案，确定每个活动方案具体细节的设计，比如活动时间、地点、路线、人员分组、安全措施以及与外界的联络等。课程的实施中，执行小组要与研究小组处理出现的问题，上报活动记录和总结。执行小组要直接面向活动参与人员和学生。

从学校层面，需要建立相应的组织框架，学校层面的这一课程管理运行机制是以校长为负责人，以年级组长、教导主任和政教主任为核心，直接将综合实践活动课程的管理融进学校的常规管理机构之中。校长负责总体规划以及学校综合实践活动课程的统筹安排，年级组长、教导主任和政教主任在综合实践活动课程管理领域各负其责。

（二）完善课程评价制度

综合实践活动课程在实践中的实际地位仍然不高，原因主要是评价体制没有彻底改变，目前学校教育教学仍然体现为分数竞争。因此，综合实践活动课程的地位的落实，有赖于评价机制的建立和完善。综合实践活动课程的评价制度建设要包含学生评价和教师评价两个方面，评价的作用一是反馈，二是激励。

按照综合实践活动的课程目标，学生在活动的参与程度、情感体验、能力发展、团队合作意识方法掌握以及成果交流等方面都要进行评价；教师评价的内容要考虑教师是否将评价贯穿于整个教学过程、是否对学生进行及时评价、是否指导学生学会学习、是否鼓励并发展学生进行自我评价和评价他人的能力，教师是否在指导活动过程中自身进行了学习、是否对自己的指导过程进行了反思、整个指导过程是否合理等。

（三）建立教师发展制度

指导教师是综合实践活动课程实施的关键，其专业化水平高低直接影响课程实施的质量和水平。指导教师要在学校管理机制领导下，通过教研合作、创新实践保证综合实践活动课程的有效开展。

1. 有效管理，激励教师认真指导

教师是课程开发和实施的主体。为保证每位指导教师投入足够的时间和精力，尽职尽责地完成指导工作，学校必须建立起科学的教师管理和评价机制，促进教师在课程中的不断发展和提高。学校还应该把综合实践活动的指导与教师的工作量核算、职称评定以及学年工作考核等多方面管理和评价相联系，建立一套有效的激励和评价机制，促进教师提高工作积极性。

特别重要的是，学校必须将教师专业化发展列为课程管理的重要内容。各地和学校要明确综合实践活动课程教师考核要求和办法，科学合理地计算教师工作量，将指导学生综合实践活动的工作业绩作为教师职称晋升和岗位聘任的重要依据，对取得显著成效的指导教师给予表彰奖励。

制定适合本校实际情况的相关制度，保障教师专业发展持续推进。例如可以建立如下制度：教师教研制度、教师进修制度、考核激励制度等，使综合实践活动课程的实施走向规范化的轨道。

2. 创造机会,让教师参与课程培训

综合实践活动课程本身对教师极富挑战性,它要求教师不断地充电,不断地自我提高才能胜任其指导工作。学校应创造各种机会,鼓励教师参加综合实践活动课程的培训,积极开展多种形式的教育教学实践研究,促进教师在课程实施中的专业发展,应对来自综合实践活动课程对教师的挑战。

3. 搭建平台,加强教师间的交流合作

首先,定期组织教研活动。学校要根据实际情况,以年级组为单位,由年级组长为负责人,安排专门的时间,组织教师集体备课,每月召开一次指导老师研讨会。教研活动不只是单一的活动汇报或工作布置,而应以与综合实践活动课程相关的研发、实施相关的理论、业务知识的学习研讨为主,讨论课程进展中出现的问题、实施中的经验得失,共同探讨遇到的困难,提出解决的方法,从而形成良好的教研氛围。

其次,组建指导教师团队。每个教师必须学会与其他教师相互联合、共同协作、互相帮助,施展集体的教学智慧。在教育学生学会合作的同时,教师首先要自己学会合作。学校要充分认识到教师合作的重要性,积极引导学校教师的合作交流,促进教师形成指导团队或成立专门的教师指导小组,定期集体备课,进行校本开发和校本教研。学校应通过课程管理,及时推广成功的实施经验和科学的实施策略,互相学习,交流成功的经验和失败的教训。有条件的还可以对综合实践活动进行网络管理。

案例 9.2

某校提高综合实践活动教师能力具体措施

具体做法:其一,聘请校外专家、学者讲座、骨干领衔等途径更新教师的教育观念,挖掘教师的课程开发潜能。其二,组织教师学习《小学综合实践活动指导纲要》和其他相关资料,深刻领会课程精神内涵。其三,定期举行各种研讨会,互相学习交流经验,吸取教训。其四,通过实施中的案例分析,探索指导学生开展活动的策略,提高教师的指导水平。我们一方面整理在实践基础上较有成效的主题教案,一方面组织教师开展综合实践活动案例征集活动,筛选修订汇编成册,做到资源共享。①

【案例点评】

做好综合实践活动教师的管理除了制定制度和规划之外,还要在实施中把握可行性的具体措施,这样才能使好的制度落到实处,发挥真正的作用。

(四)健全课程资源开发制度

综合实践活动课程的有效实施要有相应的课程管理制度予以保障。各学校应根据实际情况制定必要的规章制度。

1. 课程资源开发管理制度

综合实践活动课程开发涉及的环境与活动范围相互关联。它的活动范围包括班级环境、学校环境、社区环境以及社会环境。从学科角度看,地理学、心理学、社会学、人类学、经济学、政治学、历史学等社会科学都属于课程开发资源的范畴。此外,艺术、流行文化、大众媒体、学生日常生活的数据、校内生活、当代问题和事件、全球事务等,都是课程开发的丰富资源。

---

① 本案例引用时已做修改。http://gxpx.cersp.com/article/browse/122827.jspx,2013-2-16.

在活动过程中，学校应不断与周边的环境建立联系，积累资源。要有效整合各种课程资源，挖掘资源的隐形价值，发挥学校地域性优势，开发利用地区课程资源；指导教师需要树立强烈的资讯意识，提升采集信息技术的能力，将信息技术有机地融入综合实践活动课程的内容与实施过程中，引导学生进行跨班级、跨学校、跨地区的实践活动。综合实践活动课程开发还需要竭力整合文化资源。

2. 课时调配制度

首先，要给予综合实践活动课程合法的地位保证，与其他国家课程一样不被随意挤占或挪用。

其次，综合实践活动课程倡导学生对课题的自主选择与主动探究，综合实践活动课程的时间安排宜采用“弹性课时制”。可以将每周的时间集中在一个单位时间使用，也可将几周的时间集中起来使用，亦可根据需要将综合实践活动时间与某学科打通使用，等等。

最后，学校还可以利用节假日进行社区活动和社会实践。

3. 全方位的支持体系建设与保障

(1) 网络资源开发。地方教育行政部门、教研机构和学校要开发优质网络资源，遴选相关影视作品等充实资源内容，为课程实施提供资源保障。探索和建立优质资源的共享机制，为课程实施提供高质量、常态化的资源支撑。

(2) 硬件配套与利用。学校要为综合实践活动的实施提供配套硬件资源与耗材，并积极争取校外活动场所支持，建立课程资源的协调与共享机制，充分发挥实验室、专用教室及各类教学设施在综合实践活动课程实施过程中的作用，提高使用效率，避免资源闲置与浪费。

(3) 经费保障。地方和学校要确保开展综合实践活动所需经费，支持综合实践活动课程资源、实践基地建设和专题研究等。

(4) 安全保障。地方教育行政部门统筹协调，建立安全管控机制，分级落实安全责任。学校要设立安全风险预警机制，建立规范化的安全管理制度及管理措施。教师要增强安全意识，加强对学生的安全教育，提升学生安全防范能力。

三、课程实施过程的管理

课程规划与总体方案是学校课程管理的顶层设计，是学校课程管理的基本框架，课程组织与制度管理是学校课程管理的基本平台和主要手段，而课程实施的过程管理则是提升课程实施水平的关键内容。

(一) 明确课程实施过程管理内容

课程管理部门、推进部门要定期检查、督导课程实施情况。主要内容包括：第一，落实学校课程规划与进度情况。第二，教学团队建设情况，关注能否发挥教师专长。第三，活动指导评价情况，要注意评价多元化，是否便于问题补救或工作改进。

(二) 活动指导管理

课程实施的过程管理，主要依靠指导教师的工作来完成。

第三节 学生活动管理

很多人把综合实践活动课程称为“学生自己的课”,因为这一课程最能体现学生的主体地位。在活动中,学生主动性虽然很强,但由于不成熟,他们的思考、判别、决策,带有很强的随意性,需要学校与教师加以组织和管理。

一、学生活动的监管环节

对学生整个实践体验过程加以引导,减少学生活动的随意性,绝不能放任自流。在具体监管中要注意以下几点。

(一) 主题选择与确立

主题的选择和确立直接影响实践活动内容、方向和最终的成败。活动主题的选择与确定,原则上由学生自行选择和确立。但是,由于学生缺乏经验,需要教师进行方法指导,甚至提供一些主题供他们选择。如本校优势主题:环境教育、健康教育、科技教育、德育传统活动等。此外,学生初步确立主题后,学校要对学生的活动主题进行审核和评价。

(二) 学生活动与行为表现

在研究过程中,学生的行为和表现,应是综合实践活动中教师关注的重点。如参与研究的主动性、创造性、人际交往与合作、感受和体验等。教师应在学生实践过程中及时进行评价和指导,促进学生的实践活动正常、有序地进行。另外,在学生开展实践活动的过程中,尤其是学生外出调查、访问和进行实验的实际操作时,要加强对学生的管理,采取有效的管理措施,进行充分的安全教育,尽量不单独外出活动,不去危险、不安全的地方(如野外、建筑工地等)调查。

(三) 活动主题的结项

要促进学生综合素质的全面提升,主题活动的过程必须完整。由于学生的研究和实践经验不足,活动中学生可能没有达到预期的目标,或没有完成课题实施计划中的各项任务。学校要注意不能让学生的实践活动半途而废、不了了之。教师要引导学生完成结题的工作。研究失败或出现问题,可以在结题报告中分析原因,为以后的研究提供可借鉴的经验,这对学生而言同样是收获和提高。

(四) 学生自我管理

组织和实施综合实践活动的过程中,不仅学校和教师要明确各自的责任,学生本人也要承担一定的责任。要在活动中逐渐培养对自己、对他人、对社会的责任意识。学生活动小组的负责人要主持本小组日常活动,组织小组成员相互交流和评价,及时向教师反映情况,督促小组成员按计划完成各项工作。学生本人也要对自己在活动中的行为负责,明确活动目的,积极参与实践活动,主动与其他同学合作完成各项研究实践任务,认真总结活动收获,做好自我评价工作等。

二、活动主题的管理

活动主题是综合实践活动的核心与枢纽。好主题可以调动学生探究兴趣,可以激发学生潜能,可以磨炼学生意志,可以促使学生创新。学生活动主题管理是学生管理的重要组成部分。

(一) 活动设计内容与要求

指导教师必须制定学生活动主题的具体指导方案,编写活动设计。活动设计可分以下内容:主题来源、活动目标、活动准备、活动过程、活动支持资源、技术指导、可能出现的问题等。

制订好主题活动计划。在主题活动计划中首先要明确该主题活动要达成的目标。这些目标都是比较细化的可操作性目标,包括必须解决的具体问题和提出具体的解决措施。其次,对活动的实施步骤要有大致的安排。

(二) 活动实施的要求

1. 分组选题基于学生兴趣爱好

学生研究的问题,可以有以下几种来源:教师提供一个较大的研究主题,学生在老师指导下,根据自己的兴趣爱好选择一个较小的课题;学生个人独立开展研究,或组成小组进行研究;选题来源,可以是课堂教学内容的拓展和延伸,也可以是从自然和社会生活中独立发现和提出的问题。

2. 主题探究做到"短""少""小"

由于学生进行研究性学习,受到知识结构、操作技能、自控力、安全性、持续性等诸多条件的限制,选题时要注重"短""少""小"。

"短"是指学生开展某一课题研究的时间不宜拖得太久。如果时间过长,研究容易半途而废。

"少"主要是指小学生研究的问题要适量,不宜贪多。如果学生研究的课题过多,就会使学生的自主研究性学习浮于表面、蜻蜓点水,还会增加学生负担。

"小"是指学生提出的问题要小,选择和确定的研究课题要小。如:有一个小组提出要研究"小学生压岁钱的来源和使用",教师可帮助他们缩小探究范围,改为"某某小学或某班级学生压岁钱的来源与使用",这样就可行多了。

三、活动组织与过程管理

学生自愿或随机分组,教师适度指导,组成活动小组。小组成员共同参与,合作完成一项活动。这既可以扩大学生合作交流的机会,又能使每个成员得到锻炼和发挥才能的机会。因此小组活动最能有效实现课程目标,应是综合实践活动课程的主要组织形式。

(一) 学生活动组织

在综合实践活动中,学生一般以小组合作的方式进行。关于活动小组的组建,有一些基本原则和具体方法;其中,组长的作用极其重要。

1. 小组人员的确定

在个人自主的基础上,由4～6名同学自愿组成一个活动小组,小组民主产生组长,组长负责小组成员的研究分工以及与指导教师的联络等。在组织活动小组的过程中,既要考虑每一个成员的兴趣,又要考虑他在小组内分工负责的研究任务。对于没有组合起来的少数学生,教师要适当地提出建议,但应以尊重学生的自主选择为前提。

2. 小组长的职责

小组长在综合实践活动中的作用非常重要。教师要特别注意对小组长的管理,及时听取组长的汇报,及时了解学生活动的情况。

案例 9.3

小组长的职责

(1) 小组长主要负责团结全组同学并带领大家积极投入每个阶段的学习活动,完成各阶段的工作目标任务。

(2) 小组长一般由学生民主推荐产生,以身作则,尊重组员,能协调小组成员间的关系,对小组课题研究计划落实和组员管理负有责任。

(3) 在教师指导下,带领小组制定实施研究方案,开展课题研究。

(4) 负责小组成员的分工,明确本组人员各自的责任。

(5) 及时组织召开小组会,讨论活动过程中遇到的问题,商量解决的办法。

(6) 填写各种活动量表,详细记录每次活动情况,并及时向指导老师汇报活动实施情况。

(7) 经常组织小组成员与其他小组交流,相互借鉴、取长补短。

(二) 学生参与程度

加强学生参与的管理,是综合实践活动顺利进行的重要条件,也是学生自身发展的需要。综合实践活动倡导学生自主学习、研究性学习,从开题、实施、结题都是学生在自主、自由、自觉状态下进行的。尊重学生本身的选择,给学生足够的空间发展自己,是研究性课题本身的要求。

但是也存在一些问题,如学生借口外出访谈迟归或玩耍、中途退出、袖手旁观等,这些问题对课题研究与学生个性发展都是不利的。为此,可以从两方面加强对学生参与的管理。一方面,对学生的过程参与进行考勤;另一方面,建立学校、家庭、社会的信息沟通和互动的反馈网络,这样,既不妨碍发展学生的个性,又能对一些可能带来的不良后果做到预防。

(三) 学生活动程序

教师指导工作主要包括以下几个方面。

(1) 如何选择主题。到哪里去找问题?怎样把问题变成研究课题?

(2) 制订活动方案。活动方案包括的内容,例如,要做什么?怎样做?做成什么?可能会出现的问题?

(3) 查阅文献资料。需要哪些资料?可以从哪里找到这些资料?如何整理资料?

(4) 学会社会调查。如确定调查的内容,确定调查的对象,设计调查问卷,发放调查问卷,整理调查数据,分析可能会出现的问题等。

(5) 学会整理和分析资料。对记录的目的、记录的原则、记录的方法进行辅导。

(6) 选择成果表现形式。有文字类,如课题研究论文;有实物类,如模型、音像制品、多媒体制品、网页、广告;在成果表现原则、方式方面给予指导。

(7) 指导学生评价自己的表现和研究成果。

四、活动档案的管理

学生活动档案的管理主要分为两方面。

(一) 过程档案

主要包括：活动方案记录表、课题研究活动记录表、实验记录表、访谈表、外出活动申报表、小组成员考勤表等。

(二) 学生成长记录袋

成长记录袋，也被一些学者翻译为“档案袋”。主要是指收集、记录学生自己、教师或同伴做出评价的有关材料，学生的作品、反思，还有其他相关的证据与材料等，以此来评价学生学习和进步状况。

成长记录袋可以说是记录了学生在某一时期一系列的成长“经历”，是评价学生进步、努力程度、反省能力及其最终发展水平的理想方式。

五、活动成果的管理

(一) 静态活动成果

静态活动结果的表现形式多种多样，具体而言有文字和实物两大类。

(1) 文字类。主要包括调查报告、实验报告、小论文、建议书等。

(2) 实物类。主要包括实物模型、有关图片、多媒体课件等。

可以设置动态资源库和固定居室对学生的活动结果做好登记和保存。固定居室展出学生的实物模型、各种文稿等。

(二) 动态活动成果及其管理

动态资源库的资源划分为三大类：文字、多媒体(包括视频、音频和动画)、其他相关资源。活动小组成员可以把自己的资料按照不同的载体形式发布在资源库中，对以后资源的调用和管理都是十分有利的。

六、学生安全的管理

(一) 上网管理

加强信息素养教育和网络道德教育，加强学生网络使用管理。

案例 9.4

学校上网管理规定

自觉执行《全国青少年网络文明公约》，做到善于网上学习，不浏览不良信息。要诚信友好交流，不侮辱欺诈他人。要增强自护意识，不随意约会网友。要维护网络安全，不破坏网络秩序。要有益身心健康，不沉溺虚拟时空。

(二) 外出管理

学生外出时，指导老师事先一定要预测可能发生的种种情况，采取一系列对学生的监控措施。

案例 9.5

学校外出活动管理规定

委派或选举有责任心的同学做访谈小组长;学生小组外出活动必须三人以上;在征得指导教师或班主任同意后,活动小组要填写外出申请单和外出访谈表;每次活动后,学生小组要认真填写活动记录,写明外出时间以及返校时间;与家长取得联系,填写家校联系单,并及时反馈给学校,尤其是节假日;每次访谈结束后,学生要到指导教师或班主任处销假。

七、评价机制的管理

评价机制管理是综合实践活动中学生管理的重要内容。具体内容详见本书第九章,在此不做赘述。

本章概要

综合实践活动的管理是本课程有效实施的保证,在综合实践活动管理的诸多方面中,课程管理、课程规划和保障机制、学生管理是重中之重。本章对这几方面的内涵、原则、管理的具体内容等进行了详尽阐述,理解和把握这些内容对于课程的有效实施具有重要意义。

拓展资源

拓展知识　　视频资源

思考与实践

一、理论思考

1. 什么是课程管理? 什么是课程领导?
2. 课程管理与课程领导的区别是什么?
3. 课程管理的原则和特征有哪些?
4. 课程管理包含哪些内容?
5. 什么是学生管理? 学生管理的价值是什么?
6. 综合实践活动中学生管理包含哪些内容?
7. 学校在进行课程规划时要注意处理好哪几个关系?
8. 课程管理的保障机制主要涉及哪些方面和内容?

二、实践探索

1. 试分析综合实践活动管理包括哪些内容,彼此之间存在什么关系。
2. 选择某个地域的一所学校为其规划综合实践活动的实施方案。

第十章　综合实践活动教师

学习目标

- 了解综合实践活动教师工作的特点与要求
- 把握综合实践活动教师队伍的现状和问题
- 掌握综合实践活动教师成长的途径与方法

问题情境

教师：逃离综合实践活动

在一次综合实践活动课程课题组研讨中，一位老师抱怨说，自己教了这么多年的书，从来都是充满信心地走进课堂的，可是现在面对综合实践活动课程却有点胆怯，心中没有底气，不知道会遇到什么不可预知的状况。另外一位老师也表达了这样的困惑，说综合实践活动没有教材和教参，教师无从把握，学生学不到系统的知识，对提高考试成绩也没有什么帮助，还占用很多时间。还有一位老师说，学生在这门课中的表现很难评定，而且评定结果与最终的升学考试也没有什么关系，所以现在上这门课似乎意义不大。一时间，弥漫着对综合实践活动课程培养目标和存在价值的怀疑。①

案例中教师们有对课程价值的质疑，对课程目标的疑惑，还有对自身素质的恐慌。可谓心情复杂！综合实践活动课程对教师意味着什么？它对教师提出了哪些新要求？目前指导教师队伍的现状如何？教师又该如何胜任这类课程？

理论述要

第一节　综合实践活动教师的工作

综合实践活动作为一门培养学生综合素质的跨学科实践性课程，在立德树人中具有重要作用。作为教师，必须充分认识综合实践活动课程，明确自身的工作特点和工作要求，有的放

① 张华，安桂清，等. 综合实践活动课程开发与案例研究[M]. 北京：高等教育出版社，2008：39-40.

矢地开展工作。

一、综合实践活动教师的工作特点

综合实践活动“几乎将教师熟悉且习惯的一切颠覆,从教育理念到实践操作都开拓出一套全新的系统”[①],首先表现在教师的工作特点方面。

(一)协调性

在实践活动中,指导教师是活动组织者。既要与学生一道对活动进行规划,组织活动开展,还要协调学生、学校与家长的关系,协调社会有关部门、机构与学生活动的关系,为学生开发课程资源。教师的组织和协调,只限于指导性建议。例如活动小组的组建,教师提出活动小组成员组合的原则和原因,对活动小组的人员进行组织和分工,然后由学生自由组合。活动过程的安排和活动过程的管理,教师只提出一些基本原则和要求,让学生在具体细节上参与组织和管理。

(二)引导性

指导教师还是学生学习、探究活动的引导者。教师对活动主题生成、活动方案设计、活动程序安排、活动成果形成、主题活动拓展等给予指引、点拨。当然,指导不是包办和替代,而是要从“方法”和“通识”层面对学生给予指导。

(三)实践性

指导教师是实践活动的参与者。不仅参与综合实践活动的方案制定、组织实施、管理和评价,更重要的是,教师作为活动中的普通一员,自觉加入活动,和学生一样成为一个交换意见的参加者,为实现活动目标相互影响、讨论、激励、了解、鼓舞。教师作为实践活动参与者中的重要一员,他/她的作用不再是传授知识,而是在活动中与学生共同解决问题,其知识也将被激活,这时,师生互动产生的新知识将大大增加。这样,教师才能对学生的个性特长、思想状况、社会背景有更深入的了解和把握。

(四)发展性

综合实践活动课程要求教师具有跨学科、跨领域的知识和技能,较强的规划能力、设计能力、实践能力、探究能力和收集处理信息的能力等。教师应当意识到自己知识和能力上的不足,坚持不断学习,使自己与学生在综合实践活动中一起成长。此外,综合实践活动课程要求学生研究性学习,教师首先应该成为研究者。因此必须改变自身科学研究能力薄弱的现状,结合综合实践的课题研究,在研究中学习研究,要努力提高自身科研素养。

(五)合作性

教师是学生活动的合作者。首先是参与活动、解决问题的伙伴;其次是指导学生活动的顾问;此外,教师与指导团队合作,与其他教师、家长、活动涉及项目的相关人员及专家等一起指导活动。要求教师积极参与“个人独立探究、小组合作探究、师生共同探究、班级集体探究”的过程,积极关注探究过程中出现的新问题和学生解决问题的创新点。

---

① 赵书超.综合实践活动课程:理念与价值[J].全球教育展望,2011(9).

（六）倾听性

教师也是学生的倾听者。通过倾听，教师可以了解学生的所思所感，才能增强教师指导的针对性和有效性。“指导即倾听”，首先意味着尊重并积极呼应每一个儿童自然天性或潜能的无声的呼唤；其次还意味着倾听儿童自己的观念，并帮助儿童在综合实践活动中诞生新的、更精彩的观念。倾听儿童，即向儿童学习，并欣赏其心灵的美丽、神奇和力量；构建相互倾听的、新的教育文化。

案例 10.1

班级文化我策划

班级文化是指班级群体文化，是班级所有成员共有的信念、价值观、态度的集合体，指引班级成员的言行倾向、班级人际环境、班级风气等形成。作为一个新组建的班集体和这个新集体的班主任，该如何尽快创建我们的班级文化呢？班级成员彼此陌生，仅有七天的军训之缘；大家具有什么特长我也是全然不知；班级文化墙布置要求迫在眉睫，当下又是假期，真的时间紧、任务重。思来想去，还是尽快成立班级文化策划团队，集中大家的智慧吧！

我首先在班级群中张贴了本次文化墙的布置任务，然后发出诚挚的号召，希望有热情，擅长绘画、书写或设计的同学踊跃报名参加。大家真是热情高涨！很快，这个近二十人的策划团队就形成了，他们各具特长。我大致给他们明确了一下文化墙的设计建议，然后鼓励他们去大胆思考和设计，五天后，带着自己的成果大家见面商讨。到了约定返校的日子，看到和听到了同学们的设计与思考，真让我脑洞大开，真心感叹他们的创造力和想象力，大家也很快就文化墙各大板块构成及设计思路、要求、内容等达成了共识。为了提高工作效率，建议他们依据各自特长成立了设计组、文字解说组、绘画组等，并明确了更加具体的分工任务。很快，我们独具特色的班级文化墙将在开学前与大家见面。

【案例点评】

作为一位班主任，面对一个新创建的班集体，如何在最短时间内，集中同学智慧完成班级面临的第一项任务，这的确是一个不小的挑战和考验！从案例我们不难看出，该班主任具有较强的组织、沟通、协调能力，十分清晰、明了地介绍了活动任务，并充分相信学生，即便这是一个刚组建的新集体！最大限度调动和发挥学生的聪明才智、优势特长，集思广益，明确一个个板块主题，组建一个个工作小组，确保人尽其才。既明确执行了规定的任务，又不失一定范围内的灵活性，充分发挥个体和团队的创造性，巧妙地锻炼了学生，又融洽了集体，达到了事半功倍的效果。

综合实践活动教师就是要时刻牢记立德树人的神圣使命，秉持培养学生综合素质，面向学生的生活世界，鼓励学生亲身实践、大胆探索的理念，循循善诱，因势利导，不断提升他们对自然、社会和自我联系的整体认识，提升价值体认、责任担当、问题解决、创意物化等方面的意识和能力。

二、综合实践活动教师的工作要求

作为综合实践活动的指导教师，其不仅要面对小学生特殊的身心特点，还需适应课程实施形式与学科课程截然不同所带来的学生的学习方式发生的巨大变化，因此，对教师提出了全新的工作要求。

(一)督促学生在活动中亲力亲为

工作目标：强调学生亲身经历、动手去做，使学生在各种活动中获得对于实际的真实感受。这种内心感受是学生形成认识，转化行为能力的原动力，也是他们的情感、态度、价值观健康发展的基础。

基本策略：一要立足学生的生活世界，指导学生选择恰当的活动主题、学习内容和活动方式。二要通过多种途径设置具体而现实的问题情境，引导学生在操作与活动中获得独特体验。三要在活动方式上，尽量采用参观、访问、调查、实验、测量、采访、宣传、郊游等多种感官参与、动手与动脑相结合的方式。四要把学生评价侧重点放在学生参与活动的态度和获得体验上。

(二)激励学生自主决策、独立行动

工作目标：引导学生按照课程一般目标并根据自身的条件和需要，自主选择活动主题，设定具体活动的目标；根据自己的兴趣和现有的水平，选定活动内容和活动方式。

基本策略：一要关注学生的主体意识，尊重学生的思想、情感和自主选择。二要从资源、情境、活动方式乃至思考路线方面，给学生以指导。三要及时给学生以鼓励。四要在学生遇到困难时，给予适当答疑和解惑。五要重视学生的自我评价，引导学生反思、发现和发展自我。

(三)倡导学生积极沟通与合作

工作目标：教师将综合实践活动视为一种师生、生生交往与合作的过程；努力推动学生间的交流与合作，从而促进学生的学习和智力发展，并在此过程中帮助学生正确认识和评价自己，形成民主素养和团队精神。

基本策略：一要疏通交往渠道，为学生提供各种交往条件和机会。二要协调人际关系，营造民主平等、和谐融洽、团结互助的心理环境。三要采用多种交流形式并随时进行调整。四要引导学生制订小组共同目标，分享学习资料和活动设备，协助学生安排不同的角色分担相应的责任，组织小组成果汇报与交流，让学生共享成功的喜悦。

(四)引导学生探究、发现和创新

工作目标：将综合实践活动营造成一个解决现实问题的真正实践过程，教师和学生一道力图在学习过程中不断探索与发现，进而将问题成功解决；鼓励学生努力寻找解决问题的方法和技巧，创造性地应用知识解决问题。

基本策略：一要通过多种方式创设问题情境，激发学生探究动机。二要引导学生学会解决问题的多种有效手段。三要启发学生掌握探究的思维和方法。四要在评价学生时，重方法、体验和感悟而非知识及其多少。

(五)促进学生综合素质发展与提高

工作目标：教师以综合实践活动为教育平台，全面指导学生自主解决所面临的真正实践问题、社会生活问题和自我成长问题，建立起一种接纳的、支持性的、宽容的课堂气氛，使他们的各种能力、情感生活与人生境界都能得到拓展和提升。

基本策略：一是冷静旁观，及时掌握各种情况和指导策略。二是给学生心理支持，以适当方式活跃学生思维。三是培养学生自律能力、友好态度与合作精神。四是加强社会责任感、生命价值与生活意义的讨论与引导。

三、综合实践活动的师生关系与课程文化

综合实践活动置学生于实践主体地位，师生关系自然需从以往的、单向度的“人际控制”文化（“师尊生卑”“师威生服”“师授生受”）中走出来，形成一种新型的、双向度的“对话交流”文化。

（一）积极的师生关系

在综合实践活动中，教师与学生的关系是一种对话关系、指导关系，即教师通过与学生对话以实现对学生实践活动的指导。

1. 对话关系

知识从“圣经”变为解决问题的材料，学生成为选择、运用材料来解决问题的主人，教师则由掌握知识的权威变为一起解决问题的伙伴。这时，教师与学生的关系，不再是教与学、传与承的关系，而是共同言说、倾听、回应、探讨和磋商，这是一种认知过程中的互助关系、一种情感上的朋友关系、一种共同行动中的合作关系。

这才有利于培养学生的民主、平等精神，有利于培养学生学会共同生活，在人类活动中的参与和合作精神。教师参与学生的综合性学习活动，有利于塑造民主、合作、平等的师生关系。例如，对于共同活动的目标确定、方式性质、选用材料等，教师只有个人建议权而没有独自决定权；对于学生个人的评价，教师只能以理服人而非以权压人，并且学生同样可以给教师提建议和评价教师。

2. 指导关系

综合实践活动实施过程是学生主动操作的过程，也是师生交往、共同发展的过程。这种学习方式的改变必然导致教师角色的改变，即从原来“传道、授业、解惑”的知识传授者（圣者），转化为学生探究过程中的对话者、组织者和指导者（顾问）。这意味着教师只是学生探究的“导师”，其机制是一种“价值引导—自我建构”的关系，即学生成长是一个自我建构过程，教师只是在价值判断和策略选择方面承担一种引导作用。

因此，教师必须尊重每个学生的经验、情感和态度，与学生建立一种真诚、互信的关系，为学生主动发展提供一种宽松、融洽的心理氛围。例如，教师可以给学生建议，而非武断地为他们安排学习材料、活动情境等；帮助学生明确想学什么，而不是规定他们学什么；帮助学生找到适合自己的活动方式，发现自己所学内容的用处、所做事情的意义，而不是要求学生按统一的方式接受他们无法感受、不能理解其意义的东西。

（二）互动的课程文化

在综合实践活动中，课程文化在新型师生关系的基础上必须进行重建，即要建构民主平等、尊师爱生和教学相长[①]的新型文化，以实现课程文化的创新。

1. 民主平等

从活动中的地位看，教师与学生是平等的；从问题决策的机制看，教师与学生是民主的。他们针对问题展开平等的对话与协商，双方在互动交流的过程中积极参与，共同学习。这有利于培养学生的独立人格，以致养成他们的公民素质。

---

① 冯军梅. 教育基本原理[M]. 北京：高等教育出版社，2003：154-156.

2. 尊师爱生

民主平等即有相互尊重之意。师生彼此尊重人格、意愿和思想,同时辅以相互关爱,这是师生对话得以畅达、感情交流得以充分的基础。“亲其师,信其道”,没有良性感情的对话只能流于肤浅,无法完成感化心灵的育人任务。因此,在综合实践活动中,尊师爱生是双方的基本态度和情感定位。

3. 教学相长

平等民主的对话,必将引发双方各自的反省,乃至自我修正与纠偏。既能激发学生兴趣、思想和智慧,又能促进学生知识、能力、道德及人格的提升,同时也会激发教师专业成长和生命境界的不断超越。可见,真正的教育足以实现教学相长,这是一种共创、共享的学习共同体,互动共生、相互启迪生命的教育机制。

四、综合实践活动教师的素质

综合实践活动涉及内容广泛,且具有开放性、探究性特点,要求教师具有一定的科学研究的知识、能力和素养,及丰富的探究经验和临场指导能力和启发教学的智慧。综合实践活动课程教师应具备以下素质。

(一) 广博的综合知识

1. 知识的广博性

综合实践活动教师的知识应当具有广博性,这是对综合实践活动教师最低的要求。大家知道,综合实践活动涉及的知识,具有明显的跨学科性质,关涉科学、艺术、道德等诸多领域,涵盖自然、社会与自我三个维度,内容异常丰富,范围极其广泛。课程内容的广泛性,呼唤知识广博的教师。在综合实践活动课程体系中,无论哪一领域、哪一个主题,其涵盖的内容都较学科教学更丰富、更广博。所以,仅仅拥有某一学科专业知识的教师,难以胜任综合实践活动课程的要求。作为综合实践活动指导教师,除了要拥有原有知识外,必须有针对性地充电,不断拓展自身知识的广度。

2. 知识的综合性

综合实践活动教师的知识应当具有综合性。也就是说,综合实践活动教师应当在知识广博的基础上,从宏观角度重构和整合自身的知识,使自身具有的知识逐渐涵盖人类学科的全领域,即从整体上掌握自然科学、社会科学和人文科学的知识。也就是说,综合实践活动教师,应当具有比学科课程教师更宽广的知识背景,基本掌握自然与社会、科学与艺术、世界与自我诸多层面及领域的基本知识;同时具备系统而深厚的教育教学知识与理论。

3. 知识的贯通性

综合实践活动教师的知识应当具有贯通性。也就是说,综合性知识只是综合实践活动教师知识要求的基础,在此基础上还应加以提炼。这种提炼不是内容的简单删减,也不是简单的拼盘;它强调的是知识间的关系和关联性。不仅强调学科知识间的关联性,而且强调知识与学生、与现场活动的关联性。这样,才能联系社会生活现场,指导学生在活动中发现问题、解决问题;在指导学生探究活动的同时,促进学生全面地发展。

(二) 扎实的专业能力

小学综合实践活动课程对教师提出了更高的要求,需要教师具备更加全面的工作能力,只有这样，才能胜任综合实践活动的设计及对学生的活动指导。具体能力包括以下几个方面。

1. 教学设计的能力

综合实践活动的设计包括：与学生共同设计主题，制订具体的课题及其关联图；明确学习资源；为学生设计有价值的体验活动，让学生进行问题解决学习；设计个别化和协同化的学习过程；准备教师的支持和学习环境；准备对学生进行评价的工具等。指导教师要善于根据学生的生活经验、已有的知识基础和特定的背景和条件，引导学生选择或自主提出活动项目、活动主题或课题，并合理地制订活动方案，保证综合实践活动得以顺利有效地实施。

2. 教学预测的能力

综合实践活动具有更大的开放性，需要教师从多角度和方面加以预设、构想。并且，还要考虑如何让每个学生都有发挥的空间，如何让学习活动对每个学生都能产生意义。

3. 教学内容与方法"链接"的能力

教师应帮助学生设计恰当的学习活动，并能针对不同的学习内容，选择不同的学习方式；创设支持学生自主学习的心理氛围。

4. 应用信息的能力

作为综合实践活动指导教师，必须掌握如下最基本的信息技术：熟练地掌握 Windows 操作系统；掌握办公应用软件的操作技术（文字处理程序、Excel 电子表格处理程序、PowerPoint 演示文稿编辑软件、FrontPage 网页编辑软件、Internet 应用技术）。

5. 课程组织、管理与协调能力

综合实践活动的实施设计的因素相当复杂，它要求指导教师具有较强的组织与协调能力。指导教师要组织和管理好学生，引导学生组成活动小组，并协调学生活动中各部门的关系，通过与相关部门或人员的沟通，为学生开展综合实践活动创设宽松的活动时空，充分利用各种课程资源。

6. 协作教学的能力

指导教师还要协调好教师指导小组内指导教师之间的关系，使学生活动得到有效的指导和有力的领导。

7. 促进学生学习的能力

在教学过程中尽可能地诱导学生思考，激发他们的想象力与创造力。而在学生思考的同时，给予他们解题的思索上的方向指引，使学习过程成为学生不断提出问题、解决问题的探索过程。

8. 科学研究的能力

综合实践活动的学生研究或探究，必然应用到科学研究方法。因此科学研究能力是小学教师指导学生开展综合实践活动的前提条件，他所掌握的科研方法也是指导学生进行综合实践活动所必备的知识。

9. 综合评价的能力

教师应加强过程性评价，并引导学生对学习过程和结果进行评价。鼓励与诱导学生养成良好的学习习惯，诸如广泛的阅读、观察与思索问题，搜集信息，与人讨论与发问，自己动手实践，提升注意力与持续力、口头表达能力等。

（三）明晰的课程意识

课程意识是人们对教育活动中课程系统的一种整体认识，本质上是教师的教育行为所隐含的课程观与课程方法论。课程意识的基本形式是观念层面的,包括教师对课程本质、课程结构与功能、特定课程的性质与价值、课程目标、课程内容、课程学习方式、课程评价、课程设计和课程实施等方面的基本看法、核心理念以及课程实施中的指导思想。① 综合实践活动教师必须拥有先进的课程意识,它主要包括以下三个方面。

1. 主体意识

强调教师时刻把自己与学生置于课程之中,看作课程主体。在综合实践活动中,教师的角色从根本上发生了改变,成为综合实践活动的决策者、管理者、实践者。这就要求教师:首先,建构全新的学生观。学生在课程中,通过与课程对话、反思生活方式,才能发生素质变化。其次,建构全新的教师观。教师在课程中,通过开发课程资源、创生课程过程,才能完成课程实施工作。

2. 生成意识

斯腾豪斯指出:“教育即引导儿童进入知识之中的过程,教育成功的程度即是它所导致的学生不可预期的行为结果增加的程度。”②在他看来,教育(课程)是一个生成过程,其本质在于“引导”。课程本身并非一个完全预设、静止不变的教育要素。这就要求教师:首先,有能力对预设课程进行批判与创造。包括对课程目标的具体化,对课程内容进行筛选、增删,对学习方式进行创造性设计,甚至对课程预设中不合理因素进行批判与重建等。其次,有能力对课程意义进行动态生成与重建。包括在综合实践活动课程中,针对课程目标、情境设计、手段与方法的选用等方面,所蕴含的价值取向的审视、辨析与取舍等。

3. 资源意识

教师必须意识到,教材只是课程实施的一种资源、一种文本性资源,是可以超越、选择和变更的。这就要求教师:首先,能够创造性利用教材。教材只是师生对话的一个“话题”、一个引子、一个案例,而不是课程的全部。教师应当“用”教材而非“教”教材。课程实施应当紧扣课程标准,而不是忠于教材、紧扣教材。其次,利用与开发多种课程资源。学生的发展离不开其“生活世界”,因此课程开发也不应局限于教材、教室,应当紧密联系学生的生活经验与社会背景,除了文本性课程资源(如教材)外,非文本性课程资源(如学生经验、重要社会事件、热点问题与现象等)也是教师课程开发的重要内容。

课程意识支配着教师的教育理念、教育行为方式、教师角色乃至在教育中的存在方式。没有明确课程意识的教师,总是把课程视为一种“法定的教育要素”。一种不可变更的系统,将自己定位为课程的忠实执行者。这样的教师无法胜任综合实践活动课程赋予教师的重任。

第二节 教师队伍现状与问题

一、综合实践活动教师队伍现状

教师是学生开展综合实践活动不可缺少的因素。综观综合实践活动的教师队伍现状,因

① 郭元祥. 综合实践活动课程呼唤教师的课程意识[A]//郭元祥. 综合实践活动课程的实施[M]. 北京:高等教育出版社,2003.

② Stenhouse L, *An Introduction to Curriculum Research and Development*[M]. London: Heinemann Educational Book Ltd..p.82. 转引自:张华. 课程与教学论[M]. 上海:上海教育出版社,2000:175.

为诸多原因,综合实践活动课程开设情况欠佳,开课效果欠理想,开课教师更是基本上以兼职为主[①]。调查显示,目前将综合实践活动课程列入学校课表的占 84%,尚未将综合实践活动课程列入学校课表的占 16%;在开设综合实践活动课程的学校中,每周用 1 课时的占 26.4%,2 课时的占 24.8%,开足 3 课时及以上的仅占 16%,不确定的占 32%。[②]

目前,综合实践活动课程教师的构成主要有三种机制:"专兼结合"机制、"全员参与"机制和"教师小组"机制。[③]

(一)"专兼结合"机制

"专兼结合"机制是由几个专职教师和主题活动指导教师构成的组织形式。综合实践活动涉及知识的综合运用,专任教师应选文理综合知识广的教师担任。由于国家职称系列未设综合实践活动教师职称,专任教师一般由知识面广、组织能力强且具有高级职称的教师担任。兼任教师为每学期担任主题活动的指导教师,一般由班主任或任课教师担任。形成以专任教师为核心、兼任教师为主体的"专兼结合"机制下的综合实践活动科组。

"专兼结合"教师配置的优势在于,能充分发挥"专职教师"的带头人的作用,有利于推动综合实践活动课程的内涵发展和可持续发展,但要防止出现"专职教师主导""兼职教师被动"的现象。

(二)"全员参与"机制

"全员参与"机制是指以担任主题活动的指导教师为主体,以年级组为综合实践活动教研组,由教导处统筹规划、组织实施与评价。一般要求每个教师每学年至少开发与实施一个主题活动。这种机制的组织结构是"教导处—年级组—指导教师",即以年级组为综合实践活动科组,也就是说,综合实践活动是年级组的一项常规工作。

"全员参与"教师配置,优势在于能调动所有教师的开发与实施课程的积极性;但由于缺乏"带头人",导致课程实施难以"做深""做宽"和"做厚"。

(三)"教师小组"机制

"教师小组"机制又称"T-T 机制"(Teacher Team),是将年级教师按学科、年龄和职称分为若干"教师小组",以教师指导小组的形式对课程实施进行指导。每个小组选出一个组长,负责对本年级的综合实践活动进行指导、组织与实施。指导对象可按班级划分,也可按活动主题划分。

"教师小组"配置优势在于能充分发挥教师的指导作用,但容易出现"指导到位"而"管理缺位"的现象。各小学可根据学校实际情况决定采用哪一种机制,并在实践中不断修正与完善。

"专兼结合,相对稳定"的指导教师队伍将是综合实践活动课程建设的重要任务。《指导纲要》规定,学校教职工要全员参与,分工合作。原则上每所学校至少配备一名专任教师,主要负责指导学生开展综合实践活动,组织其他学科教师开展校本教研活动。各学科教师要发挥专业优势,主动承担指导任务。争取家长、校外活动场所指导教师、社区人才资源等有关社会力量成为综合实践活动课程的兼职指导教师,协同指导学生开展综合实践活动。

---

① 李雅丽. 广西中小学综合实践活动课现状调查研究[J]. 中国现代教育装备,2016(18):68-70.

② 李宝敏. 核心素养视域下综合实践活动课程实施现状与对策研究[J]. 教育发展研究,2016(18):46-54.

③ 林淑媛,等. 小学综合实践活动课程教师行动手册[M]. 广州:广东高等教育出版社,2008:148-149.

二、综合实践活动师资建设存在的问题

虽然有《指导纲要》的指引,但总体而言,综合实践活动课程是一门需要进行校本开发的课程,没有统一的教材,教师必须根据具体情况独立设计和开发。综合实践活动以主题活动为主线贯穿始终的特点,加大了实施过程的多样性、复杂性和动态性,对教师的课程开发能力提出了更高的要求。由于师资建设处于起步阶段,存在着一些明显的问题。

(一) 教师专业化及团队建设迫在眉睫

有些学校任教综合实践活动的教师,或者单纯由班主任担任,或者单纯由某一门学科教师担任,教师资源比较单一,不能满足活动指导的需要,很多教师并不具备从事综合实践活动课程教学所需的个人知识和教学智慧。并且,大多数教师未受过专门训练,因此综合实践活动高水平的实施遇到了较大困难。调查表明,37.9%的教师认为自己从未参加过任何培训,27%的教师参加过市区级培训,35.1%的教师只参加过学校的培训,1.8%的教师表示不需要培训。其实大多数教师都需要不同内容和不同形式的培训①。

依据《指导纲要》的规定,需要建立一支专业化的综合实践活动教师队伍。他们经过专业的训练,拥有明确的课程理念、规范高效的教学行为,能带来明显的教学效果。并且,还要鼓励创建综合实践教师团队,激励教师们从课题或任务出发,设计出较为灵活的活动方案,对活动中每个关键性问题设计多种可行性措施。

(二) 兼职教师的"继母"心态有待转变

过去学校课程主要以学科为标界进行专业划分,进而在学校内部形成了不同的专业及专业文化,每位教师以各自的专业和专业文化为归属。他们"把自己的学科看成'亲子',养成了面对学科课程的'亲母'心态,综合实践活动课程的闯入,加剧了已经让他们疲惫不堪的时间和精力战争,因此,对综合实践活动形成了一种'继母'心态。"②这种心态直接影响教师指导的热情和投入状态。

(三) 缺乏规范、系统的制度保障

综合实践活动课程实施过程中,教师存在很多困惑和忧虑,有 47.2%的老师认为"课程安排时间太紧,不够用",综合实践活动课程规划不足、形式开设、虚假开设等现象严重,经常被其他学科挤占。此外,还有综合实践活动的实施空间、安全问题、社会资源开发问题③。教师在指导学生开展综合实践活动时遇到的最主要困难首先是缺乏资源,其次是没有时间和精力,再就是得不到有效的培训、无公平的评价和报酬等④。

要保证组织系统的正常运行,需要制度作保证。为此,需要建立、健全保证相应机制正常运行的各项规章制度和规划,如"综合实践活动指导教师职责""学校设施设备使用制度""学校检查评价方法""综合实践活动激励奖励制度""学生校内外活动安全保障制度"、学校整体课程规划等。在制度建立健全的情况下,才能为教师的活动设计、开发与全身心投入指导扫除后顾之忧。

---

①④ 冯新瑞,王薇. 我国综合实践活动课程实施现状调研报告[J]. 课程·教材·教法,2009(1):16-21.

② 张华,仲建维. 综合实践活动课程:价值分析和问题透视[J]. 当代教育科学,2005(12).

③ 李宝敏. 核心素养视域下综合实践活动课程实施现状与对策研究[J]. 教育发展研究,2016(18):46-54.

（四）专业化的教师教育体系有待建立

小学综合实践活动实施的复杂性对教师提出了更高要求，即应具有广博的知识和全面的能力，如教育科研能力、课程开发能力、活动指导能力、组织协调能力、信息驾驭能力及良好的个性品质。

目前小学教师职前培养，仍然以分科教育为主，面对新的课程要求难免遇到各种困难和问题，致使小学综合实践活动课程教师整体素质滞后于小学综合实践活动的现实要求。① 职后教育体系更是有待建立和完善，培训实效亟待提高。

第三节　教师成长的途径与方式

教师专业成长是教师个体内在素质的专业性提高过程，是由一个新手教师不断成熟为一个专家型教师的过程。教师专业成长与职前教师教育质量与水平相关，优秀教师的成长与其入职后的教育实践密不可分。也就是说，教师专业成长是一个连续的过程，并且是分阶段推进的。从教师教育整体改革入手，才能彻底把各种关系理顺，解决上述问题。

鉴于此，综合实践活动教师的成长路径主要有两条：职前培养和在职进修，具体要改革小学教师职前培养的办学机制，推进小学教师校本研修以促进其专业发展。最后，从自身成长角度，归纳了教师发展的具体方式。

一、小学教师职前培养改革

教师职前培养严重滞后于中小学教育改革需要，已经成为制约基础教育课程改革的一个重要因素。小学教师培养尤其如此，急需进行改革。改革领域主要体现在培养方案和办学模式两个方面。

（一）优化小学教师培养方案

小学教师虽然按综合的通才模式培养，但相对开展综合实践活动的要求来说，还存在缺乏知识深度的问题。基于上述问题，可以从以下几个方面进行改革。

1. 细化小学教育专业方向

小学教育专业的培养方案，应当将宽泛的专业细化为不同专业方向，如小学教育专业可以细化为文科、理科、综合科、艺体科等不同方向。小学教育专业的学生，可以采用主、辅修制度选修课程。例如，规定每个学生主修一个方向，同时辅修一两个方向。课程改革在综合实践活动方向上的基本举措，是强化综合实践活动教师的针对性培养，即将综合实践活动作为小学教育教师培养的一个重要专业方向，这也更加契合《纲要》对综合实践活动教师的要求。《纲要》中提出，原则上每所学校至少配备一名专任教师，主要负责指导学生开展实践活动，组织其他学科教师开展校本教研活动。

---

① 姚婧. 行为偏差：小学综合实践活动实施中存在的问题[J]. 中国教育学刊，2004(8).

2. 加强综合实践活动的理论培训

合理优化综合科方向的课程培养方案,认真开设综合实践活动课程,从而使准教师具有广博的综合知识,而且帮助他们树立综合实践活动的正确理念,熟练掌握该课程的基本要求、前期准备、合理设计并参与课程开设、指导、评价等全过程。同时,在综合实践活动课程的学习中,鼓励学生学会处理和自然界的关系,学会处理与社会的关系,学会处理与自我的关系,不断提升对自然、社会和自我之间联系的整体认识,从而提高未来指导学生的能力。

3. 强化综合实践活动能力培养

通过见习、实习,甚至顶岗实习的方式,切实培养准教师综合实践活动指导的能力,使他们具备探究能力、合作能力、开发设计能力、管理评价能力、反思能力等各种综合能力。[①]

(二) 变革小学教师培养模式

在我国基础教育改革如火如荼的今天,师范大学或综合大学之教育学院"独立培养教师"的办学模式受到越来越多质疑,教师培养机构与中小学"合作培养教师"的办学机制,越来越受到人们的关注和赞赏。小学教师培养模式应该同样沿着这一路径进行改革,主要表现在以下几个方面。

1. 教育见习

教育见习作为师范生接触教育实践的基本环节,贯穿于教师培养的全过程。许多学校每学期都安排师范生进入学校及课堂,观摩、临习,参与教研活动。

2. 顶岗实习

顶岗实习是师范生入职的重要第一步。一些师范院校或综合大学的教育机构,目前尝试将高年级(一般为大三)学生整学期安置在小学,顶替原有教师进行教育岗位实习。

3. 毕业研习

毕业研习作为师范生培养与教师岗位转换的中间环节,进行最后的实践培养和入职准备。这一阶段的实践实习,应当与毕业论文选题和研究结合起来。侧重于对小学教育活动中的突出问题边实践边研究,一方面深度思考问题所在,另一方面寻找解决方法,此外也为毕业论文写作搜集材料。一般安排在职前教育的最后一个学期。

4. 构建研究型高师课堂

借助学生见习、实习的实践平台,变革大学课堂:由讲授式课堂转变为研究型课堂[②]。即课前学生进行专题研究,课上学生发布研究结果,并就此展开讨论。让师范生在研究中学会研究,进而学会指导研究性学习。

5. 转变教学方式和学习方式

综合实践活动师资的培养,职前教学方式必须突出教学方式的综合性及实践性。师范专业学生在学习方式上,需要注重研究性学习、合作学习、案例分析、行动研究、自我反思等学习方式。

上述实践环节的加强,需要大学之外的中小学支持,尤其提供准教师在中小学与一线综合实践活动教师进行依托基于教学情境的校本教研等机会,重点探讨综合实践活动教学中的难点问题,如主题活动的设计与选择、学生实践活动过程与成果的评价以及学生实践活动的组织

---

① 陈必聆. 综合实践活动实施中的问题与对策[J]. 上海教育科研,2007(3).

② 赵书超. 研究型课堂:理论思考与实践探索[J]. 石家庄学院学报,2013(4).

与管理等方面的问题，这将大大有利于切实提高准教师指导学生的实践活动的能力。要完善师范院校与中小学建立联合培养师范生的机制，借助“教学实习基地”“科研合作单位”“教师专业发展学校”等多种模式提升综合实践活动教师人才培养质量。

二、小学教师在职研修探索

杜威说：“一盎司经验所以胜过一吨理论，只是因为只有在经验中，任何理论才具有充满活力和可以证实的意义。”[1]这说明经验是理论与实践相融合的产物。对于具有明显智慧特征的教师职业来说，教师专业发展实际上是一种基于实践的教育实践理论化过程。[2] 于是，“在实践中反思”正被教师教育领域强调，甚至“教师专业发展＝实践＋反思”逐渐发展成一种共识。从实践研修主体数量上，可以分为自主模式和团队模式两种。

（一）教师自主发展模式

教师自我成长是教师在职发展的一种常见模式。这种模式要求小学综合实践活动教师转变角色定位，成为教学活动的研究者、实施者和创造者，并从以下几个方面应对[3]。

1. 树立自我成长的自觉意识

激发自我成长、自我提高的内在需要，启动自身专业发展，这是教师成长的内部动力。

2. 进行实践反思

波斯纳曾提出一个教师成长的公式：经验＋反思＝成长。一方面，针对教学实践问题，力争从理论层面给予剖析，找到解决办法；另一方面，采用反思日记、与同事讨论、召开学生座谈会等形式，提升自身实践能力。

3. 进行教育科研

教师由“教书匠”变为“研究者”，以一个研究者的身份参与教学实践，研究自己的教学，成为一个对自己的实践不断思索的“反思的实践者”。

案例 10.2

我的第一堂课失控了

说来有些惭愧，初战就以失败而告终，这要追溯到我的第一堂综合实践活动课。“同学们，今天我和大家一起上一节综合实践活动课，这是解决我们心中疑问的课程，那么同学们都对哪些问题感兴趣呢？”一时间学生沸腾了，他们恨不得把“十万个为什么”都搬出来了！啊?! 学生脑袋里的小问题竟然这么多？这样下去怎么能订出研究课题呀？我显得有些又忙脚乱，哎！一节课下来，研究主体没有确定下来，学生也乱哄哄的，我耷拉着脑袋回到办公室。

看来，要想上好这门课还真要动动脑筋啊！如果过于放纵学生的思维，在一个班里实施综合实践活动课程显然行不通。可是，又不能由老师牵着学生走，课题应该来源于学生呀，可是学生的问题太多，选择哪个呢？一连串的矛盾在我的脑子里不停地旋转。学生刚接触这门属于自己的新课程很兴奋，老师不能跟着兴奋，而是要保持冷静，帮助学生选择课题，既然都有那么多问题，不如组织学生开一次课题论证会，把这个难题交给学生来解决。就这样办！好的想

---

① 约翰·杜威. 民主主义与教育[M]. 王承绪，译. 北京：人民教育出版社，2001：158.

② 刘华. 课例研究：走向实践性理论的创生[J]. 教育发展研究，2008(8).

③ 姚婧. 行为偏差：小学综合实践活动实施中存在的问题[J]. 中国教育学刊，2004(8).

法总是须要行动去验证,结果证明我是成功的。由此,我也意识到:作为综合实践活动教师需要更多的教学智慧,而不仅是知识。[①]

【案例点评】

作为一位综合实践活动新手教师,由于缺乏本课程上课经验和准备思考欠充分,遭遇第一节失控的课堂也是非常正常的。可贵的是,她从失败中汲取教训,思考课堂失控的原因,很快找到了解决的办法,并获得了成功。由此可见,综合实践活动教师成长过程中,遭遇问题和困难、失败不可怕,更重要的是要不断反思问题、查找原因,寻求对策,而且,避免日后犯同样的错误。正如杜威所言,"失败也是一种成功"。没有失败的教训,哪能成就未来的成功呢?

作为教师,尤其是一位更需要教学智慧的综合实践活动教师,更要做好充分的课前准备、足够的预判和活动时及时的应变,活动后还要不断地反思与总结。尤其紧紧抓住实践活动中出现的问题、难题、困惑等,不仅自己思考,也可以和同事甚至教研员、相关专业人士等共同探讨,寻求解决之道,力求更大的改进与创新,自身也将获得更快的进步与发展。

(二)教师团队发展模式

与教师自主发展相比,教师团队发展受到学校和教师培训机构更多关注。随着教师专业发展研究的深入,小学教师团队发展理论逐渐从原有的培训模式转型为研修模式,即结合教师本人工作的"实践、反思、学习与研修、再实践"的递升模式,主要可以从以下几个方面入手。

1. 增进团体合作发展意识

由于综合实践活动课程本身具有较强的综合性,因此其教师的构成具有一定的广泛性。同时,《指导纲要》指出,在教师指导方式上倡导团体指导和协作教学。因此,综合实践活动教师需要树立强烈的团体合作发展意识,增进同广大本学科教师和其他学科教师间的融通与合作,增进同学生间的沟通与交流,增进同社会各界人士的接触和交往,赢得学校和社会各界的支持。

2. 参加参与式培训

参与式培训(participatory training)改变传统的、被动的讲授为主的培训模式为开放性的、支持性的主动参与为主的培训模式。目前在世界范围内日益兴盛的参与式培训方法,是以教师主动学习为基点,以小组合作学习为主线,以实践探究为核心,培训者和受训教师共同承担培训任务的教师培训方式[②],体现出借助多种方式,参与者的主动选择、积极参与和反思合作,从而建立一个学习共同体。

3. 开展相关合作研究

结合教师在实践中遭遇的现实问题开展课程行动研究(action research)、课例研究(lesson study)、校本教研等。行动研究是对教师实践中的问题进行计划、行动、观察、反思不断循环的研究过程。课例研究是教师长期、系统地合作研究课堂中的教与学行为,从而改善教师的教学

---

① 吕芸辉. 在综合实践活动中亲历成长历程. 转引自田慧生. 综合实践活动课程实施中的问题与策略[M]. 北京:教育科学出版社,2007:154-155.

② 黄菊芳. 参与式培训的实践与探索[J]. 学前教育研究,2002(5).

经验和学生学习经验的综合过程[①]；是以“课例”为载体，围绕教学中的问题进行集体研讨，然后授课、观摩、反思，获得新认识，进而再授课、观摩、反思等不断修改、反复授课、反复研讨的过程。校本教研是以校为本，以教研组(室)为基本单位对教育教学环节中的某个问题、方式、方法等进行探讨和记录成果的过程。它需要教师们的主动参与、平等对话、交流和碰撞。

4. 建设专业共同体

专业共同体体现的是一种自律文化的形成[②]，它源于教师们在教学实践中的反思性思考和群体间的交流，相互取长补短，尊重多样性和差异性，收获经验和知识，开阔视野，形成一种态度和风范，进而提升教师职业专业化和社会地位。它是一种新的教师专业发展方式。专业共同体的建立与发展需要教师间建立共同的愿景，获得领导的支持，开展合作性学习，共享个人经验等。

教师专业发展，一方面需要教师群体的自觉性和主动性，另一方面需要学校及相关部门提供相应的时间、空间、经费、制度、平台等保障与条件。

三、综合实践活动教师的成长方式

从个体专业发展的角度看，教师成长存在不同的方式和方法。

(一) 高效学习，着力提升其课程意识和关键能力

可以分为职前、职后两个阶段。

1. 职前的高效学习

在高校专业课程学习和实践阶段，加大对未来综合实践活动教师的培养力度，借助综合实践活动课程学习，充分提高对综合实践活动课程性质、基本理念、课程目标、课程内容与活动方式、课程实施、课程评价等的深刻理解，提升课程意识及课程整合能力，自觉成为课程意义的建构者、课程价值生成的推动者。

2. 在职的高效学习

借助课程学习和各种实践机会，不断提升自己的关键能力，如研究学生的能力，分析和利用学生经验的能力，充分把握学生兴趣、需要、特长及发展倾向的能力，整合跨学科知识的能力，指导学生运用学科知识解决生活问题的能力，课程资源开发与利用的能力，主题生成指导能力，活动方法指导能力，成果展示与经验交流指导能力，科学评价学生的能力等。

(二) 全员培训，着眼提升教师指导的整体水平

建立有效的教师培训制度，明确培训目标，结合教师需求，开发设计有效的培训课程，提升教师的跨学科知识整合能力，观察研究学生能力，学生规划、设计与实施活动指导能力，课程资源开发与利用能力等。同时，优化和多样化培训方式方法，将专题授课式、自学自练式、集中研培式、小组合作式、实例研讨式、任务驱动式、问题答疑式、对话交流式等多种形式相结合，以达到良好效果，提升教师培训质量[③]。

---

① 赵昌木. 教师专业发展[M]. 济南：山东人民出版社，2011：153.

② 佐藤学. 课程与教师[M]. 钟启泉，译. 北京：教育科学出版社，2003：270.

③ 姚婧. 行为偏差：小学综合实践活动实施中存在的问题[J]. 中国教育学刊，2004(8). 杜秀艳，王林宝.小学综合实践活动课程的教师培训模式[J]. 黑龙江教育：小学版，2018(1)：74-76.

(三)日常教研,打造反思性实践者和专业学习共同体

建立健全日常教研制度,积极开展基于分析与解决课程实施问题的以校为本的教研活动,提升课程实施的有效性。同时,发挥综合实践活动专职教研员的专业引领与指导作用,借助专题教研、区域教研、网络教研等多种形式,不断进行协同创新、校际联动、合作研究、区域推进活动,提高综合实践活动整体实施水平。此外,注重建设一支专兼结合的教师团队,形成一个专业学习共同体,在反思校本实践的过程中,平等对话,相互学习,合作共赢,不断促进教师开展行动研究、解决问题、持续成长。

(四)交流分享,促进教师相互学习、共同进步

依托学校、有关专业组织、教科研机构、基础教育课程中心、学术会议等,经常开展中小学综合实践活动课程展示、成果评比、经验交流与分享等活动,发挥优秀课程与成果的示范引领作用,促进广大教师持续开展中小学综合实践活动课程研究和实践探索,进而不断成长进步,取得更加辉煌的业绩。

本章概要

综合实践活动课程的有效实施,取决于教师。综合实践活动教师的工作具有协调性、引导性、实践性、发展性、合作性、倾听性等特点。教师需要转变观念,改变教法,促进小学生们转变学习方式:从被动学习到自主学习、从个体学习到合作学习、从接受学习到探究学习、从认知学习到体验学习。

教师工作要求的变化主要包括:提倡学生在实践活动中亲力亲为;注重学生在实践中自主选择、独立创造;鼓励学生在活动中积极交往与合作;启发学生在实践中探究、发现和创新;促进学生素质在活动中全面发展、不断提高。

在综合实践活动中,教师与学生的关系是一种对话关系、指导关系,即教师通过与学生对话以实现对学生实践活动的指导。师生要建构民主平等、尊师爱生和教学相长的新型文化。为满足综合实践活动课程的需求,教师应具备如下素质:广博的综合性知识、深厚而扎实的专业能力、积极而明晰的课程意识。

综观综合实践活动的教师队伍现状,不容乐观,综合实践活动课程开设情况欠佳,开课效果欠理想,开课教师更是基本上以兼职为主。综合实践活动课程教师的构成主要有三种机制:"专兼结合"机制、"全员参与"机制和"教师小组"机制。综合实践活动师资建设处于起步阶段,存在着一些明显的问题:教师专业化及团队建设迫在眉睫;兼职教师的"继母"心态有待转变;缺乏规范、系统的制度保障;专业化的教师教育体系有待建立和逐步形成。

综合实践活动教师的成长路径主要有两条:职前培养和在职进修,具体要改革小学教师职前培养的办学机制;推进小学教师校本研修以促进其专业发展。具体的方法主要有:高效学习,着力提升综合实践教师的课程意识和关键能力;全员培训,提升教师综合实践活动整体实施水平;日常教研,打造反思性实践者和专业学习共同体;交流分享,促进教师相互学习、共同进步。

拓展资源

拓展知识　　　　视频资源

思考与实践

一、理论思考

1. 小学综合实践活动教师的工作有哪些特点？

2. 综合实践活动课程对教师提出了哪些素质要求？这对教师的专业成长有什么作用？

3. 如何正确处理好小学综合实践活动师资队伍建设中存在的问题？

4. 小学综合实践活动教师该如何促进专业成长？

二、实践探索

1. 确定一位小学综合实践活动教师作为合作者，观察、记录和分析她（或他）作为一名小学综合实践活动教师的成长历程。

2. 结合小学综合实践活动教师素质的要求和自身实际，为自己制订一份作为未来小学综合实践活动教师的成长计划。

第十一章　综合实践活动评价

学习目标

- 了解综合实践活动学校课程制度评价内容与方法
- 掌握综合实践活动课程实施评价理论与方法
- 把握小学生综合实践活动评价的理论与方法

问题情境

常态化实施？问题多多

目前，综合实践活动难以在小学常态化实施，问题多多。诸如：课程资源开发不足，不能充分挖掘和利用学校周边课程资源，缺乏学校、家庭、社会互动机制，缺少资源开发支持体系；课程开设形式化，综合实践活动尽管列入课表，但并未真正开课，尤其是农村地区开课率还不足50%[①]，即使开设，方式往往也是教师讲；教师配备和安排不合理，任课教师以兼职教师为主，师资水平处于弱势地位，不能形成专业团队；校本教研、考评机制等不完善，缺乏专业激励作用；等等，问题不一而足。

上述问题，归根结底是缺乏制度监管和课程评价。没有相应的课程制度作保障，教育管理机构与学校相关人员的工作就无章可循，难以有序地构建综合实践活动实施的系统机制与环境，更无法奠定综合实践活动有效实施的教育环境。

理论述要

课程评价主要有三种类型：①课程理论评价，主要是对课程模式的理论探讨，一般用于课程改革与研究方面问题的解决；②课程制度评价，表现为保证课程改革方案落实所制定的制度化要求和行为规范的落实情况，包括课程规划与设施管理、人员配备与活动组织、保障制度与激励措施等；③课程活动评价，包括活动设计与准备、人员参与水平、活动策略与方式、活动结果与效果等。

本章主要涉及其中的课程制度评价、课程实施评价、学生活动评价等。

---

① 西北大学中国西部经济发展研究中心. 中国西部经济发展报告2011[M]. 北京：社会科学文献出版社，2011.

第一节　课程制度评价

课程制度主要包括国家、地方和学校三个层级的课程制度。综合实践活动课程要在中小学“落地生根”、常态化实施，必须开展各级课程制度评价。

一、课程制度评价概述

探讨学校课程制度评价问题，不可避免地涉及一些基本概念。

（一）课程制度评价的概念

要探讨课程制度评价，必须首先搞清楚相关的概念。

1. 评价

评价是对某一对象或事物进行价值判定活动。作出价值判定前，要确定判断对象并加以记述。这种记述是原原本本地叙述对象的实际特征，既有量的描述，也有质的描述。在此基础上，依据主要目标与价值尺度，作出判断。[①]

2. 课程制度

课程制度指是教育系统针对某一课程或课程体系所制定并落实的，结构严谨、相对稳定的，体现教育价值理念的课程行动规则体系。它是师生与管理人员在课程规划、课程开发、课程实施、课程管理、课程评价等行动中，共同遵守的价值准则和行为规范。

3. 课程制度评价

课程制度评价是针对国家、地方或学校课程（或课程体系）运作过程中，其实施与管理制度化建设方面所进行的评价。课程制度评价，往往针对课程规划、开发、实施、管理、教研等诸方面，展开全面测量、评估和价值判断；评价标准一般包括专业化、规范化、有效化等诸多方面的要求。

（二）课程制度的特点

综合实践活动课程制度是课程制度的重要组成部分，是规范、引导、促进教育行政机构以及学校综合实践活动课程开发、实施、管理等一系列课程行为的一整套规则体系。它具有以下[②]特点。

1. 规范性

综合实践活动课程制度，以制度形态约束和调整综合实践活动管理人员、课程主体的工作理念和态度，制约其综合实践活动课程开发与实施行为。这种强制性是综合实践活动课程在学校常态化实施的有力保障措施。

2. 审议性

综合实践活动课程制度所规约的各种关系和行为准则，适用于综合实践活动课程开发的所有主体，具有“公共性”的特点。并且，这些活动是专业教育活动，因此其制定和修改完善，需

---

① 筑波大学教育学研究会. 现代教育学基础（中文修订版）[M]. 钟启泉，译. 上海：上海教育出版社，2003：409.

② 朱志鹏. 综合实践活动的学校课程制度建设研究[D]. 重庆：西南大学硕士学位论文，2016：13.

要学术研讨与协商,借助“审议”的方式进行。

3. 明确性

综合实践活动课程制度,对制度内的要素、组织和行为主体的活动,进行明确规定。一旦被大家接受和认可,会在一定时间和空间内稳定下来。作用是明晰相关人员的权力、职责、任务等,使得综合实践活动课程开发、实施、管理等各个环节有章可循,综合实践活动系统有序运转、常态化运行。

4. 校本化

综合实践活动开发与实施主体是学校,这使得学校拥有了更大的课程管理权力,加之地区差异所带来的课程资源特色明显,其学校课程制度必然带有鲜明的本校特色。因此,综合实践活动的学校课程制度建设,应当充分利用各自优势和特色,扬长避短,进行校本化制度建设,以增强制度落实的适应性和针对性。

5. 文化性

综合实践活动课程制度,是管理者与学校全体师生以规约的形式,确定的学校制度,既属于制度文化的范畴,也影响本校的课程文化建设。其中,正式制度包括一系列的规章和政策等,通过外在约束来规范行为,非正式制度通过内在观念来影响行为;而非正式制度如综合实践活动课程参与者的观念、习俗等,它本身就是一种内在的观念文化。

(三) 课程制度评价的意义

完善课程管理制度、按制度办事,是当前中小学规范办学的重要举措。综合实践活动课程制度评价意义如下。

1. 保证综合实践活动课程常态化开设

建立和完善综合实践活动的学校课程制度,可以体现课程校本化特色,增强该课程的学校适应性,便于综合实践活动课程在学校落地生根。对综合实践活动课程制度进行评价,可以使制度在综合实践活动中加以落实,从而保证综合实践活动常态化实施。

2. 规范综合实践活动课程管理和资源开发

课程制度对综合实践活动课程管理与资源开发工作,具有价值引领性、程序合法性和技术合理性。此外,制度的“强制性”和“刚性”要求,保障了综合实践活动管理与资源开发的常态化策略,可以提升相关工作的制度权威。

3. 引导并协调相关专业人员工作行为

通过建立基本规范体系,以制度文化的力量,引导课程管理人员、专兼职教师形成统一的教育价值观。对综合实践活动的学校课程制度开展评价,可以提升制度的合理性、系统性和有效性,以便在工作中起到协调、统整课程规划、开发、实施、管理、评价各个环节目标一致,关系顺畅,行为配合的作用。

二、课程制度评价的目标与对象

综合实践活动课程制度评价,需要明确评价目标和评价对象。

(一) 课程制度评价目标

综合实践活动课程制度评价,以“立德树人”为总目标,检测学校课程制度规划和落实的情况,确保学校综合实践活动课程顺利实施,并达成如下目标。

1. 聚焦学生综合素质

综合素质是人的复合性素质，是学生多方面素质的融合，不是各类素质在人身上的简单“组合”。《指导纲要》提出“课程目标以培养学生综合素质为导向”，明确了培养学生的核心素养，即价值体认、责任担当、问题解决和创意物化，发展学生的社会责任感、创新精神和实践能力。这是课程制度建设的目标。

2. 优化课程管理机制

在课程目标引导下，课程管理支持学生自主选择、设计、参与主题活动；鼓励学校教职工对学生活动全员参与、协调指导；最大限度保障综合实践活动课时、设施、资源的必要需求；课程开发鼓励基于学生兴趣、发展需求和现实生活；课程评价倡导多元与综合，激励学生亲身体验和合作交流；教师指导基于与学生共同参与活动，活动指导强调协商、点拨、引导、反思和激发学生动机等。

3. 促进教师专业发展

教师的专业素养和业务水平，直接影响学校综合实践活动课程实施的质量和水平。促进教师专业发展在学校制度建设中地位至关重要。《指导纲要》规定“每所学校至少配备 1 名专任教师”，要求学校建立“相对稳定的指导教师队伍。学校教职工要全员参与，分工合作”“争取家长、校外活动场所指导教师、社区人才资源等”。综合实践活动指导教师人员庞杂、特长各异、专业水平参差不齐，这就需要学校对综合实践活动专兼职教师进行培训，要有总体规划，有计划、有步骤地开展业务指导，促进教师专业发展。

（二）课程制度评价对象

综合实践活动课程制度评价目标确定后，需要明确评价对象。台湾地区在新一轮的课程改革中，开展中央、地方和学校三级课程评价。

1. 国家课程管理制度与评价

国家课程管理制度是为了保障将国家课程改革方案得以科学规划、逐级落实、保证实效所制定的一系列课程制度。国家课程管理制度侧重于课程改革整体方案的研制、决策与落实。主要包括国家课程改革方案的研究、规划与设计，课程改革事项的决策以及课程改革保障性政策措施的制定和落实等内容。

2. 地方课程管理制度与评价

地方课程管理制度是指各级地方政府为了落实中央课程改革方案和具体政策，根据本地实际情况所确立的组织人员设置、运作机制和具体事项落实的制度性安排。地方课程管理制度的内容，一般包括：组织运作、课程与教学辅导咨询、教师专业成长、行政支持与资源整合项目等。

从中央到地方，再到学校，要想使课程改革方案不变形不走样加以落实，只有借助课程管理制度依法行政，才能有章可循，有效推进。地方课程管理制度是这一环节正常运转的基本保障。

3. 学校课程管理制度与评价

学校课程管理制度是学校为了落实课程改革方案，根据本校实际情况，制定的相关课程制度。从课程管理实践看，课程改革只有在学校的层面加以落实，才能真正落到实处。针对学校课程制度开展进行评价，有助于学校对课程制度相关问题的深入理解、完善相关机制和系统、寻找课程实施的有效策略、提升课程质量与效果。学校课程管理制度的主要内容，包括课程规划、课程实施、教师专业成长、行政支持与资源整合等方面。

三、学校课程制度评价内容

学校课程制度评价是学校制度建设和办学质量评估的重要方面。

(一) 机构设置与人员配备

机构设置与人员配备旨在明确学校综合实践活动课程管理部门及工作人员的相关职责和任务要求。要求学校根据实际,成立学校综合实践活动课程开发、实施和管理领导小组,并明确各部门职能,确保综合实践活动有序开展,有效实施。

1. 课程管理机构设置

课程规划与开发,需相关机构和人员开展工作加以落实。

(1) 课程规划与开发领导小组。这是学校课程规划与开发的最高管理机构。一般校长任组长。统领综合实践活动课程开发、规划、各阶段工作,制定课程开发总体计划方案与年度计划和相应步骤,统一部署、协调学校各部门工作,宏观上保证校内外教育资源开发,评估各部门课程开发情况。

(2) 各业务部门。包括教导处、教科室、德育处。教导处负责课程的开发和组织实施的管理,如安排课表、配备教师、检查评估学习活动等;教科室协助管理,负责课程开发研究、教师校本教研与培训、邀请专家指导等工作;德育处协助教导处、教科室指导班主任工作,组织学生假期活动,进行德育与该课程的整合研究、校外资源开发、校外实践基地拓展等工作。

(3) 教研组与年级组。负责学校综合实践活动的计划与落实,建立综合实践活动课题组,引领学校综合实践活动发展方向,协助督导课程计划落实情况等。

2. 课程开发与研究组织

(1) 管理。由教科室负责,制定相关制度规定课程开发与研究的组织、人员及其工作目标任务、程序、基本职责和相应权力等内容。

(2) 实施。课程研发项目由教研团队承担,一般由教研组骨干教师承担。综合实践活动教研组及教研骨干组成课题组,针对综合实践活动进行课程研发。

(3) 任务。研发工作包括:学校课程整体规划和分年级课程规划,系列主题活动研发、课程资源开发、相关设施研发与规划、课程实施评价等项工作。

3. 教师配备

综合实践活动教师,具体负责学生活动小组的指导工作。应当建立专兼职相结合的教师队伍。

(二) 课程实施管理制度

机构与相关人员工作的规范化,需要研究出台相关课程管理制度等。制度的出台一般由领导小组,召集相关部门和人员,召开会议研究决定,并责令各职能部门加以落实。保证课程有效实施的主要制度如下。

1. 课时安排与管理制度

关于课时安排,遵循如下基本原则:

(1) 小学 1～2 年级,每周 1 课时;3～6 年级,平均每周不少于 2 课时。

(2) 课内固定课时与课外弹性课时相结合。

(3) 集中课时与分散课时相结合。

2. 过程与资料督察制度

每一轮主题活动,根据活动程序,采取流程化管理:

(1) 检查主题活动设计方案;

(2) 监控活动过程,方式有听课、学生座谈会等;

(3) 抽查活动记录;

(4) 抽查学生活动资料,如调查表、采访实录、作品、成果报告等;

(5) 搭建成果展示平台。

3. 课程资源开发制度

可以遵循以下原则:

(1) 充分利用校本课程资源;

(2) 进行家校沟通,挖掘家庭课程资源;

(3) 重视社会课程资源开发。

针对上述原则,可以制定课程资源开发制度。

4. 教师专业发展与校本研修制度

为了保证教师专业发展和校本研修常态化开展,需要制定管理制度。

在制度制定过程中,学校应当为教师发展创造条件和机会,倡导教师参与培训和教研,并确定具体可行的方式和方法,激励教师自主进行专业发展,开展业务学习、进修和校本研修。

案例 11.1

凝练教师队伍,促进课程发展

2010 年,为了满足综合实践活动课程的需要,我校组建了专兼职相结合的教师队伍,成立了综合实践活动教研组,每周定期开展集体备课、互助听课、主题活动进程交流等活动。同时,我校为学生配备了 2 个设施齐全的综合实践活动器材室,学生有了活动的场所和活动器材。为了使活动教室发挥最大作用,学校采用"走出去,请进来"的办法向工厂的师傅学习,向职业学校的专任教师学习,教师们很快掌握了各种常见工具的使用方法,学会了木工、金工等常见加工工艺,对于电子、电工基础知识基本技能也进行了学习,满足了课程开设的要求。此外,学校还为教师购买了若干有关综合实践活动的专业书籍……积极创设外出学习、听课的机会,选调教师参加"综合实践活动国培计划"的研修。

为了促进教研水平的提升,促进课程的有效实施,教研组先后承接多项研究课题,如市级课题"研究性学习与各学科整合的研究""综合实践活动课程资源的开发"……教师撰写的论文、反思、案例等几十篇在各级比赛中获得一等奖,促进了我校综合实践活动课程实施水平和研究水平的提高。

(山东省济南市长清区实验小学 房贞)[①]

【案例点评】

案例中,清区实验小学构建专兼职教师队伍,开展校本研修,并组织教师进行业务学习,同时还借助课题研究的平台锻炼和提升教师队伍的专业水平,进而提高综合实践活动课程实施的质量和水平,取得了很好的成效。

---

① 田慧生,冯新瑞,等. 综合实践活动有效实施与评价策略[M]. 北京:教育科学出版社,2016:84-85.

当然,除了上述制度外,综合实践活动课程管理,还有一些主要的日常管理制度。如综合实践活动教师工作量制度、综合实践活动教师考核与激励制度、综合实践活动安全责任书制度、综合实践活动学生评价制度等。

四、学校课程制度评价方式与方法

评价内容明确后,接下来就需要确定评价方式和评价方法。

(一) 评价方式

1. 学校自评

学校自评是学校针对自身课程制度条文及其落实情况进行总结、反思和效能评估。旨在分析学校课程领导、规划、管理等诸多方面的机制是否合理,效果是否明显,以改进自身管理机制组织效能,进而给教师以正确的课程指引,提高教师课程实践专业化水平,营造、培植和发展健康课程文化,提高学校办学水平。

案例 11.2

学校层面的课程评价标准

1. 课程规划

(1) 制定适切的学校课程目标。

(2) 发展具体可行的学校课程规划。

(3) 编选适切的教学材料。

2. 课程实施

(1) 落实学校课程规划与进度。

(2) 组成教学团队,发挥教师专长。

(3) 教学评量多元化,依据结果实施补救教学或教学改进。

3. 成效评估

(1) 了解教师的教学成效。

(2) 检核全体学生的学习表现。

(3) 运用课程评鉴结果。

4. 专业成长

(1) 规划并提供教师专业进修活动。

(2) 提供多元的专业成长模式。

5. 行政支持与资源整合

(1) 学校课程领导成员具有专业技能与领导力,能支持并参与课程开发。

(2) 成立课程发展委员会,有明确的任务分工与运作。

(3) 提供课程发展所需的行政支持,有效运用资源。

(4) 设置知识管理系统,整合资源,建立共享机制。①

【案例点评】

这是台湾地区学校层级的课程评价的基本框架。从评价的对象和范围看,包括课程设计、课程管理、课程实施、课程成效等方面,与本章内容"学校课程制度评价"内涵一致。其评价内

---

① 林锦英,等. 学校层级课程自我评鉴手册(暂行版)[M]. 台北,2004.

容全面，是综合实践活动课程落地生根的重要措施。

2. 主管部门评价

主管部门评价是学校主管部门如教育局相关业务部门针对学校综合实践活动课程管理情况所开展的评价。旨在了解学校课程管理情况，发现相关问题，开展有针对性的业务指导；或旨在激励先进，鞭策落后，推动学校课程制度完善；或旨在总结先进经验，在辖区进行推广。

3. 第三方评价

第三方评价既非由学校，也非由主管部门实施，而是由非利益相关的第三方专业评价机构完成，以便获取客观的数据，进行独立、科学的分析判断，最后形成公正、有说服力的专业性评估报告。

这是最近在国内兴起的一种新的评价方式。这种评价方式的出现，表明社会机构开始参与学校教育改革，表明学校课程制度评价开始走向专业化发展道路。

（二）评价方法

综合实践活动的学校课程制度评价是一种专业评价，需要专业人员完成。其具体方法主要有问卷调查、资料审查、活动考察、听取汇报、深度访谈等。

1. 问卷调查法

问卷调查法是指将学校课程制度所涉及的诸方面问题编制成问卷，面向制度实施的相关人群进行问卷调查，以获取综合实践活动的学校课程制度方面的有效信息，然后处理、分析信息，做出价值判断。问卷调查法是学校课程制度评价的一种基本方法。

这种方法可以获取大量的相关数据信息，方法简便易行。但是，这种方法也存在一些缺陷，例如，容易受到调查对象主观意识和自身分析判断的影响；如果方法实施不当，还会受到被评价对象的干扰。

2. 资料审查法

资料审查法是指对学校课程制度所涉及的相关资料进行审查。相关资料包括：

（1）相关机构建设情况，如课程领导机构、咨询机构、管理机构、师资队伍等一览表；

（2）各机构运转情况，如工作记录、活动照片、录像、作品、成果等；

（3）制度化文献，如学校课程制度的相关政策、管理措施、校本教研制度、奖惩制度等。

3. 活动考察法

活动考察法是指对综合实践活动的学校课程制度所涉及的相关活动开展现场考察。诸如现场观摩课程实施、参与听评课活动、参与校本教研活动、考察学校课程实施管理机制及其运转情况等。

4. 听取汇报法

听取汇报是一种相对间接获得评价信息的方法，让学校领导自主汇报其课程制度。

5. 深度访谈法

深度访谈法是指对学校课程制度的主要当事人（如主管校长），就制度建设和实施过程的相关问题，进行专访和深度交流，旨在发现普遍现象、深层问题。

相关人员对学校课程制度体系和指标缺乏整体认识，他们的评价只能作为课程制度评价的重要参考和印证材料，而对主管校长的深度访谈所发现的问题才是核心问题。这种方法还可以考察课程制度主要领导者的教育理念、办学思想、管理措施和领导能力，以便了解制度建设具体情况、深层次问题和解决对策。

第二节　课程实施评价

针对课程实施开展评价,有助于学校和指导教师就课程实施规范问题,开展探讨和深入思考,进而提升课程实施质量和教育水平。

一、实施评价的概念与意义

开展课程实施评价,首先需要弄清楚其概念和意义。

(一) 概念

课程实施是将课程改革方案在学校教育中加以落实的过程。

所谓课程实施评价,是针对班级综合实践活动课程实施的基本要素加以检查描述并做出价值判断的过程。这些基本要素包括目标设定、主题选择、活动组织、教师指导、策略创新等方面。

(二) 意义

对课程实施开展评价具有如下重要意义。

1. 促进课程实施常态化

面向课程实施进行评价,可以引导学校综合实践活动课程实施常态化,将本课程真正作为国家必修课程,真开展,不走形式。

2. 引导课程实施规范化

面向综合实践活动课程实施进行评价,可以开展纵向交流,激励先进,形成典范,引导发展。

3. 推动课程实施优质化

面向课程实施进行评价,可以发现综合实践活动实施中的问题,借助评价摸底调查并进行研究,借助多方力量,齐抓共管,抓质量,上台阶。

二、实施评价的维度与内容

在综合实践活动中,需要教师预先设计和开发课程,之后指导学生去实施课程,同时对学生活动适时给予评价。所以,其课程实施的基本维度有课程开发与设计、教师指导与课程实施两个方面。

(一) 课程开发与设计

这个维度的评价,需要考虑以下几个方面。

1. 依据国家课程指导纲要

《指导纲要》明确了综合实践活动课程的性质、目标、地位和基本理念,对课程开发与设计提出了新的要求。

(1) 课程设计要围绕“培养学生综合素质”的课程目标,着力发展学生的核心素养,特别是社会责任感、创新精神和实践能力。核心素养包括价值体认、责任担当、问题解决和创意物化四个方面。

(2) 主题选择要面向"学生生活",引导他们从"日常学习生活、社会生活和与大自然的接触中"提出活动主题,指导学生围绕主题设计活动方案。

(3) 课程内容选择与组织,遵循五个原则：自主性、实践性、开放性、整合性、连续性。

2. 体现学校与学生实际情况

(1) 体现学校特色。依据学校特色文化、传统优势、校内外教育资源现状以及地区文化特点,开发课程主题与课程资源。

(2) 适合学生身心特点。根据学生兴趣、特长和家庭资源,开发课程主题与课程资源。

3. 注重与学科知识的融合

(1) 课程开发与设计要联系和贴近学生所学的学科知识。

(2) 课程开发与设计要基于现实生活且体现学科知识的整合。

(3) 课程开发与设计要联系科学发展和信息技术手段。

(二) 教师指导与课程实施

课程顺利实施离不开教师的有效指导。在学生活动过程中,教师的有效指导可以帮助学生答疑解困,所以教师指导是课程实施的推动力和润滑剂。

1. 提高教师指导的有效性

(1) 加强对程序性方法和科学研究方法的指导。

(2) 关注学生的学习状态,提高活动指导效率。

(3) 重视学生活动的过程性记录,有效了解学生发展情况。

(4) 准确设计活动各阶段的指导重点。

(5) 对指导活动形式开展研究。

(6) 重视学生意见,激发学生想象力,支持各种与众不同的构想。

(7) 评价学生意见或作品,教师需要先聆听学生说明,再与学生协商他们创意的新颖性、可行性、有效性以及改进意见。

2. 推动课程实施高质量发展

(1) 从学生个体生活和社会生活范围内提出问题。

(2) 从学生与自然、社会和自我三种关系的角度分析问题,提炼主题。

(3) 从考察探究、社会服务、设计制作和职业体验四个维度设计活动形式。

(4) 活动内容与情境能够联系社会实际,鼓励创新,激励实践。

(5) 遇到困难努力营造安全、民主、合作、相互尊重的讨论氛围。

三、实施评价的原则

课程实施评价应体现国家基础教育课程改革"立足过程,促进发展"的评价理念,突出以人为本,注重发展性。因此在评价时需要遵循以下原则。

(一) 发展性原则

综合实践活动课程实施评价的目的,不只是检查和督导,还在于提高质量。因此必须遵循发展性原则,不仅考查学生表现,更要提升学生表现,着眼于教师专业发展。要相信师生能力,不仅提出问题,更要提供建议,引导他们成长。

(二) 自主性原则

综合实践活动课程的目标是培养学生的综合素质,立德树人。树人的前提是相信人,相信教师与学生。因此,评价应当赋予师生自主开展活动的权力,让师生自觉投入活动过程、积极调动智力和情感因素、分享和思考活动过程中的问题、主动审视自己的行为和表现。

(三) 激励性原则

综合实践活动评价,不仅需要鼓励学生勇于探索、勇于实践、勇于合作、勇于成功,而且需要鼓励教师大胆设计、勇于创新、敢于实践、不断进取,在不同阶段、不同基础的情况下都能获得成功的体验,以形成自我发展的动力。

(四) 双向性原则

评价过程是双向的。学校领导与教师、教师与教师、教师与学生、校内与校外,互动互评。鼓励全体师生、学生家长以及校外人员积极参与,沟通交流,相互协商研讨,让探究融入教师专业学习,转化成自我完善的力量。

四、实施评价的类型与方法

最为常见的综合实践活动课程实施评价方法,主要有以下两类。

(一) 教师自评

教师对综合实践活动课程实施进行评价,是课程实施评价的一种重要方法。哈里斯(B. M. Harris)和希尔(J. Hill)指出:"只有教师本人对自己的教学实践具有最广泛、最深刻的了解,并且通过内省和实际的教学经验,教师能够对自己的表现形式和行为作一个有效的评价。"①

教师自评可以采用反思总结法。教师通过撰写综合实践活动案例、教学反思、教学论文、活动过程反思等,经过自我诊断、自我调整、自我评价,最终可以得到自我完善和自我提高,这一良性循环的过程就是教师自我发展的过程。

反思总结的内容包括评判:学期教学计划是否切合教学,教学常规、积累的资料是否合理,期末工作总结、专业发展传记是否恰当等。

案例 11.3

我与综合实践活动课程结下的不解之缘②

从2004年第一次接触综合实践活动课程至今,我经历了"赶鸭子上架""学起了游泳""拥有天鹅梦"三个阶段,在不断实践与探索的过程中,我与综合实践活动课程结下了不解之缘。

阶段一:"赶鸭子上架",两眼一抹黑向前冲!

第一次上综合实践活动课,是在2004年。那次可以说是误打误撞,"赶鸭子上架"。说实话,当时新课程刚刚起步,综合实践活动课程具体如何操作,谁也没有底。大家都认为我组织活动肯定没问题,于是把我推到了前台。接下来,我费了九牛二虎之力带着学生一组一组地

---

① 王俭.教师专业化发展与教师自我评价[J].高等师范教育研究,2002(2).

② 田慧生,冯新瑞,等.综合实践活动有效实施与评价策略[M].北京:教育科学出版社,2016:306-308.

过,一组一组地设计,在活动中排练了不少“戏”:设计如何进行采访录音,排练如何进行小组展示,在小组与小组展示之间如何衔接、如何上台……总之,现在看来好比是一台戏,教师是导演,学生只是教师手中的提线木偶,表演的痕迹太重。在“赶鸭子上架”,两眼一抹黑向前冲的同时,我也深深感觉到了这门课的美妙和有趣,感觉到它真正能够给孩子们带来快乐、提高其能力。

阶段二:“学起了游泳”,一切为了完成任务!

2005年,我成为一名专职综合实践活动教师。当了专职教师,就不能满足于当一只上了“架”的“鸭子”,得好好学学“游泳”了。于是,我开始不断查找资料,了解课程标准,学习有关综合实践活动的案例。通过学习,我发现这是一门非常具有前瞻性的课程,它所锻炼的综合运用知识的能力是现代社会每一个人必不可少的技能,更重要的是它具有其他课程所没有的发展学生主体地位的有利条件——研究自己想研究的课题。这可是其他课程所梦寐以求的“我要学”的精神状态。可是,由于当时自己还是一名综合实践活动的新手,因此一切便有了些许的应付、完成任务的意味。综合实践活动的组织实施工作做得并不精细,还只是处于摸索阶段,不懂如何进行深入的思考与探索。

阶段三:“拥有天鹅梦”,享受综合实践活动带来的快乐!

“如何将综合实践活动课上得更好,让我们在研究活动中收获更多”变成了我经常思考的问题。记录实施活动的过程与感悟,写一写自己的想法与思考,这已经成为我的习惯。

在摸索中,我从当“导演”逐渐变成了“后勤”“制片主任”;从我设计研究子课题、规定好研究小组、手把手地教学生如何“表演”,到逐渐“淡出舞台”,让学生大胆设想、放手实践,以至于在我的课上,怪诞的、深奥的、哲学的、生活的……各种子课题应有尽有,为了分组吵架的、伤心的、“招聘”的……百般滋味尽在其中。学生真正成为他们自己的主人,成为课题研究活动的主人。不知不觉中,学生知道如何去采访了,会运用调查问卷了,会总结访问情况了,能够和陌生人大方地交谈了,知道如何更好地展示自己了,学会更好地处理同学之间的矛盾了……

我也从开始的追求“全面掌控”,害怕“现场生成”,到现在的“张扬个性”“鼓励精彩生成”;从开始的事事代替、样样跟踪,到现在的方法指导、服务跟踪。我为我的学生大声喝彩!从此,“丑小鸭”享受到了成长的快乐,拥有了自己的“天鹅梦”!

正所谓“一分耕耘,一分收获”。综合实践活动课程不仅给了学生自主的空间,不仅是对学生的解放,也给了教师自主的空间,也是对教师的解放。由衷地希望我与综合实践活动课程结下的不解之缘能源远流长。

(山东省济南市长清区张夏镇金庄小学 刘静)

【案例点评】

刘静老师的故事情真意切,读后令人感叹唏嘘!故事中反映的综合实践活动教师专业发展的三部曲——懵懂、适应、游刃有余,不仅是她一个人的发展历程,也会是每一位专业教师的专业发展过程,只要他/她肯真诚“拥抱”这个“事业”。这样的成长传记的撰写,实际上也是教师自评的重要方法。

(二)他人评价

他人评价一般由学校组织实施,通过成立评价小组,对教师进行科学民主的评价。具体评价方法有:

1. 听评课

组织相关管理者、教师、专家等亲临综合实践活动课程实施现场观摩,然后召开专课研讨,进行课程实施评价。往往与校本教研结合起来。

2. 座谈会

可以召集课程实施的直接参与者,诸如教师、学生、家长、社区人员等,对综合实践活动实施情况,以座谈的方式,进行民主评议。可以与家长委员会、课程实施指导委员会的工作结合起来。

3. 问卷测评

对课程实施的参与者(如学生、家长等)进行问卷调查,从而了解课程实施情况,指导教师的工作态度、过程和成绩,开展课程实施评价。

第三节　学生活动评价

课程实施的主体是学生,对学生开展评价是课程活动的关键因素和环节,它直接决定课程功能的实现与水平。

一、学生活动评价概述

(一) 概念与意义

学生活动评价是指在综合实践活动开展过程中,对学生的活动表现及其发展和变化的评价。学生活动评价的意义主要表现在以下几个方面。

1. 有助于学生学会反思和自我评价

让学生深入了解自己在活动中的表现,充分认识和肯定自己的能力。

2. 有助于学生改进学习

有效的学生评价可以帮助学生调整学习策略,改进学习和研究的方法,从而提升他们的探究能力与综合素质。

3. 有助于学生学会交流与分享

通过协商研讨式评价,让学生与他人分享自我探索的体会及进步的喜悦,并学会交流与分享。

4. 激励学生开展自我教育

养成勤奋、积极的生活态度,提升自我教育、自我发展、自我创新与合作探究能力。

(二) 基本理念

《指导纲要》指出,综合实践活动评价“要坚持评价的方向性、指导性、客观性、公正性等原则。”要维护并坚持上述原则,需要我们在综合实践活动课程实施中开展评价,必须依据和坚持三个基本理念。

1. 发展性评价理念

《指导纲要》明确提出“各学校和教师要以促进学生综合素质持续发展为目的设计与实施综合实践活动评价。”学生活动评价,需要突出学生发展的导向,即通过对学生成长过程的观察、记录、分析,了解学生的个性与特长,不断激发学生的潜能,为更好地促进学生成长提供依据。

2. 表现性评价理念

综合实践活动课程与学科课程基点不同，它不是立足于学科发展而是立足于人的发展，特别是立足于学生完善人格、实践能力与创造个性的培养，这就需要给学生提供表现的平台和机会。表现性评价就是基于表现性任务检查学生学习成效的一种评价方式。

表现性评价有五个特质：①现实生活性；②关注深度思考和问题解决技巧；③跨学科并尊重学生个性；④促进学生自我决定、管理和负责；⑤兼顾学习结果和过程。[①] 表现性评价以“让学生习得带得走的能力”为终极目标，需要依靠对现实场景的观察和师生合作交流来完成。

3. 合情性评价理念

合情性是指综合实践活动评价要合乎师生情感的价值要求，符合情感发展的人性特征。情感作为评价的“催化剂”，评价的合情性具有规约性、教育性和包容性等意蕴，影响着教师在评价中的对象选择、价值判断以及实践深度。优化学生活动评价的合情性，需要增强教师情感修养、重视学生情感体验、提升制度化水平，实现以评促学、以评优教，发展学生核心素养。[②] 总之，综合实践活动评价的有效开展，必须将评价合理性与合情性相结合。

二、学生活动评价的内容

《指导纲要》明确提出，综合实践活动的“课程目标以学生综合素质为导向”，“着力发展核心素养，特别是社会责任感、创新精神和实践能力”。可见，学生活动评价必须关注学生的综合素质，促进学生核心素养的发展。

（一）学生参与活动的态度

学生参与活动的态度主要指学生在综合实践活动中的积极性和主动性。如能否主动提出活动设想、建议，进行资料积累和分析处理工作；是否积极动手动脑、认真思考问题、不怕困难和辛苦，勇于合作，善于倾听、乐于分享等。

（二）学习方法与研究方法

实践活动改变了学习方式，即变“被动式、集体式、记忆式学习”为“主动式、合作式、探究式学习”。因此主要评价学生能否独立自主地完成学习记录、调查研究、整理材料、处理数据、运用工具等方面的工作，是否具有合作探究能力等。

（三）创新精神与实践能力

创新思维和表现，在学生解决实际问题中表现出来。即能否创造性解决问题，其表现、技巧和动手状况如何，包含其在活动中表现出来的问题意识和社会实践活动能力、创新性表现、取得的创造性成果等。

（四）社会责任感和服务能力

社会责任感和服务能力主要指学生在综合实践活动中对他人和自我的整体认识、感受和体验情况。主要评价学生在开放的社会，其良好的个性品质等的形成与发展情况、获得的成功或失败的经验与教训等。

---

① 徐燕萍. 综合实践活动课程表现性评价的教育哲学定位与操作实施建议[J]. 上海教育考研，2013(3)：55.

② 赵鑫. 论综合实践活动评价的合情性及其优化路径[J]. 教育科学，2017，02(33)：22-27.

案例 11.4

多用质性评价

三年级以“家乡的泉——百泉篇”为主题,进行了一个多月的实践活动后,同学们对邢台的泉有了进一步了解,能通过不同的方式向身边的人介绍邢台的泉。百泉小组绘制了邢台百泉分布图,编排了快板“邢台百泉”,在全班介绍邢台百泉的知识;金泉小组通过手抄报、幻灯片把邢台百泉的过去和现在进行了对比;玉泉小组以诗词朗诵、传说讲解的方式分享了邢台百泉的泉文化。在展示阶段,为了更好地汇报本组收获,小组成员团结协作,运用多门学科知识,充分发挥自己的特长,体现了综合实践活动课程的综合性和合作性。

通过本次活动,学生情不自禁地把自己所学到的讲给家长听,向身边的人宣传泉城文化。通过了解邢台百泉的历史和丰富的泉文化,增强了学生热爱家乡的主人翁意识。

我在活动中期及后期,设置了学生评价表,小组成员进行自我评价、小组成员互评、家长评、老师评。客观全面地评价了学生的表现,也对小组活动做出了质性评价。并设立个人奖、团体奖等奖项,对表现突出学生和小组给予奖励。①

【案例点评】

案例中将评价的内容突出地提出来,引导学生结合集体或个人的行为表现、态度、能力发展等进行分析和评价。评价过程应融入对活动过程(特别是重要细节)的记忆、对主题的讨论以及成果的展示,使得评价与学生活动的体验紧密相关,使得评价成为学生成长的支点。这样的评价可以使学生感同身受,刻骨铭心。

三、学生活动评价的方法

《指导纲要》指出:鼓励学生自我评价与同伴间的合作交流和经验分享,提倡多采用质性评价方式。根据上述评价原则,下面介绍几种常用的评价方式。

(一)自我评价

自我评价指学生按照一定标准对自己参与活动的态度和表现做出主观性评价。自我评价是学生依据学习活动特点自己设定目标,然后实施具体的自我表现的学习活动,最后将自我学习结果与预定学习目标相对照而进行的评价。

1. 自我评价的心理过程

(1) 自我反思。回顾自身表现,发现存在问题,总结经验,汲取教训。

(2) 价值判断。对自己的思想与行为进行评判,完成自我判断。

(3) 自我控制。为了获得成功,学生会自我确定目标,自我激励,自我监督,自我控制,进而转化为学习动机。

在上述心理过程中,这种评价的每一个细节都能够深入儿童内心世界,展示儿童兴趣、愿望、价值观等。

2. 自我评价的教师指导

(1) 引导学生制定恰当的学习目标。

(2) 选择合适的方法解决问题,并不断调控学习过程等。

① 本案例由河北省邢台市新华南小学教师张力提供。

(3) 教师帮助选择评价项目和方法。可以采用完全由教师提供、部分由教师提供、完全由学生自主确定的递进的方式,以便实现从教师主体的自我评价不断走向学生主体的自我评价。

(二) 观察评价

观察评价是指在评价过程中对评价对象的某些心理活动的外在表现行为进行有计划、有目的的观察,把观察的结果记录下来,作为评价的资料和素材。评价的方法主要有:

1. 事项记录法

事项记录法是按学生的活动发生顺序,进行实录的方法,也是评价的原始资料。使用这种方法,要注意在记录的各阶段区别事实记录和判断记录、解释记录。

2. 行为目录法

行为目录法是指把想要观察的事项预先列表,发现与之相符的事项,立即校对标记。这种方法具有效率高并能一次处理许多同类事项的长处。但由于记录机械,不能反映行动的因果关系,因此有必要补充对活动场面和产生条件的记录。

3. 评定尺度法

评定尺度法是把学生的行动按事先制定的一定标准,逐阶段评价记录的方法。这种方法是将所要观察的特征,用简短的文字设立不同程度的标准,使观察结果归类或标准化,或者把评定尺度图式化,或者是在直线上设不同的阶段点作标记。

4. 行动观察法

行动观察法是把学生行动作为观察对象,有目的地在各种活动中考察学生的变化。观察时应自然,对学生的行动做好详细、全面的观察记录。

(三) 当众口头评价

当众口头评价是最直接、最快捷、使用频率最高、对学生影响最大的评价方法。有人将这种方法总结为“低”“小”“勤”“快”。“低”是指低起点,根据不同学生的不同情况来定;“小”是指“小目标”;“勤”指“勤评价”;“快”指“快反馈”。一般而言,教师应当基于学生的自我评价和其他同学的评价,给予整体性综合评价。

案例 11.5

刮目相看

在“走近郭守敬”小学综合实践活动的展示课上,“浩瀚星空”小组的同学表演了自编小品“郭守敬与《授时历》”。这个小品给了我两个意外:第一,没想到学生不仅关注时事政治——黄岩岛问题,还能把郭守敬在黄岩岛上建立观测点和这次的主题活动联系起来。第二,当得知这个小品的编者是我们班的孙浩宇同学,我简直有点难以置信。因为他是一个平时很让老师头疼的问题学生,这次活动让我重新认识了这个学生,也让我为自己对这个学生一直以来的偏见感到惭愧。在展示课上我及时对他们的表现进行评价,表扬他们与时俱进的创新意识和对问题的深度研究,特别是表扬孙浩宇同学的出色表现,让我们大家都对他刮目相看。由于评价及时到位,孙浩宇和一些同学又深入地调查研究黄岩岛的归属问题,从而生成了新的课题,因此说综合实践活动课是一门可以挖掘学生潜力,让学生大放异彩的课程。[①]

【案例点评】

案例中教师通过活动,发现学生身上各种意想不到的素质——表演天赋、编辑才能和关注社会的思想品质,特别是"平时很让老师头痛的问题学生",竟然是小品的编者,因此教师表扬了同学们,特别是孙浩宇同学。正是教师的鼓励,激发了学生更大的学习热情,孙浩宇同学进一步研究黄岩岛的归属问题,并生成了新的课题。这就是口头评价产生的意想不到的效果!

(四) 协商研讨评价

协商研讨评价是指围绕学习目标,教师和学生等共同协商评价的方式与标准,并根据协商的结果进行的评价。协商式评价是基于主体交流的质性评价,评价过程是民主开放的,多使用激励性语言。这样,有利于被评价者全面反思,客观接纳。

协商评价的要求与方法有以下几个。

(1) 评价主体充分观察和记录学生的表现。

(2) 开诚布公地对每位学生进行激励性、肯定性的评价。

(3) 对教师的指导进行评价,对师生合作做出评价。

案例 11.6

双向协议式评价

一、和学生商定评价方案

每个学期初,我一般都是和学生一起商定本学期计划实施的主题。除此之外,我依据各个主题的实施重点提出评价要点,然后请同学们提出自己的意见和建议,就作业单的形式、汇报的形式、汇报的内容等一起展开讨论。这样不仅对这个学期的主题有一个很好的规划,对我们这个学期想要达到的一些教学目标也有一个整体的预想。在主题实施的过程中,我们针对前期已经商量过的评价方式和评价内容,根据主题的生成情况,有针对性地在实施过程中调整评价方案。整个学期中,在每个主题实施的过程中,我和学生对评价的方式和内容都做到心中有数,大家共识多一些,异议就会少一些。

这种师生商定评价方案的方式的优势体现在:其一,每个主题活动的评价和各教学内容的指导重点是紧密相扣的。在设置指导方案的时候,评价的方式和评价的内容是一起被确定下来的,它的针对性很强。其二,让学生参与评价方案的确定过程,注重培养学生的自主意识和自主能力。要让学生始终明白,在主题活动过程中,在经历发现问题、解决问题、进行反思的过程中,需要考虑用什么方式来展示和交流自己的成果。除了我自己有所获,还要学会把我的所获与小组成员分享,或者展示给其他组的同学。确定主题的时候,如果把评价方式和评价内容排除在外,一切都是老师说了算,学生自主的积极性就会被削弱,而当我们和学生商议决定评价内容和评价方式的时候,学生的认同度会大大提高。比如说每个组在完成这个活动之后,我们有时候需要提交作业单。提交作业单有不同的形式,有的以个人的形式来提交,也有的以团队的形式来提交。如果强制要求,全部用小组形式来提交或者是全部以个人形式来提交,学生就会觉得有很多被迫,自己很少有决策了。如果我们在乎的不仅是学生做了,还在乎他是否愿意主动去做,是否做得非常愉快,那么就要留一定的空间给孩子们。评价过程中,要让学生

---

① 案例由河北省邢台市新华南路小学教师刘慧辉提供。

明白他有自主的空间，而不是老师专等着他们做完了给他们一个分数。此时，他们才会在这个过程当中自己去琢磨，怎么能做得最好，并选择自己喜欢的方式。

一个好的评价方案里，一般既有硬性规定的一些东西，比方说哪些指标是必须达成的，但又为学生留有一定的自主空间。当我们把刚性和弹性结合起来时，实际上是在开放性、生成性和有效性之间找到了一个恰当的平衡点。

二、二次评价

在我们第三阶段小组汇报的时候经常会遇到这样的情形：那些最先来汇报的组看到别的组有更好的表现，心里就会很失落——“我觉得看了他们的展示以后很有启发，要是能再给一次机会就好了。”“我觉得我对得到的这个评价等次并不满意。”此时我就想，评价的目的是什么，是给学生一个等次，还是帮助他们进行自我诊断，不断地有所思，有所悟。我确信后者其实更重要。因此，我建议同学们自愿申报二次评价：如果对你前期的汇报不太满意，可以在所有的小组汇报结束以后，申请再汇报一次。前提是全组的同学都通过这个决议，并且认真地再准备一次。然后以你最后一次汇报的成绩作为小组的最终评价。

这样做以后，学生的学习情况有很大变化。第一个是大家不会在第三阶段成果汇报的时候相互推诿。还有一个就是，他们都意识到，只要我愿意不断去改进，我就有机会不断改进，力求做得更好一些。给学生一次对自己的行为做出调整的机会，让他意识到自己还有哪些可以改进和发展的空间。这个意愿和最终的结果一样是很重要的，因为这对他后续自主发展和主动参与活动是有激励作用的。①

【案例点评】

本案例展示了教师和学生双向互动的评价方式与过程，展现了评价的发展和激励功能，体现了评价主体是多元的，评价方式是协商的、研讨的，评价过程是民主的、开放的，评价结果也是多元的等特点。这样的评价，只要师生长期坚持和完善，就一定能真正发挥评价的正向作用，取得良好的效果。

（五）成果展示评价

成果展示评价是较为突出、常用的方法之一。即将学生在实践活动的不同阶段所设计的小制作、小发明、手抄报等，以及撰写的研究方案或设计方案、科技小论文、调查报告，拍摄的照片、录像等具体成果，以学生喜闻乐见的形式进行展示，让学生感受成功、体验喜悦。这既是一个总结学生在综合实践活动中各种表现和活动成果的过程，也是一个师生之间、同学之间相互学习和交流的过程，是学生发现自我、鉴赏他人、协作共勉、深化提高的过程。

下面介绍几种成果表达形式的评价标准②。

1. 论文

评判论文的标准是：①课题背景、研究目的与意义是否清晰；②研究问题是否明了，假设是否明确无误；③研究过程的论述是否严密、科学，数据是否精确，事实分析是否符合逻辑；④研究是否有创新性，结论是否达成目标。

2. 实验报告

实验报告必须完整地反映实验探索活动的全过程，且必须有较规范、详细的记录，实事求

---

① 此案例由湖北省武昌实验小学徐莉老师实施并整理。引自：郭元祥，沈旎. 小学综合实践活动[M]. 上海：华东师范大学出版社，2008：223-225.

② 转引自：姜平. 综合实践活动课程实施策略[M]. 北京：首都师范大学出版社，2010：133.

是的描述,较严密和合乎逻辑的推论。对实验报告的评价可以从科学性(包括假设的理论基础、实验设计的合理性)、准确性(实验过程的控制、测量水平)、有效性(分析推理的逻辑性、社会现实价值)等方面设计评价指标。

3. 调查报告

调查报告要把调查的过程,包括目的、任务、对象、采用的方法、实施步骤讲清楚。在表达结果时尽可能多用图表,给人直观、形象的结论。调查报告的评价标准主要体现在抽样的代表性、手段方法的适当性等方面。

4. 作品评价

作品的标准:①作品是否体现了主题,即是否完成需要解决的问题;②作品是否符合科学性,即是否用到了学科的科学知识或原理;③作品使用的材料是否合理、合适;④作品是否有创新性。

5. 方案设计

科学性,即方案运用的科学知识是否正确、合理;独创性,即方案的设计思路是否新颖、先进;实用性,即方案是否解决了提出的问题,是否有现实价值。

案例 11.7

走近塔林公园

我们学校南边是塔林公园,塔林公园是周围居民的活动娱乐场所,也是学生校外最常去的地方。为此,我组织学生开展了《走近塔林公园》这一综合实践活动,让学生切实体会家乡是个好地方,激发学生爱家乡爱祖国的感情。下面是四个小组成果展示。

历史组主要是书籍的展示,通过采访、做记录、做书签、搜集图片、摘抄的方式向大家做展示;现状组展示了人们在各个时间段公园里每个地方活动照片,还对公园梅花活动中心负责人做了采访,用图画、贺卡展示了公园的风貌(采访视频);未来组调查公园周围高楼的修建,认为居民会越来越多,用图画和手抄报和标签对塔林公园做出了规划和扩建;保护组采用书签、倡议书、标语牌和对联向大家做了展示,他们还展示了帮助环卫工打扫塔林公园的照片,大家的环保意识得到了提高。

对此活动的成果展示进行逐一评价;同时依据学生的特点,采用个性化的展示形式,让学生尽可能通过展示体验成功的快乐。①

【案例点评】

成果展示评价作为综合实践活动中的重要一环,对主题实践活动目标的达成至关重要,对培养学生合作分享、表达交流的意识与能力具有十分重要的意义。

(六)档案袋评价

档案袋是学生自我评价、同伴互评、教师评价学生的重要依据,也是招生录取中综合评价的重要参考。

1. 档案袋评价的含义与意义

档案袋是为了展示学生的学习和进步状况,把学生的具有某种特定说服力的作品或与之相关的文献汇集到一起,提供给评价者的工具。

---

① 河北省邢台市新华南小学教师韩立云提供。

档案袋评价是一种通过收集整个学习活动过程中代表学生发展变化的资料，来展现学生成长轨迹的评价方法。一般由师生共同完成。对于档案袋中装什么由教师、学生、同伴甚至家长等协商灵活决定。可以包括学生从学习活动开始到结束各种活动成果、各个阶段的代表性作品、活动的体会、学习心得等，并可以根据实际情况不断充实完善。

档案袋评价可以记录、激励、展现学生成长，让学生学会判断自我、反思自我，从而更好地促进自身的发展。

2. 档案袋的类型

美国南卡罗来纳大学教育心理学教授格莱德勒(Gredler M. E.)把学生成长档案袋分为理想型、展示型、文件型、评价型和课堂型五种。以入选材料的性质为划分依据，约翰逊(Johnson B.)将学生成长档案袋分为最佳成果型、精选型和过程型。①

(1) 最佳成果型(best-works)。是通过收集学生在某一学科和领域的最佳成果，对学生达到的水平做出评价。入选这种成长档案袋的材料形式可以多种多样，只要能反映学生在这一学科和领域达到的最高水平就可以。

(2) 精选型(selection)。在更广范围内收集学生的成果。要求学生提交的不只是标志他们已经达到的最高水平的成果例证，还包括他们感到困难的典型成果例证。这样的成长档案袋能够深刻反映学生成长的概要，高度揭示学生取得的一般成绩。收集这种成长档案袋材料的时间一般需要持续一年以上。

(3) 过程型(process)。致力于寻求发展性成果，而不是最终达到结果的证据。所以，它要求学生按照步骤收集能够反映他们在一定领域和学科中从开始到完成阶段所取得进步的成果证据。

在具体的评价过程中，以上三种类型并非截然分开的，而通常表现为混合型。它既包括过程性作业，也包括结果性作业；既包括最佳成果，也包括虽然不是最佳但具有典型性的成果。它的目的是为学生提供一个有形的窗口，以便教师、学生、家长等可以用它来评价学生的进步以及一段时间内的发展状况。

3. 档案袋评价的步骤

档案袋评价的操作，一般有以下四个步骤。

(1) 明确评价目的。首先要明确目的，并据此建立相应的档案袋。

(2) 建立资料收集的标准和规范。包含格式的规范，格式规范一般包含封面、目录、各种记录、反思、成果等。

(3) 材料分类。材料类型有观察活动类(包括观察计划、记录、结论等)、作业类、实验活动类、成果类、反思类等。

(4) 及时交流和反思。肯定成绩，分享成果，发现不足，寻找对策等，以期不断成长和进步。借助资料收集，教师指导学生及时反思，学会自我评价。及时整理，定期展示。

在采用档案袋评价前，需要对教师和学生就档案袋评价的类型、功能、实施理念以及技术细节进行相关培训。在搜集整理过程中，教师要指导学生分类整理、遴选具有代表性的重要活动记录、典型事实材料以及其他有关资料，编排、汇总、归档，形成每一个学生的综合实践活动档案袋，并纳入学生综合素质档案。

---

① 钟启泉，等. 基础教育课程改革纲要(试行)解读[M]. 上海：华东师范大学出版社，2001：292-295.

本章概要

本章首先介绍课程制度评价。课程制度评价是针对国家、地方或学校课程(或课程体系)运作过程中,其实施与管理制度化建设方面所进行的评价。评价目标是聚焦学生综合素质、优化学校课程管理、促进教师专业发展。评价对象包含国家、地方和学校三级。学校课程制度评价内容包括:机构设置与人员配备、课程实施管理制度。评价方式有学校自评、主管部门评价和第三方评价。

所谓课程实施评价,是针对班级综合实践活动课程实施的基本要素加以检查描述并做出价值判断的过程。这些基本要素包括目标设定、主题选择、活动组织、教师指导、策略创新等方面。活动实施评价的原则有:发展性、自主性、激励性、双向性。方法包括:教师自评与他人评价。

学生活动评价是指在综合实践活动开展过程中,对学生的活动表现及其发展和变化的评价。开展学生活动评价的理念有发展性评价、表现性评价、合情性评价。学生活动评价的主要内容是:参与态度、活动方法、能力表现和创新精神。学生活动评价的方法有:自我评价、观察评价、当众口头评价、协商研讨评价、成果展示评价、档案袋评价。

拓展资源

拓展知识　　　　视频资源

思考与实践

一、理论思考

1. 谈谈你对课程制度评价功能的认识。
2. 进行综合实践活动课程实施评价应坚持哪些原则?
3. 谈谈综合实践活动评价中的学生活动评价对学生成长与发展的作用。
4. 谈谈综合实践活动评价中的课程实施评价对教师成长与发展的作用。
5. 谈谈小学综合实践活动学生活动评价中要注意哪些问题。
6. 谈谈小学综合实践活动课程实施评价的基本理念有哪些。

二、实践探索

1. 请你结合综合实践活动的学生评价的内容,设计一个具体的学生活动评价表。
2. 请你设计一份综合实践活动的课程实施的教师自我评价表。
3. 请你走进一所小学,观察和分析他们的综合实践活动评价情况,写一份调研报告。

参考文献

[1] 张华,安桂清,等. 综合实践活动课程开发与案例研究[M]. 北京：高等教育出版社. 2008：3.

[2] 约翰·杜威. 学校与社会·明日之学校[M]. 赵祥麟,任钟印,吴志宏,译. 北京：人民教育出版社. 2005

[3] 王炳照. 中外教育管理史[M]. 长沙：湖南师范大学出版社. 2000：322-323.

[4] 田慧生,等. 综合实践活动有效实施与评价策略[M]. 北京：教育科学出版社,2016：103-104.

[5] 张华. 研究性教学论[M]. 上海：华大师范大学出版社,2010：60.

[6] 李孔文. 小学综合实践活动课程论[M]. 合肥：中国科学技术大学出版社,2009：230-231.

[7] 阿伦·C. 奥恩斯坦,琳达·S. 贝阿尔·霍伦斯坦,爱德华·F. 帕荣克. 当代课程问题[M]. 3 版. 余强,译. 杭州：浙江教育出版社,2004：106

[8] 赵祥麟,王承绪. 杜威教育论著选[M]. 上海：华东师范大学出版社,1981：77.

[9] 康德. 判断力评判[M]. 宗白华,韦卓民,译. 北京：商务印书馆. 1976：28.

[10] 约翰·杜威. 学校与社会·明日之学校[M]. 赵祥麟,任钟印,吴志宏,译. 北京：人民教育出版社. 2005：188.

[11] 刘万海. 德性教学论[M]. 上海：华东师范大学出版社. 2009：200.

[12] 左腾正夫. 教学原理[M]. 钟启泉,译. 北京：教育科学出版社. 2001：11.

[13] 杜威. 我的教育信条[A]//学校与社会·明日之学校[M]. 赵祥麟,等译. 北京：人民教育出版社. 2005：9.

[14] 祝智庭. 现代教育技术——走向信息化教育[M]. 北京：教育科学出版社. 2002：23.

[15] 埃莉诺·达克沃斯. 精彩概念的诞生——达克沃斯教学论文集[M]. 张华,等译. 北京：高等教育出版社,2005：11-12.

[16] 马克斯·范梅南. 教学机智——教育智慧的意蕴[M]. 李树英,译. 北京：教育科学出版社. 2001：48.

[17] 钟启泉,崔允漷. 新课程的理念与创新——师范生读本[M]. 北京：高等教育出版社. 2003：229.

[18] 张华,李树培. 论综合实践活动课程开发的自我维度[J]. 教育发展研究. 2008(24).

[19] 姜平. 综合实践活动课程实施策略[M]. 北京：首都师范大学出版社,2010：15.

[20] 管锡基. 中小学综合实践活动课程资源包[M]. 北京：教育科学出版社,2010：62.

[21] 郭元祥. 综合实践活动课程的实施[M]. 北京：高等教育出版社,2003：207.

[22] 张华,安桂清,等. 综合实践活动课程开发与案例研究[M]. 北京：高等教育出版社,2008：39-40.

[23] 赵书超. 综合实践活动课程：理念与价值[J]. 全球教育展望,2011(9).

[24] 冯军梅. 教育基本原理[M]. 北京：高等教育出版社,2003：154-156.

[25] 林淑媛,等. 小学综合实践活动课程教师行动手册[M]. 广州：广东高等教育出版社,2008：148-149.